SOLUTION

DU

PROBLÈME SOCIAL

SOLUTION

DU

PROBLÈME SOCIAL

SOLUTION DU PROBLÈME SOCIAL.
ORGANISATION DU CRÉDIT ET DE LA CIRCULATION. — RÉSUMÉ
DE LA QUESTION SOCIALE. — BANQUE D'ÉCHANGE.
BANQUE DU PEUPLE.

Suivie du rapport de la Commission des délégués du Luxembourg.

PAR

P.-J. PROUDHON

NOUVELLE ÉDITION

PARIS

C. MARPON ET E. FLAMMARION

ÉDITEURS

26, RUE RACINE, PRÈS L'ODÉON

SOLUTION DU PROBLÈME SOCIAL

CHAPITRE PREMIER

LA RÉVOLUTION EN 1848

1. La révolution du 24 février est légitime, bien qu'elle ait été illégale.
2. Le Gouvernement provisoire n'a pas compris la révolution.

Paris, 22 mars 1848.

Un grand acte vient de s'accomplir, irrésistible, irrévocable.

Que chacun, suivant son inclination, en fasse son deuil ou s'en félicite ; mais que tous se préparent à l'imprévu : car, je vous le jure, la face du monde vient d'être changée.

Royauté, monarchie constitutionnelle, système représentatif, classe travailleuse et classe bourgeoise, et bien d'autres choses que je ne suis nullement pressé de dire, tout cela est désormais aussi loin de nous que la loi Gombette et les Capitulaires de Charlemagne. L'assemblé nationale qui va se réunir, si révolutionnaire qu'elle nous vienne, ne sera, aussi bien que la constitution qu'elle doit donner, que

du provisoire. Ce n'est point avec des lambeaux de la constitution de l'an VIII, de celle de l'an III ou de l'an II,
flanquées du *Contrat social* et de toutes les déclarations de
Droits de La Fayette, de Condorcet et de Robespierre, que
l'on traduira la pensée du Peuple. Notre illusion en ce moment est de croire à la possibilité d'une république dans le
sens vulgaire du mot; et c'est chose risible que de voir nos
tribuns arranger leurs fauteuils pour l'éternité. La dernière révolution contient autre chose : sans cela il faudrait
dire qu'elle s'est accomplie par hasard, qu'elle est un accident sans cause et sans racines, en un mot, qu'elle est
absurde.

Telle est aussi l'idée, tel est le doute qui, dans le secret
des consciences, tourmente la nation, ceux qui occupent
le pouvoir, aussi bien que ceux qui viennent de le perdre.

Tous les hommes qui, hier, s'attachaient à l'une des
formes politiques maintenant disparues, conservateurs,
dynastiques, légitimistes, et plus d'un même parmi les radicaux, également déroutés, regardent avec inquiétude
cette République qui renaît, sous un étendard nouveau, un
demi-siècle après ses funérailles. Depuis quand, se disent-
ils, est-ce que les morts ressuscitent? L'histoire rétrograde-
t-elle? tourne-t-elle? se recommence-t-elle? La société
a-t-elle ses époques palingénésiques, et le progrès ne serait-il qu'une serie de restaurations?.....

Puis, passant rapidement du doute au désespoir: Voyez,
ajoutent-ils, cette révolution faite SANS IDÉE! ce drame
renouvelé moitié de 89, moitié de 93, appris dans des ro-
mans, répété dans des tabagies, puis joué sur la place publique par des hommes qui ne savent seulement pas que ce
qu'ils viennent de détruire a été la fin de ce qu'ils com-
mencent! D'ou vient-elle, cette révolution? elle n'en sait
rien. Ou va-t-elle? elle l'ignore. Qui est-elle? elle hésite
sur son propre nom, tant elle-même se connaît peu, tant
son apparition est factice, tant ce mot de *République*
semble un solécisme dans notre langue.

Le premier jour, c'est le renversement du ministère.

Le second jour, c'est la chute de l'opposition.

Le troisième jour, c'est l'abdication de Louis-Philippe.

Le quatrième jour, c'est le suffrage universel.

Le cinquième jour, c'est l'organisation du travail.

Le sixième, le septième jour, ce sera la communauté et le phalanstère!...

Oh! le Gouvernement l'avait prédit : nous étions tous aveugles, nous sommes tous dupes. La République, dont personne ne voulait, a surgi de nos querelles, traînant à sa suite des saturnales inconnues. Entendez-vous les cris des Icariens, les cantiques de Châtel, et ce bruit confus, horrible, de toutes les sectes? Avez-vous vu ces hommes à visages sinistres, pleins du vin de la liste civile, faire des rondes à minuit, avec des chiffonnières nues, dans la demeure royale? Avez-vous compté les cadavres de ces cent trente héros, asphyxiés par l'alcool et la fumée, dans l'orgie de leur triomphe?... Où s'arrêtera ce carnaval sanglant? Quel dénoûment à cette fable, où l'on voit une nation entière, menée par une douzaine de mystagogues, figurer comme une troupe de comédiens?...

Et voilà, reprennent-ils, voilà l'œuvre de cette Opposition qui se prétendait clairvoyante, qui niait les passions hostiles, qui se flattait de dompter l'émeute; qui, maîtresse un instant du pouvoir, ayant quarante mille hommes de troupes, et quatre-vingt mille gardes nationaux pour faire respecter son mandat, n'a eu rien de plus pressé que de faire battre la retraite, et de laisser le champ libre à la République!

Voilà, répliquent les autres, le fruit de cette pensée immuable, qui, souillant tout, corrompant tout, ramenant tout à son égoïsme, faisant de toute vérité un mensonge, se jouant également de Dieu et des hommes, après dix-sept ans de perfidies, prétendit jusqu'à la dernière heure faire des conditions au pays, et dire à la liberté : Tu n'iras pas plus loin!

Voilà comme finissent les usurpateurs; voilà comme sont emportés les hypocrites et les impies. La révolution de février ne peut se comparer qu'à un vomissement. Le peuple de Paris expulsant Louis-Philippe, était comme un malade qui rejette un ver par la bouche!...

Et cependant le Peuple est plus pauvre que jamais : le bourgeois se ruine, l'ouvrier meurt de faim, l'État court à la banqueroute. Oh! qu'allons-nous devenir?

Laissons les regrets aux timides, et les lamentations aux vaincus. La vérité n'est point dans ces récriminations.

Une révolution, précipitée par l'universel dégoùt, vient de se produire. Il s'agit, non de l'exploiter, mais de la définir; il s'agit d'en formuler le dogme, d'en tirer les conséquences légitimes.

Pendant que nos hommes d'État provisoires, saisis à l'improviste, se débattent dans le vide, cherchent leur chemin et ne trouvent que routine ou utopie, flattent le pays plutôt qu'ils ne le rassurent, proposent leurs idées au Peuple, au lieu de lui demander les siennes, se traînent dans l'ornière du vieux jacobinisme, obligés, pour excuser leur impuissance visible à tous les regards, de se réfugier dans leur dévoûment : essayons, nous, de comprendre, ou pour mieux dire, d'apprendre le Peuple.

Le Peuple, en faisant une révolution si soudaine, s'est imposé une tâche immense : le Peuple est comme ces travailleurs qui produisent d'autant plus et d'autant mieux, qu'ils sont écrasés de besogne. Le Peuple aura à souffrir, sans doute : mais il ne faillira point à son œuvre : tout le danger est que ses chefs ne le devinent pas.

1. La révolution du 24 février est légitime, quoique illégale.

Et d'abord, qui a fait la Révolution? quel en est le véritable auteur?

Tout le monde l'a dit : C'est le Peuple.

En effet, ce n'est pas l'Opposition, qui le 22 février, devant le *veto* des ministres, se désistait.

Ce n'est pas la garde nationale qui, malgré son sincère amour de la liberté et son dégoût du *Système*, malgré l'appui qu'elle a donné par ses armes à la révolte, redoutait une catastrophe autant au moins qu'elle souhaitait la chute des ministres.

Ce n'est pas la presse, puisque, le 23 au matin, la *Réforme*, la feuille la plus avancée du parti radical, posant les conditions auxquelles elle pensait pouvoir garantir le rétablissement de l'ordre, était loin de s'attendre à l'étonnant succès du lendemain.

Ce n'est point le socialisme, qui dans toutes ses publications prêchait aux ouvriers la patience, se défiant d'une République dans laquelle il ne pouvait voir que l'ajournement indéfini de ses utopies.

Ce n'est ni un parti, ni une secte qui a fait la Révolution, c'est le Peuple, le Peuple, dis-je, en dehors de tout parti et de toute secte; le vrai Peuple de 89, de 92 et de 1830. C'est lui dont la conscience a fait tout à coup explosion, et qui, en moins de temps qu'on n'en avait mis à bâcler la Charte, a constitué la République.

Que ce soit donc là notre principe premier : le PEUPLE.

Et puisque le Peuple, c'est-à-dire tout le monde en général, et en particulier personne, sans conseil, sans direction, désavoué de ses orateurs et de ses écrivains, mais entraîné par un impérieux enthousiasme, a fait ce que nous voyons : que tout à l'avenir, institutions et réformes, sorte du Peuple, comme en est sortie la victoire.

Mais, s'il est facile de reconnaître après coup les actes du Peuple, il n'en est pas de même lorsqu'il s'agit d'évoquer, en quelque sorte, du sein de l'avenir, les actes ultérieurs de la souveraineté populaire, qui seuls, cependant, peuvent servir de règle aux gouvernements. Le problème est d'autant plus difficile, que les déterminations du Peuple paraissent soumises à des lois tout autres que celles de la prudence individuelle.

Prenons pour exemple la dernière révolution.

Comment le Peuple s'est-il levé? pour qui, pourquoi a-t-il pris les armes? son but, en ce grave événement? son idée, je dirai même son droit?

C'est ici qu'il faut étudier la logique du Peuple, supérieure à la logique des philosophes, et qui seule peut nous guider dans les obscurités de l'avenir, et réformer nos cœurs et nos intelligences. Si, dans ces mémorables journées, le Peuple se fût comporté comme tout homme amoureux de la légalité n'eût pas manqué de faire, il n'y aurait pas eu de révolution. Car, ne craignons pas de le dire, tout ce qui s'est fait par le Peuple, a été fait en violation de la loi.

Le 20 février, par le manifeste de l'Opposition, la loi sur les attroupements était violée.

La loi sur la garde nationale violée.

Je ne réponds même pas que, sur ce droit de réunion, objet de tant de querelles, la loi et la jurisprudence ne fussent, quoi qu'on ait dit, pour le ministère : à cet égard, la légalité aurait donc été encore violée.

Ce n'est pas tout.

La minorité représentative, agissant par intimidation sur la prerogative royale, violait la Charte ; l'abdication de Louis-Philippe, que la responsabilité ministérielle devait couvrir, violait la Charte ; la loi de régence était deux fois violée, d'abord, par la substitution de la duchesse d'Orléans au duc de Nemours, puis par l'appel fait a la Nation ; enfin le Peuple, faisant prévaloir sa volonté par la force, au lieu de s'en tenir a un acte juridique comme le voulait l'Opposition, foulait aux pieds toutes les lois.

Au rebours de ce qui s'était passé en 1830, le gouvernement, en 1848, était littéralement en règle ; et ce n'est pas sans raison que Louis-Philippe a pu dire, en mettant le pied sur le sol anglais : *Charles X a été détrôné pour avoir violé la Charte ; je le suis pour l'avoir défendue.*

Le Peuple, aussi dépourvu de textes que de munitions, était en rébellion flagrante contre la loi : cependant il n'hésita pas.

Quoi donc? est-ce le Peuple qui a été parjure? est-ce que, par cette série d'illégalités qui fait toute l'histoire des 22, 23 et 24 février, la Révolution aurait été faite contre le Droit, et se trouverait, dans son principe, frappée de nullité?

A Dieu ne plaise que le Peuple puisse jamais se tromper ni mentir. Je dis le Peuple, un et indivisible, prenez-y garde; je n'entends par là la multitude, ce qui n'est que pluralité sans unité.

Le Peuple raisonne avec une conscience et d'un point de vue supérieur à toute raison individuelle; c'est pour cela que ses conclusions sont presque toujours autres que celles des légistes. C'est un puissant généralisateur que le Peuple, comme vous allez voir.

Le Peuple est souverain. On nous l'a dit : cette vérité est descendue profondément dans les âmes; elle est devenue la foi générale, et depuis 1830, personne ne proteste contre la souveraineté du Peuple.

Le Peuple souverain n'est obligé qu'envers lui-même. Nul ne traite avec lui d'égal a égal : et lorsqu'il se lève pour sa dignité offensée ou compromise, il est absurde de demander si cette manifestation du Peuple est légale ou illégale. Une constitution n'est point un contrat synallagmatique entre Roi et Peuple, entre législateurs et citoyens, entre mandants et mandataires. C'est le système par lequel le Peuple, l'homme collectif, organise éternellement ses fonctions, équilibre ses pouvoirs.

Le Peuple donc, lorsqu'il apprend que sa liberté est en péril et que le moment est venu pour lui de résister, ne comprend, ne peut comprendre qu'une chose : c'est qu'à lui appartient non pas de protester, mais de décider souverainement. Ils étaient bien ignorants, en vérité, des droits du Peuple et de sa logique, ceux-la qui, prenant pour exemple l'Angleterre (toujours l'Angleterre!) invitèrent le Peuple à venir avec eux signer une protestation contre la politique du Gouvernement. Protester! grand Dieu! c'était abdiquer. Le Peuple n'a pas besoin d'huissier pour signifier sa volonté; il l'exprime par des actes. Quand il s'assemble, il entend que c'est lui qui juge et qui exécute.

Le 22 février, appel avait été formé par l'Opposition de

l'arbitraire du Gouvernement à la raison du Peuple. Il s'agissait de prouver au pouvoir que l'opinion, que la France entière, condamnait la politique obstinément suivie depuis dix-sept ans, la pensée du règne. Mais l'Opposition voulait que le Peuple ne parût que pour donner son avis; elle voulait, disait-elle, montrer par un fait que le Peuple était digne de cette liberté de réunion qu'on lui refusait; qu'il était capable en même temps de respecter le pouvoir et de protester contre le pouvoir. L'Opposition n'accordait au Peuple qu'une voix consultative, elle lui retirait la souveraineté.

C'est alors que quelques citoyens, dont quelques amis seulement savent les noms, se dirent qu'il y allait de la liberté; que le Peuple ne pouvait mentir à son essence; qu il lui appartenait de maintenir son autorité, non par une vaine contradiction, — à qui donc le Peuple contre-dirait-il? — mais par un arrêt définitif.

Ces hommes-là pouvaient dire qu'ils portaient la pensée de la France. Dans une nuit, le feu qui les dévorait incendia la capitale; huit jours après le pays tout entier ratifiait leur résolution.

Or, s'il est vrai que l'acte du ministère qui interdisait le banquet, légal en soi, n'a été pour le Peuple qu'une occasion; s'il est vrai ensuite que la protestation toute parlementaire des députés de la gauche, n'a été à ses yeux qu'un cri d'alarme : sur quoi tombe l'insurrection qui a suivi? Y avait-il raison suffisante de renverser le ministère, de chasser une dynastie, de changer la forme du gouvernement, de révolutionner de fond en comble la société? Car c'est là, qu'on y prenne garde, que doit se trouver la moralité de l'événement, et toute la pensée révolutionnaire.

Disons-le tout de suite, et bien haut. Le soulèvement de février a été dirigé, non pas contre le ministère : la question de portefeuille était indigne de l'attention du Peuple; — non pas contre le prince : la royauté était pour lui chose encore trop secondaire; — non pas même contre le *Système*: ce système, pratiqué et défendu tour à tour par vingt ministères, avait la sanction de la majorité représentative ; en droit constitutionnel, le *Système* était sans reproche.

Ce que le Peuple a voulu frapper et détruire, c'était la Constitution. Cela résulte à la fois, et des illégalités que nous rappelions tout a l'heure, et du progrès des idées et des faits depuis dix-sept ans.

La révolution de 1830, révolution légale, s'il en fut, avait été l'œuvre de la Bourgeoisie ; la classe ouvrière n'en avait été que l'instrument. Quant au Peuple lui-même, considéré dans son intégralité, il ne parait pas qu'il eût d'autre but, en 1830, que de mener à fin l'essai du gouvernement constitutionnel, la grande idée de 89. La Bourgeoisie pouvait donc revendiquer la Révolution de juillet comme sa propriété : et comme la Bourgeoisie, formaliste par excellence, affectait surtout cette légalité juridique, délice des hommes d'État, mais dont le Peuple ne se soucie guère, toute la pensée de la Bourgeoisie fut de rendre inviolable à l'avenir une Constitution que le Roi avait violée : la Charte fut proclamée une vérité. Le Peuple, malgré les vives protestations des partis, se tut. Avec quelle raison ? on le verra tout à l'heure.

Tout était louche, équivoque, incohérent, contradictoire dans cette Charte, espèce de contrat léonin, où tout était pour le prince, rien pour le Peuple. Sur les choses les plus essentielles, la Charte était muette ; et toujours ce silence était interprété en faveur soit de l'inertie du Gouvernement, soit de la prérogative royale, contre l'intérêt de la masse. Pendant dix-sept ans, le Gouvernement de Louis-Philippe a trouvé moyen, sans s'écarter jamais ostensiblement de la légalité, de se mettre toujours en travers des vœux, des idées, des sentiments du Peuple. Ce mensonge constitutionnel, dénoncé par tous les hommes qui avaient occupé le pouvoir ou qui l'approchaient, a déterminé la révolution.

La Charte impliquait que le Gouvernement, comme la loi elle-même, n'était, ne pouvait être que l'expression de la volonté générale. Le roi était préposé par la nation, non pour modifier cette volonté, mais pour en assurer la sincère exécution. La puissance législative distribuée entre le roi, la chambre des pairs et la chambre des députés ; le pouvoir exécutif commis à des ministres responsables, semblaient une combinaison heureuse, capable de maintenir l'équilibre. Mais, à tort ou a raison, il arrivait que la loi, que le Gouvernement était toujours plus l'œuvre du roi que des trois pouvoirs et des ministres, en sorte que la nation pouvait se dire souveraine, mais à condition seulement d'être du même avis que le roi C'est ce que les conservateurs eux-mêmes avouaient hautement, attribuant à la prudence de Louis·Philippe tous les progrès du pays, comme d'autres lui en rapportaient tout le malaise.

La révolution, de février a tranché la difficulté. Elle l'eût tranchée, remarquez-le bien, alors même qu'elle se serait arrêtée aux manifestations du 22 et du 23, sans aller jusqu'a l'abdication du roi, jusqu'a l'expulsion de la dynastie. Le ministère Barrot-Thiers renversait a tout jamais le Gouvernement personnel : la Charte ainsi élucidée, le Gouvernement tout entier changeait de forme. La question révolutionnaire était ainsi posée depuis 1830 : En principe, et au point de vue constitutionnel, la volonté du prince doit-elle l'emporter sur la volonté du Peuple ? Et le 22 février 1848 le Peuple a répondu d'une manière définitive : Non, désormais ce sera ma volonté qui prévaudra.

On accusait le Gouvernement de corruption. Et les ministres de soutenir que la couronne ne faisait qu'user d'une légitime influence. — Pas d'influence! s'est écrié le Peuple.

Tout en s'inclinant devant la souveraineté du Peuple, le Gouvernement, par je ne sais quelle théorie, était devenu l'apanage, la propriété de la classe moyenne. J'admets que l intention, sinon l'idée, ait été bonne ; que même elle ait pu, en d'autres temps, avoir son utilité. Mais le Peuple : Je ne l'entends pas ainsi, dit-il. Dorénavant les ouvriers, comme les bourgeois, auront part au Gouvernement.

Et tel était le sens de la réforme électorale, appuyee, dans les derniers temps, par tout le monde,

Or, je répéterai ici l'observation que je faisais tout à l'heure, savoir, que l'avénement de M. Barrot au ministère donnait, sur ce point, satisfaction presque entière au vœu du Peuple. Ainsi, le Gouvernement personnel aboli, la réforme électorale et parlementaire obtenue, le roi restant aux Tuileries, la royauté n'était déjà plus qu'un vain titre, la révolution était démocratiquement consommée.

Les événements qui ont suivi n'ont été qu'une déduction rapide et sans moyens termes, des deux prémisses que l'Opposition, malgré son dévouement dynastique, que le pays tout entier avait adoptées pour programme, savoir l'abolition du gouvernement personnel et la réforme électorale.

C'est ici qu'on va voir la question politique devenir question économique, et le Peuple, qui avait assisté sans mot dire à la prorogation de la Charte, en juillet 1830, déclarer tout à coup que la Charte n'était plus rien, qu'il ne suffisait pas de réformer le Gouvernement, qu'il s'agissait de reconstituer la société.

Le Gouvernement personnel aboli, s'élevait une question délicate : Si le roi règne et ne gouverne pas, à quoi sert-il? Tous les auteurs de droit public, et en première ligne l'honorable M. de Cormenin, ont épuisé leur dialectique à démontrer cette étonnante proposition, que le propre de la royauté est d'être et de n'agir pas; que tel est le nœud des garanties constitutionnelles, le palladium de la liberté et de l'ordre. M. de Lamartine, à qui je n'entends nullement adresser de reproche pour si peu, jusqu'au 25 février, a professé cette opinion. Et c'était également la pensée de M. Barrot lorsque, le 24, portant en main l'abdication de Louis-Philippe, il proposait de former immédiatement un conseil de régence.

Mais, se dit le Peuple, pourquoi un conseil de régence ne serait-il pas un conseil de Gouvernement? — Vive la République!

Le parasitisme proscrit dans son incarnation la plus haute, la royauté qui règne; comme le despotisme l'avait

été dans son expression la plus complète, la royauté qui
gouverne; comme la vénalité, le privilége et l'agiotage
l'avaient été dans leur source la plus profonde, la royauté
qui corrompt : la question sociale se trouvait posée de fait
et de droit. Aussi personne n'a-t-il pu prendre le change.

Le Peuple demandait, non pas comme le veulent certains utopistes, que le Gouvernement s'emparât du commerce, de l'industrie et de l'agriculture, pour les ajouter
à ses attributions et faire de la nation française une nation
de salariés; mais qu'il s'occupât des choses du commerce,
de l'agriculture et de l'industrie, de manière à favoriser,
suivant les règles de la science, qui sont celles de la justice, le développement de la richesse publique, et à procurer l'amélioration matérielle et morale des classes pauvres.
Et le Gouvernement de répondre que ces choses n'étaient
point de sa compétence, qu'il ne s'en occuperait pas. C'était
l'absolutisme politique servant de sauve-garde à l'anarchie
économique. — Mais moi, s'écria le Peuple en fureur, je
veux que le Gouvernement s'en occupe.

Ainsi la réforme du gouvernement personnel contenait
la réforme parlementaire; la réforme parlementaire contenait la réforme électorale; la réforme électorale impliquait la réforme de la Constitution; la réforme de la Constitution entraînait l'abolition de la royauté, et l'abolition
de la royauté était synonyme d'une révolution sociale :
encore une fois, les seuls qui aient compris la situation,
c'est le Gouvernement d'un côté, et de l'autre le Peuple.
Par cette simple protestation de la gauche, qui devait avoir
lieu le 22 février, la Révolution tout entière était faite; le
Peuple n'a fait que dégager l'événement qui était dans la
pensée de tout le monde : je défie qu'on renverse cette dialectique.

Une seule chose, dans ce grand acte, n'est pas du fait
du Peuple, et la responsabilité en revient tout entière aux
pouvoirs de l'État, comme à la bourgeoisie : c'est la date.

Il était fatal, providentiel si vous aimez mieux, qu'un
peu plus tôt, un peu plus tard, la souveraineté du Peuple

se reconstituât sur d'autres bases, et abolit, sinon peut-être
de fait, au moins de droit, la monarchie. La Révolution
pouvait être aussi longue qu'elle a été brusque ; elle pouvait être faite d'un commun accord entre la couronne, la
classe travailleuse, et la classe bourgeoise ; elle pouvait
s'opérer, en un mot, pacifiquement. Le progrès des idées
était notoire ; le Peuple ne pouvait manquer un jour ou
l'autre d'en déduire les consequences : dans le parti conservateur même, on convenait généralement que les difficultés n'étaient plus politiques, mais sociales. Toute la
question était de savoir quand et comment s'opérerait la
transition.

Il a plu à l'opposition, dite dynastique ; il a plu à la
Royauté, au parti conservateur de précipiter le dénoue -
ment.

Certes, on ne contestera pas que, si le banquet, annoncé
pour le 22, l'avait été pour le 23, la Révolution eût été
retardée d'un jour, et l'existence de la royauté prolongée
de vingt-quatre heures. Par la même raison, si M Barrot
eût été nommé ministre le 23, a la place de M. Molé, le
retard pouvait être de six mois, d'un an, de dix années ; et
c'est encore une question, aujourd'hui qu'il n'y a plus a en
revenir, de savoir s'il n'eût pas mieux valu, pour le salut
de tous, faire en trente ans ce que nous avons fait en trois
jours, et allonger une date glorieuse, plutôt que de s'exposer aux chances d'une solution embarrassee.

J'ai contribué autant qu'il etait en moi au succès des trois
jours, ne voulant pas à l'heure du péril me séparer de mes
frères qui combattaient, et désavouer leur héroïsme. Mais
je n'en redoutais pas moins une victoire dont les suites
m'étaient inconnues ; et c'est pour cela qu'aujourd'hui encore, dans l'incertitude de l'avenir et bien que je n'admette
le retour d'aucune dynastie, je fais toutes réserves pour
cette raison souveraine du Peuple, qui selon moi est infaillible, et ne peut être compromise. Personne n'était en mesure pour la République : cela ressort chaque jour des
actes du Gouvernement. Malheureuse ⌒pposition ! mal-

heureux conservateurs! Vous avez coupé le raisin vert : tâchez maintenant de le faire mûrir sur la paille !...

A présent nous ne pouvons plus reculer; nous ne le devons pas, je ne le veux pas, je vous en défie Il faut aller en avant. Le problème de la reconstitution sociale est posé, il faut le résoudre. Cette solution, nous ne l'apprendrons que du Peuple. Je vous ai montré tout a l'heure comment, en généralisant ses idées sur le gouvernement, le Peuple avait conclu tout à coup à une révolution, et converti la monarchie en république : voyez maintenant comment il procède à son nouvel œuvre, et placez-vous, s'il vous est possible, à la hauteur de ses idées.

La Révolution du 24 février n'était pas seulement une négation du principe monarchique, c'était une négation du principe représentatif, de la souveraineté des majorités.

Le Gouvernement provisoire avait déclaré d'abord que la France recevrait des institutions analogues a celles de l'ancienne Révolution, et serait constituée en République, sauf la ratification des citoyens. *Le National*, dans un article modéré, conciliant, on ne peut plus raisonnable, motivait, appuyait cette déclaration. Quoi de plus juste, en effet (dans la judiciaire des légistes), que de reserver l'adhésion des départements? Le bon plaisir de quelques centaines d'insurgés pouvait-il annuler le droit de 35 millions d'hommes, et la proclamation faite a Paris de la République obliger les cœurs monarchiques des départements? N'y avait-il point en cela contradiction au principe républicain? ne serait-ce pas une usurpation flagrante? Que le Gouvernement provisoire proposât, a la bonne heure; mais qu'il décidât, qu'il tranchât cette question de république, au moment même ou il appelait les citoyens aux élections: quoi de plus dérisoire! Qu'est-ce donc que ce droit politique dont vous m'honorez, si sur la question la plus importante qui puisse m'être soumise vous m'en ôtez l'exercice? En aimerais-je moins la République, si vous m'aviez permis de la constituer avec vous?...

Tels étaient, le 25 février, les scrupules du Gouverne-

ment provisoire, scrupules que, soit faiblesse, soit machia-
vélisme, il fit taire le lendemain. L'établissement de la
République, dans la pensée du Gouvernement provisoire,
a été une surprise, une violence faite au pays. Ce que le
Peuple avait conçu dans sa haute raison, le Gouvernement
provisoire l'a fait dans la mollesse, dans la duplicité de sa
conscience.

Elle parlait assez haut, cependant, elle était assez intel-
ligible, cette voix du Peuple. — « Si c'est moi, criait-elle,
qui ai parlé à Paris, je ne puis me contredire à Bordeaux.
Le Peuple est un et indivisible; il n'est pas majorité et
minorité; il n'est point une multitude, il ne se scinde
pas. Sa volonté ne se compte ni ne se pèse comme la monnaie, comme des suffrages d'actionnaires : elle est unanime.
Partout où il y a division, ce n'est plus le Peuple : vos
théories représentatives sont une négation de sa souveraineté. Le Peuple est toujours d'accord avec lui-même :
tout se tient, tout se lie dans ses décisions; tous ses jugements sont identiques. Supposer qu'après l'événement du
24 février, préparé, prévu de si loin, accompli par le
concours ou l'antagonisme de toutes les idées, la proclamation de la République pût être objet de controverse,
c'était frapper de nullité tout ce que pendant ces trois jours
avait fait le Peuple, et donner gain de cause à M. Guizot. »

En effet,

Si, après la déclaration du Peuple de Paris, la République doit être remise en question devant les assemblées
électorales, cela suppose que la volonté du Peuple n'est pas
unanime, et que cette volonté n'est autre que la volonté
de la majorité.

Si c'est la majorité des suffrages qui fait la base de la
Constitution, l'Opposition dynastique n'avait pas le droit
de s'insurger contre la majorité conservatrice; la garde
nationale a eu tort d'appuyer l'Opposition; les ouvriers de
suivre la garde nationale, et tous ensemble de faire violence au Gouvernement, puis de rompre le pacte, et de
chasser la dynastie.

Si c'est la majorité qui fait le criterium du droit, il faut se hâter d'effacer les traces des barricades, restaurer les Tuileries, indemniser la liste civile, rappeler Louis-Philippe, rendre le portefeuille à M. Guizot, faire amende honorable à la chambre, et attendre en silence la décision des électeurs à 200 fr.

Alors vous verrez la majorité livrée à ses instincts égoïstes, et éclairée par l'événement, voter à la fois contre la réforme, contre les banquets, contre l'Opposition, contre la République.

Si c'est a la majorité de faire la loi, il faut dire encore que c'est à la majorité de la majorité, et ainsi de suite jusqu'à ce que nous soyons revenus au gouvernement personnel ; qu'ainsi le gouvernement appartient à la classe moyenne, élue par la majorité des assemblées primaires; que la classe moyenne a son tour doit respect à sa propre majorité, à la majorité des électeurs; que la majorité des electeurs doit obéir à la majorité des députés, la majorité des députés se soumettre au ministère, lequel est tenu de faire la volonté du roi, qui, en vertu de la majorité, règne et gouverne.

Jamais, avec la théorie représentative, on ne sortira de ce cercle; et c'est justement hors de ce cercle que vient de se placer le Peuple. La loi de majorité, dit-il, n'est rien, si ce n'est comme transaction provisoire entre des opinions antagonistes, en attendant la solution du Peuple.

Ainsi, trois questions générales ont été résolues par la révolution du 24 février, en sens diamétralement contraire à toutes idées reçues :

1. *Question de résistance légale.* — Le Peuple nous l'a dit une fois pour toutes : protester, pour lui, est synonyme d'ordonner; blâmer est synonyme de s'opposer ; résister, synonyme de renverser l'objet de sa résistance.

2. *Question de réforme.* — L'Opposition, tout en demandant les mêmes choses et dans les mêmes termes que l'insurrection, mais ne les envisageant que séparément et en détail, réservait expressément dans sa protestation la mo-

narchie, la charte, les institutions constitutionnelles, en même temps qu'elle ajournait, repoussait une réforme sociale. — Le Peuple, au contraire, embrassant toutes les reformes demandées en un seul faisceau, a compris que de ce faisceau résultait une idée nouvelle qui abrogeait la royauté et la Charte : il a tout réduit en poussière, royauté et constitution.

3. *Question de majorité représentative.* — Tous les publicistes sont d'accord que le gouvernement comme la puissance législative ne peut s'exercer que par délégation ; que l'élection étant le seul mode connu de délivrer mandat comme le vote est le seul moyen d'aboutir à une conclusion, c'est la majorité, non du Peuple, mais de ses représentants, qui fait la loi. Le Peuple, au rebours, a vu que l'autorité des majorités n'est point absolue ; qu'elle est sujette à caution et exception ; que, dans certains cas, il peut arriver que l'intégralité du Peuple soit condamnée par la majorité du Peuple ; qu'il y avait donc lieu de réviser ce principe dans la constitution nouvelle. Le Peuple a brisé la loi de la majorité, au cri de *Vive la République!*

LA RÉPUBLIQUE! Telle est, n'en doutez pas, le vœu du Peuple. Il l'avait fait entendre en 92 ; et si ce vœu, toujours renaissant, n'a pas été rempli, la faute, certes, ne fut pas au Peuple : ce fut la faute de ses accoucheurs.

Voilà cette logique populaire, qui, si chaque citoyen la prenait pour règle, conduirait infailliblement à la guerre civile ; mais qui, dans cette individualité supérieure qui a nom le PEUPLE, conclut toujours à la paix et à l'unité. Prompte comme l'éclair, infaillible comme l'algèbre, la logique du Peuple est la loi de l'histoire, la source du droit et du devoir, le principe de toute moralité, la sanction de toute justice. C'est elle qui punit le roi parjure et le vil fripon des mêmes balles civiques, étonnées de leur propre intelligence.

Que chacun, en ces jours difficiles, se tourne du côté du Peuple. Que chacun étudie cette pensée souveraine, qui n'est celle d'aucun parti, d'aucune école, et qui pourtant se laisse entrevoir dans toutes les écoles et dans tous les partis; qui saura se définir elle-même, et répondre à toutes nos questions, pourvu que nous sachions l'interroger.

INTERROGER LE PEUPLE! Là est le secret de l'avenir.

INTERROGER LE PEUPLE! C'est toute la science de la société.

Le Peuple, s'insurgeant en apparence contre un ministère détesté, a passé par-dessus les conservateurs, les dynastiques, les légitimistes, les démocrates, se moquant de toutes les théories, et plantant son drapeau à une distance infinie, par-delà toutes les fictions constitutionnelles.

Le Peuple saura nous dire ce que signifient ces mots de *République*, d'*Égalité* et de *Fraternité* qu'il a pris pour devise, et qui n'eurent jamais de sens positif en aucune langue. Combien, dans la spontanéité de son audace, il dépasse la prudence méticuleuse des philosophes! Philosophes, suivez le Peuple!...

2. Le Gouvernement provisoire n'a pas compris la révolution.

Hélas! A peine le Peuple a-t-il commencé de se faire entendre que la multitude usurpe son nom, que les discoureurs étouffent sa voix, et qu'à la place du Peuple, s'établit la tyrannie de ses courtisans. Depuis la Révolution le Peuple a cessé de parler, et nous voguons sans boussole, au vent de toutes les folies, sur un océan sans limites.

Je parcours les journaux; je cherche dans les proclamations, dans les placards; j'écoute la nuit, j'écoute le jour, si cette parole profonde, qui trois fois en trois jours, dominant les volontés et les événements, nous a étonnés par ses hautes révélations, ne viendra plus frapper mon oreille et illuminer mon cœur. Jamais plus solennelle occasion ne fut donnée à des initiateurs. Jamais l'attention ne fut à plus haut point excitée, la faveur mieux acquise à qui saurait faire vibrer le verbe populaire. Tout s'est tu, pendant quelques instants, devant cette majesté invisible qui vous fait frissonner jusqu'à l'âme, et dont on adorait les moindres simulacres.

Ou en sommes-nous aujourd'hui?

Je sais que les honorables citoyens qui composent le Gouvernement provisoire n'ont pas eu le temps de méditer leur programme, et qu'il leur a fallu payer de mots, en attendant que la Révolution produisît ses faits toute seule. Je sais quel est le zèle, la probité, le patriotisme de ces hommes nouveaux, aussi stupéfaits que nous de leur rôle. Je reconnais la supériorité de plusieurs : j'admets la bonne volonté de tous. Tous mes vœux sont qu'ils restent au pouvoir jusqu'au jour où l'Assemblée nationale, par son vote, aura régularisé le gouvernement. Aussi est-ce à la fatalité de leur situation, bien plus qu'à leurs personnes, que s'adresse ma critique. J'eusse pardonné au Gouvernement provisoire une, deux, trois erreurs, et autant d'inconséquences : mais en présence de témérités sans motifs, de contresens systématiques, d'un absolutisme que rien ne justifie, d'une réaction avouée, j'ai senti que la considération des hommes ne pouvait m'imposer le respect des actes, et je me suis dit que l'heure de l'opposition était venue.

L'opposition, disait M. Barrot, est le condiment de la liberté.

L'opposition, répondait M. Guizot, est la garantie de la constitution.

L'opposition, ajouterai-je, est le premier de nos droits, le plus saint de nos devoirs.

La République transformée en une démocratie doctrinaire; l'empirisme et l'utopie prenant la place des idées et faisant du Peuple une matière à expériences ; de petits hommes, de petites idées, de petits discours; la médiocrité, le préjugé, le doute, bientôt peut-être la colère. La volonté du Peuple, qui devait grandir ses chefs, les amoindrit. On attendait de ces magistrats improvisés, portés sur les ailes de la Révolution, qu'ils ramèneraient la sécurité : ils sèment l'épouvante; — qu'ils feraient la lumière : ils créent le chaos; — qu'ils sauraient préciser la question, dire ce que le Peuple veut et ce qu'il ne veut pas : ils n'affirment rien, ils laissent tout croire, ils font tout craindre. Il fallait, en même temps, rassurer la propriété et donner des garanties au prolétariat par la conciliation de leur antagonisme; ils les mettent aux prises, ils soufflent la guerre sociale. On comptait sur des actes, ils produisent l'inertie. Comme pour témoigner de la défaillance de leurs cœurs, ils mettent à l'ordre du jour *la grandeur d'âme.* Sans foi dans l'avenir, ils déclarent le serment aboli, de peur que la République, trop tôt abîmée, ne devienne l'occasion de nouveaux parjures. On leur demandait du travail, ils forment des cadres; du crédit, ils décrètent des assignats; des débouchés, ils s'en réfèrent à l'attitude de la République. Une fois ils nous disent que l'*organisation du travail* ne se peut *faire d'un jour;* une autre fois que la question est *complexe;* quinze jours après, ils nous renvoient au bureau de placements! Tout entiers a leurs souvenirs de la Montagne, au lieu de parler en économistes, ils nous répondent en jacobins. Le Peuple s'est retiré de ces hommes : ils l'*aiment,* cependant; ils daignent le lui dire. Mais rien, rien, rien ne décèle en eux l'intelligence de ce Peuple dont ils portent les destinées. Partout dans leurs actes, au lieu de ces pensées universelles, sublimes, qu'enfante le Peuple, vous ne trouverez que *chaudes allocutions, chaleureuses paroles,* communisme, routine, contradiction, discorde.

La première chose dont s'occupe le Gouvernement provisoire, c'est d'exclure le drapeau rouge. Certes, je n'ai nulle envie de faire du terrorisme, et je me soucie, au fond, du drapeau rouge comme de tous les drapeaux du monde. Mais puisque le Gouvernement provisoire attachait une si grande importance aux emblèmes, il devait, au moins, tâcher de comprendre celui-ci, et le réconcilier avec les honnêtes gens. Cette satisfaction était due aux hommes des barricades.

La Révolution, on ne peut le nier, a été faite par le drapeau rouge : le Gouvernement provisoire a décidé de conserver le drapeau tricolore. Pour expliquer ce désaveu, M. de Lamartine a fait des discours, le *National* des dissertations. Le rouge, disent-ils, fut autrefois la couleur de la royauté; le rouge est la couleur des Anglais: c'est aussi celle de l'*exécrable* Bourbon, tyran des Deux-Siciles. Le rouge ne peut être la couleur de la France.

On ne dit point que le rouge est la couleur de la justice, la couleur de la souveraineté. Et puisque tous les hommes aiment le rouge, ne serait-ce point aussi que le rouge est le symbole de la fraternité humaine? Renier le drapeau rouge, la pourpre! mais c'est la question sociale que vous éliminez. Toutes les fois que le Peuple, vaincu par la souffrance, a voulu exprimer, en dehors de cette légalité juridique qui l'assassine, ses vœux et ses plaintes, il a marché sous une bannière rouge. Il est vrai que le drapeau rouge n'a pas fait le tour du monde, comme son heureux rival le drapeau tricolore. La justice, a très-bien dit M. de Lamartine, n'est pas allée plus loin que le Champ-de-Mars. Elle est si terrible, la justice, qu'on ne saurait trop la cacher. Pauvre drapeau rouge! tout le monde t'abandonne! Eh bien! moi, je t'embrasse; je te serre contre ma poitrine. Salut à la fraternité!

Gardons, si vous voulez, le drapeau tricolore, symbole de notre nationalité. Mais souvenez-vous que le drapeau rouge est le signe d'une révolution qui sera la dernière. Le drapeau rouge! c'est l'étendard fédéral du genre humain.

Le second acte du Gouvernement provisoire a été l'abolition de la peine de mort pour délits politiques. S'il l'a cru nécessaire pour rassurer les esprits, peut-être a-t-il eu raison? Mais comme principe, c'est dépourvu de sens : car voyez l'inconséquence.

Le 23, le 25 février, et les jours suivants, des patrouilles d'ouvriers, spontanément organisées pour la police de la capitale, ont fusillé, sans aucune forme de procès, les individus qu'elles surprenaient en délit de vol. Et cela a eu lieu aux applaudissements universels, aux applaudissements

des propriétaires aussi bien que des prolétaires. Or, dites-
moi, d'où partait cette approbation unanime? N'est-ce
point que le vol, en de telles circonstances, est autre chose
encore que le vol; que c'est un attentat à la sûreté de
l'État, un crime politique? Donc, il est des crimes politiques que le Peuple juge dignes de mort et qu'il punit de la
peine capitale, à l'instant même où ses représentants
inscrivent dans la loi l'abolition de cette peine. Et c'est
ainsi que les hommes de la terreur, de néfaste mémoire,
justifiaient leurs exécutions : la faute la plus légère devenait à leurs yeux une trahison envers la Patrie. A Dieu ne
plaise que nous revoyions ces odieuses journées! Mais
n'est-il pas clair que le Gouvernement, au lieu d'*abolir*,
chose qui n'est pas en son pouvoir, ferait mieux de *définir*
et que c'est dans une détermination nouvelle du droit pé-
nal qu'il faut chercher la sécurité des citoyens?

Abolissez, pour toute espèce de crime, la peine de mort :
et demain, l'homme dont le père aura été assassiné, la fille
violée, la réputation ou la fortune ruinée, se fera justice
de sa propre main. Et comment réprimerez-vous la vengeance privée, quand la peine de mort sera abolie? Il n'y
a philanthropie qui tienne : crimes sociaux, crimes politiques, crimes contre les personnes et les propriétés, tout est
soumis à la loi de compensation : c'est bien moins le sup-
plice qu'il faut supprimer, que le délit qu'il s'agit de prévenir.

Après l'interdiction du drapeau rouge et l'abolition de la
peine de mort pour les délits politiques, est venu le décret
d'accusation des ex-ministres.

Informer passe; mais *accuser* est absurde, surtout après
l'abolition de la peine de mort pour les délits politiques.
De plus, c'est injurieux au Peuple.

Comment! le Gouvernement provisoire n'a pas encore
compris que les 22, 23 et 24 février sont la fin d'une constitution, et non le renversement d'un ministère! Le mardi,
M. Guizot pouvait être mis en accusation, mais seulement
par les députés de la gauche : son crime était alors de jouer

l'existence de la monarchie, et de compromettre, par un conflit, les institutions de juillet. Mercredi encore, M. Guizot, quoique démissionnaire, était responsable du sang versé : l'opposition triomphante pouvait lui demander compte de son intempestive résistance : car l'homme d'État doit céder quelquefois, même aux caprices de l'opinion. La victoire de jeudi absout M. Guizot. Elle a changé pour lui, comme pour tout le monde, le terrain de la légalité Elle l'honore même en un sens, car elle prouve qu'il avait mieux jugé du Peuple que l'Opposition. M. Guizot ne pouvait être accusé qu'en vertu de la Charte : la Charte détruite, M. Guizot n'est plus justiciable que de sa conscience et de l'histoire; il a le droit de décliner la compétence de la Révolution.

Pauvres politiques! si vous ne l'eussiez décrété, il aurait fait, comme MM. Thiers et Barrot, acte d'adhésion à la République ; en se ralliant, il se serait puni. Pensez-vous donc châtier par la prison un homme de ce caractère? Forcez-le de dire : *Je me suis trompé!* Prouvez-lui qu'au moment où il croyait la monarchie plus que jamais necessaire, la République était la seule chose possible : c'est la seule expiation que vous puissiez imposer à cette belle, mais coupable intelligence.

Je sais qu'en décrétant M. Guizot, vous avez voulu donner au Peuple une sorte de satisfaction. Vous ne comprenez du Peuple que la vengeance. Tandis que le Peuple est à la révolution sociale, vous vous croyez tantôt sous la Terreur, et vous abolissez le drapeau rouge et la peine de mort; tantôt sous la Charte, et c'est la Charte que vous restaurez en décrétant l'homme qui mieux que vous sut la défendre. Il est donc écrit, ô Peuple, qu'on ne te comprendra jamais!

Faut-il que je parle de tous ces décrets, tous plus incompréhensibles les uns que les autres, et dans lesquels éclate a chaque ligne l'inintelligence de la Révolution?

Décret qui délie les fonctionnaires de leur serment.

C'est exactement comme si à Louis-Philippe succédait Henri V ou le prince Napoléon. Quoi! il ne suffisait pas, à votre avis, pour la conscience des fonctionnaires, d'une révolution qui abolissait la monarchie constitutionnelle, qui non-seulement évinçait la dynastie, qui changeait le principe! Il fallait aux fonctionnaires l'absolution de M. Crémieux! C'est pour cela que le Gouvernement provisoire a cumulé le spirituel et le temporel, s'attribuant, comme saint Pierre, le pouvoir de lier et de délier! Plaisants casuistes, qui ne savez le premier mot du catéchisme politique! Si Louis-Philippe, si sa race vit encore, la royauté, sachez-le bien, est morte. Or, la royauté morte, vive la République! Cela ne souffre pas plus de difficulté que de passer de Louis XVIII à Charles X.

Décret qui garantit l'organisation du travail.

Remarquez cela. Ce n'est pas la République qui donne garantie, c'est le Gouvernement provisoire. Le Gouvernement provisoire tenait à ce qu'on sût que l'idée venait de plus haut que la République. Mais, à force de penser à l'idée, le rédacteur a oublié l'expression : qu'est-ce, je vous prie, que la *garantie* d'un *provisoire?*

Et si le Gouvernement définitif n'organise pas? S'il trouve que ce n'est pas à lui d'organiser? S'il juge que ce mot d'*organisation du travail* ne traduit pas la pensée de la Révolution, qu'il est vide de sens? Si son premier acte est de décréter la liquidation des ateliers prétendus nationaux? Si les plans de la commission sont reconnus impossibles?... Où est-ce que la République, après avoir fait les avances, prendra son indemnité? que sera pour elle la garantie du Gouvernement provisoire, quand elle aura englouti 50 millions?

Vraiment, citoyens du Gouvernement provisoire, vous avez bien fait, pour l'honneur de la République, de n'engager que votre garantie personnelle ; mais pour nos finances?...

Décret qui ordonne la création d'ateliers nationaux.

Nous ne pouvions y échapper. « J'ai quatre petits enfants qui me demandent du pain, s'écrie la femme de Sganarelle. — Donne-leur le fouet, répond l'ivrogne. »

Nos organisateurs font comme Sganarelle. Il y a dans Paris 36,000 tailleurs sans ouvrage. Le Gouvernement provisoire leur offre des ciseaux, des aiguilles, des salles de couture, des presses pour le décatissage... — Mais du travail !

La moitié des imprimeurs chôme. On créera aux 90 imprimeries de la capitale un supplément de matériel de 3 millions. — Mais du travail ?

Les chantiers de construction sont fermés. Vite on en établira d'autres à côté, pour leur faire concurrence. — Mais du travail ?

La librairie, ancienne et moderne, classique, politique, religieuse, médicale, regorge de livres qui ne se vendent pas. Il faut organiser la librairie. Le Gouvernement provisoire délivrera cinquante nouveaux brevets. — Mais des acheteurs ?

La passementerie, l'orfévrerie, la chapellerie, tous les corps d'état sont à bas. Venez tous, travailleurs ; quittez vos patrons ; associez-vous, organisez-vous, le Gouvernement provisoire vous délivrera des patentes, vous fournira des directeurs. des contrôleurs, des inspecteurs, des comptables, des gérants, des commis ; il en a de reste. — Mais des capitaux ? mais des demandes ? mais des débouchés ?

La moitié des maisons sont délabrées : le quart des appartements vides. Il faut augmenter la valeur de cette partie de la propriété foncière. — Le-Gouvernement provisoire propose des plans pour la construction de casernes, d'hospices, de palais nationaux, afin de loger les ouvriers !

Les terres en exploitation sont mal cultivées ; l'agriculture manque de capitaux et de bras. — Le Gouvernement pense aux dunes, aux friches, aux bruyères, aux landes, a toutes les terres incultes et stériles !

Que les badauds trouvent cela superbe ; que les charlatants exploitent cet autre Mississipi ; que le trésor public, que le temps des travailleurs soient gaspillés : je ne m'y oppose pas. Mais qu'en dit le Peuple ?

Décret qui réduit les heures de travail, abolit les tâches et le marchandage.

Les ouvriers pensent à leurs intérêts, ils ont raison. Dans cette République corrompue dès le berceau comme une monarchie au cercueil, bavarde comme un roi constitutionnel, où l'on se dispute les places, les missions, commissions, délégations et tout ce qui rend de l'argent, les ouvriers ne pouvaient moins faire que de demander une diminution des heures de travail, soit une augmentation de salaire. Ils seraient bien dupes ! On leur a prouvé qu'ils travaillaient beaucoup et qu'ils gagnaient peu : ce qui est vrai. Ils en ont conclu que ce serait justice, s'ils se faisaient payer davantage, et travaillaient moins. Dans l'économie politique du Gouvernement provisoire, c'est irréprochable de raisonnement : mais je ne reconnais point là, je l'avoue, la logique de mon Peuple.

Informé que des maîtres font difficulté d'obéir à ses ordres, le Gouvernement provisoire rend de nouveaux décrets, expédie des circulaires, débite des harangues, portant en substance : *Que la production pourra souffrir de la réduction des heures de travail, mais que la volonté du Gouvernement doit être exécutée, et qu'elle le sera, advienne que pourra ! Que les préfets aient à y tenir la main ; qu'il y va de l'égalité et de la fraternité.*

Vous voilà donc, dictateurs de trois coudées, socialistes du drapeau tricolore, acculés, en quinze jours, au bon plaisir, à l'intimidation, à la violence ! C'est ainsi que vous entendez le problème social ! Et de trois mille patriotes qui vous écoutent, il n'y en a pas un qui vous siffle ! Ce peuple bénin, si profondément monarchisé, crie *bravo !* à la tyrannie. Vous allez donc aussi décréter le taux des sa-

laires! Puis, vous forcerez la vente; puis, vous requerrez
le paiement, vous fixerez la valeur! Vraiment, si vous ne
me donniez envie de rire, j'irais sur la place de l'Hôtel-de-
Ville, et là je crierais de toute ma force : Citoyens! aux
armes! vingt cartouches pour le Gouvernement provisoire!

Conçoit-on ces romanciers de la terreur, qui, en 1848,
prennent les entrepreneurs d'industrie pour des seigneurs
féodaux, les ouvriers pour des serfs, le travail pour une
corvée? qui s'imaginent, après tant d'études sur la matière, que le prolétariat moderne résulte de l'oppression
d'une caste? qui ignorent, ou font semblant d'ignorer, que
ce qui a établi les heures de travail, détermine le salaire,
divisé les fonctions, développé la concurrence, constitué le
capital en monopole, asservi le corps et l'âme du travailleur, c'est un système de causes fatales, indépendantes de
la volonté des maîtres comme de celle des compagnons?...
Parle donc, Peuple! parle, parle!

Décret qui fait des Tuileries les Invalides du Peuple.

Les Invalides du Peuple! la liste civile de la misère!
Accordez cela, citoyen lecteur, avec l'égalité et la fraternité! Mais je crois les entendre, ces bons messieurs du
Gouvernement provisoire : ce n'est pas d'égalité et de fraternité qu'ils se soucient, c'est d'avoir, a leur dévotion,
une armée de prétoriens. C'est pour cela qu'ils excitent les
passions cupides de l'ouvrier, qu'ils font de l'intimidation
à la bourgeoisie en soulevant les masses contre elle.
ADVIENNE QUE POURRA! Le travail, insurgé contre le capital, prêtera main forte à la dictature. Gare alors a qui
rira, gare à qui se plaindra, gare à qui travaillera!

*Circulaire du ministre de l'instruction publique aux rec-
teurs sur l'instruction primaire.*

Elle dit, en somme, que pour tout individu l'instruction

primaire suffit; mais qu'il faut à la République une ÉLITE
d'hommes, et que cette ÉLITE, il faut la choisir dans tout
le Peuple.

Est-il clair que le Gouvernement provisoire ne croit mot
ni de l'égalité ni de la fraternité? Nous pensions jusqu'ici,
bonnes gens que nous sommes, que cette classe du Peuple,
plus ou moins réelle, qu'on nomme *bourgeoisie*, était quelque chose comme l'élite du Peuple, et que c'était afin que
tout le monde fît partie de l'élite, que nous avions fait la
révolution. La circulaire du ministre renverse toutes nos
idées. Il est vrai que la question est comme celle de l'*organisation du travail*, passablement complexe : il s'agit de
savoir comment, sans faire tort aux supériorités naturelles,
les citoyens pourront être égaux. Le Gouvernement provisoire sabre la difficulté : capacités, incapacités, sujets mé-
diocres, sujets d'élite, qu'importe cela? Ne sommes-nous
pas tous Français, tous citoyens, tous frères? Faisons un
bon choix d'aristocrates, et vive la République !

J'en appelle aux assises du Peuple.

Gardons-nous toutefois de calomnier. Le Gouvernement
provisoire n'a-t-il pas décrété que l'intérêt des sommes
déposées aux caisses d'épargne serait porté à 5 pour 100,
« attendu que l'intérêt des bons du Trésor est aussi de
« 5 pour 100, que les fruits du travail doivent s'accroître
« de plus en plus, et que de toutes les propriétés, la plus
« inviolable et la plus sacrée c'est l'épargne du pauvre? »
Quel plus touchant témoignage de ses sentiments d'égalité
pouvait donner le Gouvernement provisoire?

Sans doute, si les porteurs de bons du Trésor devaient
seuls parfaire l'intérêt des caisses d'épargne. Mais si c'est
le prolétaire, toujours le prolétaire, n'ayant ni bons du
Trésor, ni livret d'épargne, qui doit payer l'un et l'autre
intérêt, n'est-il pas clair qu'en mettant l'égalité entre les
créanciers de la dette flottante, on a rendu l'inégalité entre
les créanciers de l'Etat et les débiteurs de l'Etat, plus
grande qu'auparavant?

L'épargne du pauvre ! l'accroissement des fruits du travail! Quel bavardage hypocrite! C'est à dire que vous donnez plus à celui qui possède plus, et qu'à celui qui possède moins, vous enlevez le peu qu'il a. C'est de l'économie d'après l'Évangile. Mais ce que pense le Peuple, est-ce mot d'Évangile?

Le Gouvernement provisoire n'est pas moins fort sur l'équité que sur l'égalité.

La réduction de la journée de travail à dix heures, disent.les maîtres, nous cause préjudice, et nous ne pouvons payer le même salaire qu'auparavant. — La diminution du salaire, répliquent les ouvriers, nous ôte la substance : notre sort serait pire qu'avant la Révolution!

Les termes sont nettement posés; la contradiction est flagrante. Comment le Gouvernement provisoire va-t-il s'y prendre pour la résoudre?

Les salaires, dit-il, seront réglés de telle sorte que, la journée de travail restant fixée à dix heures au lieu de onze, les maîtres ne paient qu'une demi-heure de plus, et les ouvriers ne reçoivent qu'une demi-heure de moins!

Ce qui veut dire que la perte d'une heure de travail, qui d'abord était toute à la charge des maîtres, serait répartie, par égale part, entre les maîtres et les ouvriers.

Le Gouvernement provisoire prend un juste milieu pour une synthèse philosophique! Mais le Peuple, qui doit travailler toujours davantage, produire davantage, profiter davantage; le Peuple dira-t-il qu'il gagne, lorsque tout le monde perd?...

Décret qui ordonne l'établissement de comptoirs nationaux pour le petit commerce.

Le Gouvernement provisoire fait pour la banque comme pour le travail. L'argent manque, il fait des caisses pour le recevoir, des bureaux pour le compter. C'est ce qu'il appelle *organiser le crédit!*

Décret qui ordonne le remboursement des sommes versées

*à la cuisse d'épargne, au-dessus de 100 fr. en rentes
5 pour 100 au pair.*

*Décret qui autorise le ministre à vendre les diamants
de la couronne, les biens de la liste civile et les bois de
l'Etat.*

*Proclamation qui demande le paiement d'avance des con-
tributions de l'année.*

*Décret qui ouvre un emprunt patriotique de 100 mil-
lions.*

Décret qui augmente la cote foncière de 45 centimes.

*Décret qui proroge le remboursement des bons du Trésor
et des dépôts de la caisse d'épargne.*

Décret qui donne cours forcé aux billets de banque..

Etc., etc., etc., etc.

Ah ! grands politiques, vous montrez le poing au capital, et vous voilà prosternés devant la pièce de cent sous !
Vous voulez exterminer les Juifs, *les rois de l'époque,* et
vous adorez (en jurant, c'est vrai) le veau d'or ! Vous dites,
ou vous laissez dire, que l'Etat va s'emparer des chemins
de fer, des canaux, de la batellerie, du roulage, des mines,
des sels : qu'on établira des impôts sur les riches, impôt
somptuaire, impôt progressif, impôt sur les domestiques,
les chevaux, les voitures ; qu'on réduira les emplois, les
traitements, les rentes, la propriété. Vous provoquez la
dépréciation de toutes les valeurs financières, industrielles, immobilières ; vous tarissez la source de tous les
revenus ; vous glacez le sang dans les veines au commerce,
à l'industrie, et puis vous conjurez le numéraire de circuler ! vous suppliez les riches épouvantés de ne pas le retenir ! Croyez-moi, citoyens dictateurs, si c'est là toute votre

science, hâtez-vous de vous réconcilier avec les Juifs ;
renoncez à ces démonstrations de terrorisme qui font courir les capitaux après la révolution comme les chiens après
les sergents de ville. Rentrez dans ce *statu quo* conservateur, au dela duquel vous n'apercevez rien et dont vous
n'auriez dû jamais vous écarter. Car, dans la situation
équivoque où vous êtes, vous ne pouvez vous défendre de
toucher a la propriété ; et si vous portez la main sur la
propriété, vous êtes perdus. Vous avez deja un pied dans
la banqueroute

Excusez ma véhémence : l'erreur dans le pouvoir m'indigne presque à l'égal de la vénalité. — Non, vous ne
comprenez rien aux choses de la révolution. Vous ne connaissez ni son principe, ni sa logique, ni sa justice ; vous
ne parlez pas sa langue. Ce que vous prenez pour la voix
du Peuple n'est que le mugissement de la multitude, igno-
rante comme vous des pensées du Peuple. Refoulez ces
clameurs qui vous envahissent. Respect aux personnes,
tolérance pour les opinions ; mais dédain pour les sectes
qui rampent à vos pieds, et qui ne vous conseillent qu'afin
de vous mieux compromettre. Les sectes sont les vipères
de la révolution Le Peuple n'est d'aucune secte. Abstenez-
vous, le plus que vous pourrez, de réquisitions, de confis-
cations, surtout de législation ; et soyez sobres de destitu-
tions. Conservez intact le dépôt de la République, et laissez
la lumière se faire toute seule. Vous aurez bien mérité de
la Patrie.

Vous, citoyen Dupont, vous êtes la probité au pouvoir
Restez a votre poste, restez-y jusqu'a la mort ; vous serez
trop tôt remplacé.

Vous, citoyen Lamartine, vous êtes la poésie unie à la
politique Restez encore, bien que vous ne soyez pas diplo-
mate. Nous aimons ce style grandiose, et le Peuple vous
soufflera.

Vous, citoyen Arago, vous êtes la science dans le Gouvernement. Gardez le portefeuille ; assez d'imbeciles vous
succéderont.

Vous, citoyen Garnier-Pagès, vous avez vendu, vous avez aliéné, vous avez emprunté, et vous jouez du reste. Vous direz à l'Assemblée nationale que l'État ne possède plus rien, que son crédit n'a plus d'hypothèque que le patriotisme, que c'est fini. Vous prouverez par votre bilan que le Gouvernement n'est possible désormais que par une rénovation de la société, et que telle est l'alternative pour le pays : Ou la fraternité, ou la mort !

Vous, citoyens Albert et Louis Blanc, vous êtes un hiéroglyphe qui attend un Champollion. Restez donc comme figure hiéroglyphique, jusqu'à ce que vous soyez devinés.

Vous, citoyens Flocon et Ledru-Rollin, nous rendons justice à l'esprit qui vous pousse. Vous êtes, malgré votre vieux style, la pierre d'attente de la révolution. Restez donc pour l'intention, mais ne soyez pas si terribles dans la forme. On vous prendait pour la queue de Robespierre.

Vous, citoyens Crémieux, Marie, Bethmont, Carnot, Marrast, vous symbolisez, sous des formes diverses, la nationalité, le patriotisme, l'idéal républicain. Mais vous ne sortez pas du négatif; vous n'êtes connus que comme démocrates ; vos idées sont depuis cinquante ans prescrites. Restez cependant : à défaut des réalités, nous avons besoin des symboles.

Et vous, les ex-dynastiques, bourgeois peureux comme chouettes, ne regrettez pas cette révolution qui était depuis longtemps accomplie dans vos idées, et que vos querelles parlementaires ont fait peut-être prématurément éclore. L'enfant né avant terme ne peut rentrer dans le sein de sa mère : il s'agit d'élever la révolution, non de l'envoyer aux gémonies. Ecoutez ce que je m'en vais vous dire, et regardez-le comme la profession de foi du prolétariat. Je vous parlerai avec franchise.

La révolution de 1848 est la liquidation de l'ancienne société, le point de départ d'une société nouvelle.

Cette liquidation est incompatible avec le rétablissement de la monarchie.

Elle ne se fera pas en un jour : elle durera vingt-cinq ans, cinquante ans, un siècle peut-être.

Nous pourrions la faire sans vous, contre vous : nous aimerions mieux qu'elle fût faite par vous. Vous en êtes, pour ainsi dire, par droit d'aînesse, par la supériorité de vos moyens, par votre habileté pratique, les syndics naturels. C'est à vous, par excellence, qu'il appartient d'*organiser le travail*. Nous ne voulons la réforme au préjudice de personne ; nous la voulons dans l'intérêt de tout le monde.

Ce que nous demandons est une certaine solidarité, non pas seulement abstraite, mais OFFICIELLE, de tous les producteurs entre eux, de tous les consommateurs entre eux, et des producteurs avec les consommateurs. C'est la conversion en droit public, non des rêveries d'une commission, mais des lois absolues de la science énonomique. Vous êtes divisés, nous voulons vous réunir, et faire avec vous partie de la coalition. Nous attachons à ce pacte, dont tous nos efforts, toute notre intelligence doivent tendre à déterminer les clauses, la garantie de notre bien-être, le gage de notre perfectionnement moral et intellectuel.

Que pouvez-vous craindre ?

La perte de vos propriétés ? Entendez bien ceci. Il est indubitable que les articles de la nouvelle charte modifieront votre droit, et qu'une portion de cette NU-PROPRIÉTÉ, qui vous est si chère, d'individuelle qu'elle est deviendra réciproque. Vous pouvez être *expropriés*, mais *dépossédés* jamais, pas plus que le Peuple français ne peut être dépossédé de la France. Et cette nu-propriété, cause unique, selon nous, de vos embarras et de nos misères, ne vous sera pas ravie sans indemnité : autrement ce serait confiscation, violence et vol ; ce serait propriété, non réforme.

Craignez-vous que les communistes ne vous prennent vos enfants et vos femmes ? Comme s'ils n'avaient pas assez des leurs !... La communauté n'étant par essence rien de défini, est tout ce que l'on voudra. Le meilleur moyen que découvrira la philosophie de créer la liberté, l'égalité, la fraternité, sera pour les communistes la communauté. S'effrayer de la communauté, c'est avoir peur de rien.

Est-ce le retour du vieux jacobinisme uni au vieux babouvisme qui vous épouvante?

Nous n'aimons pas plus que vous ces doctrines de la démocratie, pour qui *l'organisation du travail* n'est qu'une fantaisie destinée à calmer l'effervescence populaire ; ces Cagliostro de la science sociale faisant de la fraternité une honteuse superstition. Et si nos manifestations semblent les défendre, c'est qu'ils représentent momentanément pour nous le principe qui a vaincu en février.

Conservateurs, deux politiques, deux routes différentes s'offrent en ce moment à vous.

Ou bien vous vous entendrez directement avec le prolétariat, sans préoccupation de forme gouvernementale, sans constitution préalable du pouvoir législatif, non plus que de l'exécutif. En fait de politique et de religion, le prolétariat est comme vous, sceptique. L'Etat, á nos yeux, c'est le sergent de ville, le valet de police du travail et du capital. Qu'on l'organise comme on voudra, pourvu qu'au lieu de commander, ce soit lui qui obéisse.

Dans ce premier cas, la transaction sera tout amiable, et ses articles seront la constitution de la France, la Charte de 1848.

Ou bien vous vous rallierez à la démocratie doctrinaire, à cet équivalent du pouvoir royal, nouveau système de bascule entre la bourgeoisie et le prolétariat, qui ne répugne point a une restauration monarchique, et pour qui la majorité des humains est fatalement condamnée a la peine et à la misère.

Dans ce cas, je vous le dis avec douleur, rien de fait ; et comme avec Louis-Philippe, ce sera bientôt à recommencer. Vous vous croirez habiles, et vous n'aurez toujours été qu'aveugles. Ce seront encore des 10 août, des 21 janvier, des 2 juin, des 9 thermidor, des journées de prairial et de vendémiaire, des 29 juillet, des 24 février.

Vous reverrez des scènes à la Boissy-d'Anglas : il vous faudra recommencer tous les jours les massacres de Saint-Roch et de Transnonain : ce qui ne vous empêchera pas de tomber à la fin misérablement sous les balles du Peuple.

Citoyens, nous vous attendons avec confiance : soixante siècles de misère nous ont appris à attendre. Nous pouvons, pendant trois mois, vivre avec trois sous de pain par jour et par tête : c'est à vous de voir si vos capitaux peuvent jeûner aussi longtemps que nos estomacs.

CHAPITRE II

LA DÉMOCRATIE.

1. Problème de la souveraineté du peuple. — Conditions de la solution
2. Si le suffrage universel exprime la souveraineté du peuple.
3. Si la reforme sociale doit sortir de la réforme politique, ou la réforme politique de la réforme sociale. — Différence entre la démocratie et la république.

Paris, le 26 mars 1848.

Cieux, écoutez ; Terre, prête l'oreille : le Seigneur a parlé !

Ainsi s'écriaient les prophètes, lorsque, l'œil étincelant et la bouche écumante, ils annonçaient aux prévaricateurs et aux apostats la punition de leurs crimes. Ainsi parlait l'Eglise au moyen âge ; et la terre, s'inclinant avec crainte, se signait à la voix du pontife, aux mandements de ses évêques. Ainsi firent tour à tour Moïse, Élie, Jean-Baptiste, Mahomet, Luther, tous les fondateurs et réformateurs de religions, chaque nouvelle modification du dogme se posant comme émanée de l'autorité divine. Et toujours on vit les masses humaines se prosterner au nom du Très-Haut, et recevoir avec soumission la discipline des révélateurs.

Mais, se dit à la fin un philosophe, si Dieu a parlé, pourquoi n'ai-je rien entendu?...

Il a suffi de cette parole de doute pour ébranler l'Église, annuler les Écritures, dissiper la foi et hâter le règne de l'Antechrist!

Je ne veux point, à l'exemple de Hume, préjuger ni la réalité, ni la possibilité d'une révélation : comment raisonner *à priori* d'un fait surnaturel, d'une manifestation de l'Être-suprême? La question est toute pour moi dans l'expérience que nous pouvons en acquérir, et je réduis la controverse religieuse à ce point unique, l'authenticité de la parole divine. Prouvez cette authenticité, et je suis chrétien. Qui donc oserait disputer avec Dieu, s'il était sûr que c'est Dieu qui lui parle?

Il en est du Peuple comme de la Divinité : *Vox populi, vox Dei.*

Depuis que le monde existe, depuis que les tribus humaines ont commencé de se constituer en monarchies et républiques, oscillant d'une idée à l'autre comme des planètes vagabondes; mêlant, combinant, pour s'organiser en sociétés, les éléments les plus divers; renversant les tribunes et les trônes comme fait un enfant un château de cartes, on a vu, à chaque secousse de la politique, les meneurs du mouvement invoquer, en termes plus ou moins explicites, la souveraineté du Peuple.

Brutus et César, Cicéron et Catilina, se prévalent tour à tour du suffrage populaire. S'il faut en croire les partisans du système déchu, la Charte de 1830 était l'expression de la souveraineté nationale autant au moins que la constitution de l'an III, et Louis-Philippe, comme Charles X, Napoléon et le Directoire, était l'élu de la Nation. Pourquoi non, si la Charte de 1830 n'était qu'un amendement à la constitution de l'an III, comme à celle de l'an VIII et de 1814?...

L'organe le plus avancé du parti légitimiste nous dirait encore, s'il l'osait, que la loi résulte du consentement du Peuple et de la définition du prince : *Lex fit consensu populi et constitutione regis.* La souveraineté de la nation est le principe des monarchistes comme des démocrates. Ecoutez cet écho qui nous arrive du Nord : d'un côté, c'est un roi despote qui invoque les traditions nationales, c'est-à-dire la volonté du Peuple exprimée et confirmée pendant des siècles; de l'autre, ce sont des sujets révoltés qui soutiennent que le Peuple ne pense plus ce qu'il a pensé autrefois, et qui demandent qu'on l'interroge. Qui donc ici montre une plus haute intelligence du Peuple, du monarque qui le fait immuable dans ses pensées, ou des citoyens qui le supposent versatile? Et quand vous diriez que la contradiction se résout par le progrès, en ce sens que le Peuple parcourt diverses phases pour réaliser une même idée, vous ne feriez que reculer la difficulté : qui jugera de ce qui est progrès et de ce qui est rétrogradation ?...

Je demande donc, comme Rousseau : Si le Peuple a parlé, pourquoi n'ai-je rien entendu?

Vous me citez cette révolution étonnante à laquelle moi aussi j'ai pris part; dont j'ai prouvé seul la légitimité, dont j'ai fait ressortir l'idée. Et vous me dites : Voilà le Peuple !

Mais d'abord, je n'ai vu qu'une foule tumultueuse sans conscience de la pensée qui la faisait agir, sans aucune intelligence de la révolution qui s'opérait par ses mains. Puis, ce que j'ai appelé logique du Peuple pourrait bien n'être autre chose que la raison des événements, d'autant plus que, le fait une fois accompli, et tout le monde d'accord sur sa signification, les opinions se divisent de nouveau sur les conséquences. La révolution faite, le Peuple se tait! Quoi donc ! la souveraineté du peuple n'existerait-elle que pour les choses du passé, qui ne nous intéressent plus, et non point pour celles de l'avenir, qui seules peuvent être l'objet des décrets du Peuple ?

O vous tous, ennemis du despotisme et de ses corruptions, comme de l'anarchie et de ses brigandages, qui ne cessez d'invoquer le Peuple; qui parlez, le front découvert, de sa raison souveraine, de sa force irrésistible, de sa formidable voix, je vous somme de me le dire : Où et quand avez-vous entendu le Peuple ? par quelle bouche, en quelle langue est-ce qu'il s'exprime ? comment s'accomplit cette étonnante révélation ? quels exemples authentiques, décisifs, en citez-vous ? quelle garantie avez-vous de la sincérité de ces lois que vous dites sorties du Peuple ? quelle en est la sanction ? à quels titres, à quels signes, distinguerai-je les élus que le Peuple envoie d'avec les apostats qui surprennent sa confiance et usurpent son autorité ? comment, enfin, établissez-vous la légitimité du verbe populaire ?

Je crois à l'existence du Peuple comme à l'existence de Dieu.

Je m'incline devant sa volonté sainte ; je me soumets à tout ordre émané de lui ; la parole du Peuple est ma loi, ma force et mon espérance. Mais, suivant le précepte de saint Paul, mon obéissance, pour être méritoire, doit être raisonnable, et quel malheur pour moi, quelle ignominie, si, lorsque je crois ne me soumettre qu'à l'autorité du Peuple, j'étais le jouet d'un vil charlatan ! Comment donc, je vous en supplie, parmi tant d'apôtres rivaux, d'opinions contradictoires, de partis obstinés, reconnaîtrai-je la voix, la véritable voix du Peuple ?

Le problème de la souveraineté du Peuple est le problème fondamental de la liberté, de l'égalité et de la fraternité, le principe de l'organisation sociale. Les gouvernements et les peuples n'ont eu d'autre but, à travers les orages des révolutions et les détours de la politique, que de constituer cette souveraineté. Chaque fois qu'ils se sont écartés de ce but, ils sont tombés dans la servitude et la honte. C'est dans cette vue que le Gouvernement provisoire a convoqué une Assemblée nationale nommée par tous les citoyens, sans distinction de fortune et de capacité : l'universalité des suffrages lui paraissant être l'expression la plus approchée de la souveraineté du Peuple.

Ainsi l'on suppose d'abord que le Peuple peut être con-

sulté ; en second lieu qu'il peut répondre ; troisièmement
que sa volonté peut être constatée d'une manière authentique ; enfin, que le gouvernement, fondé sur la volonté
manifestée du Peuple, est le seul gouvernement légitime.

Telle est, notamment, la prétention de la Démocratie,
qui se présente comme la forme de gouvernement qui traduit le mieux la souveraineté du Peuple.

Or, si je prouve que la démocratie n'est, ainsi que la
monarchie, qu'une symbolique de la souveraineté ; qu'elle
ne répond à aucune des questions que soulève cette idée :
qu'elle ne peut, par exemple, ni établir l'authenticité des
actes qu'elle attribue au Peuple, ni dire quel est le but et
la fin de la société ; si je prouve que la démocratie, loin
d'être le plus parfait des gouvernements, est la négation
de la souveraineté du peuple, et le principe de sa ruine,
il sera démontré, en fait et en droit, que la démocratie
n'est rien de plus qu'un arbitraire constitutionnel succé-
dant à un autre arbitraire constitutionnel ; qu'elle ne possède aucune valeur scientifique, et qu'il faut y voir seulement une préparation à la République, une et indivisible.

Il importe d'éclairer au plus tôt l'opinion sur ce point,
et de faire disparaître toute illusion.

I

Le Peuple, être collectif, j'ai presque dit être de raison,
ne parle point dans le sens matériel du mot. Le Peuple,
non plus que Dieu, n'a des yeux pour voir, des oreilles
pour entendre, une bouche pour parler. Que sais-je s'il est
doué d'une espèce d'âme, divinité immanente dans les
masses, comme certains philosophes supposent une âme du
monde, et qui, à certains moments, les émeut et les
pousse ; ou bien si la raison du Peuple n'est autre que
l'idée pure, la plus abstraite, la plus compréhensive, la
plus dégagée de toute forme individuelle, comme d'autres

philosophes prétendent que Dieu n'est que l'ordre dans l'univers, une abstraction ? Je n'entre point dans ces recherches de haute psychologie : je demande en homme pratique de quelle manière cette âme, raison ou volonté, telle quelle, du Peuple, se pose, pour ainsi dire, hors de soi, et se manifeste? Qui est-ce qui peut lui servir d'organe? Qui a le droit de dire aux autres : C'est par moi que le Peuple parle? Comment croirai-je que tel qui, du haut d'une escabelle, harangue cinq cents individus qui applaudissent, est l'organe du Peuple? Comment l'élection des citoyens, voire même leur suffrage unanime, a-t-il la vertu de conférer cette espèce de privilége, de servir de truchement au Peuple? Et quand vous me feriez voir, comme en un cénacle, neuf cents personnages ainsi choisis par leurs concitoyens, pourquoi devrai-je croire que ces neuf cents délégués, qui ne s'entendent point entre eux, c'est le souffle du Peuple qui les inspire? Et pour tout dire, comment la loi qu'ils vont faire peut-elle m'obliger ?...

Voici un président ou un directoire, personnification, symbole ou fiction de la souveraineté nationale : premier pouvoir de l'État.

Voici une chambre, deux chambres, organes, l'une de l'intérêt de conservation, l'autre de l'instinct de développement : deuxième pouvoir de l'État.

Voici une presse, éloquente, aguerrie, infatigable, qui, chaque matin, verse à flots les millions d'idées qui fourmillent dans les millions de cervelles des citoyens : troisième pouvoir de l'État.

Le pouvoir exécutif, c'est l'action ; les chambres, c'est la délibération ; la presse, c'est l'opinion.

Lequel de ces pouvoirs représente le Peuple? Ou bien, si vous dites que c'est le tout qui représente le Peuple, comment tout cela ne s'accorde-t-il pas? Mettez la royauté à la place de la présidence, et ce sera la même chose : ma critique tombe également sur la monarchie et sur la démocratie.

Il existe en France cinq ou six cents feuilles périodiques, émonctoires de l'opinion, et dont les titres témoignent hautement de la prétention des entrepreneurs de servir d'interprètes à la pensée générale : *Le Siècle, la Réforme, la Liberté, le Progrès, la Presse, le Temps, l'Opinion, la Démocratie, l'Atelier, les Écoles, la Vérité, la France, le Monde, le Constitutionnel, le National, le Commerce, les Débats, le Courrier, le Populaire, le Peuple, la Voix du Peuple, le Peuple constituant, le Représentant du Peuple*, etc., etc., etc.

Certes, je m'étonne qu'avec une telle publicité, quand nous sommes si bien assortis d'écrivains à qui ne manquent ni l'érudition, ni les idées, ni le style, nous ayons encore besoin d'une représentation, d'une Assemblée nationale.

Or, comment se fait-il qu'avec tout cela je ne sache positivement rien de ce qui intéresse le Peuple, et que le devoir, la mission de la presse est de m'apprendre ? qu'au lieu de produire la lumière, la foule des publications augmente l'obscurité ?

Je demande : Quelle est la meilleure constitution politique, la loi du progrès, la marche du siècle, la pensée de l'époque, la valeur de l'opinion, l'avenir de la France et du monde ? La Republique sortira-t-elle de l'atelier, de l'école ou du corps-de-garde ? La démocratie est-elle à la paix ou à la guerre ? Quelle vérité, quelle réforme doit sortir de toutes ces révélations du Peuple ? Qu'est-ce que la liberté ?

Sur toutes ces questions, le journalisme disserte, mais il ne répond rien, il ne sait rien. Que serait-ce si j'allais demander, par exemple, s'il est à l'organisation de la société une forme définitive, et quelle est cette forme ? si nous sommes à bout de révolutions, ou si le mouvement révolutionnaire est éternel ? comment, dans ce dernier cas, concilier cette agitation perpétuelle avec la liberté, la sécurité, le bien-être ? si tous les hommes doivent être égaux malgré la nature, ou traités suivant leur mérite, malgré la devise de la République ? quel doit être le salaire de l'ouvrier, le bénéfice de l'entrepreneur, la contribution à payer à l'État, le crédit à accorder aux citoyens ? comment la population croissant plus vite que la subsistance, nous échapperons à la fatalité de la misère? etc., etc.

Je pourrais étendre a l'infini cet interrogatoire, et rendre mes questions de plus en plus pressantes et difficiles. Pourquoi la presse, si la presse est la faculté parlante du Peuple, au lieu de répondre, divague-t-elle? La presse est si loin de satisfaire un esprit positif, qu'elle semble inventée tout exprès pour dérouter la raison et tuer l'étude. Les idées tombent dans les journaux sans y prendre racine : les journaux sont les cimetières des idées.

Et la tribune, que nous dit-elle? et le Gouvernement, que sait-il? Naguère il se tirait d'affaire en déclinant sa compétence; il n'existait pas, prétendait-il, pour organiser le travail et donner du pain au Peuple. Depuis un mois, il a accepté la sommation du prolétariat; depuis un mois il est à l'œuvre : et depuis un mois il fait publier chaque jour, dans le *Moniteur*, cette grande nouvelle : Qu'il ne sait rien, qu'il ne trouve pas! Le Gouvernement divise le Peuple; il excite la haine entre les classes qui le composent : mais organiser le Peuple, créer cette souveraineté qui est à la fois liberté et accord, cela dépasse la capacité du Gouvernement, comme cela dépassait autrefois ses attributions. Or, dans un Gouvernement qui se dit institué par la volonté du Peuple, une pareille ignorance est une contradiction : il est manifeste que ce n'est déjà plus le Peuple qui est souverain.

Le peuple, dont on dit quelquefois qu'il s'est levé comme un seul homme, pense-t-il aussi comme un seul homme? réfléchit-il? raisonne-t-il? conclut-il? a-t-il de la mémoire, de l'imagination, des idées? Si, en effet, le Peuple est souverain, c'est qu'il pense; s'il pense, il a sans doute une manière a lui de penser et de formuler sa pensée. Comment donc est-ce que le Peuple pense? Quelles sont les formes de la raison populaire? procède-t-elle par catégories? emploie-t-elle le syllogisme, l'induction, l'analyse, l'antinomie ou l'analogie? est-elle pour Aristote ou pour Hégel? Vous devez vous expliquer sur tout cela ; sinon, votre respect pour la souveraineté du Peuple n'est qu'un absurde fétichisme. Autant vaudrait adorer une pierre.

Le Peuple, dans ses méditations, fait-il appel à l'expérience ? Tient-il compte de ses souvenirs, ou bien sa marche est-elle de produire sans cesse des idées nouvelles ? Comment accorde-t-il le respect de ses traditions, avec les besoins de son développement ? Comment conclut-il d'une hypothèse épuisée à l'essai d'une autre ? Quelle est la loi de ses transitions et de ses enjambements ? Qu'est-ce qui le pousse, le détermine dans la voie du progrès ? Pourquoi cette mobilité, cette inconstance ? J'ai besoin de le savoir, sans quoi la loi que vous m'imposez au nom du Peuple cesse d'être authentique : ce n'est plus loi, c'est violence.

Le Peuple pense-t-il toujours ? Et s'il ne pense pas toujours, comment rendez-vous compte des intermittences de sa pensée ? A supposer que le Peuple puisse être représenté, que feront ses représentants pendant ces intermittences ?... Le Peuple sommeille-t-il quelquefois, comme Jupiter dans les bras de Junon ? Quand est-ce qu'il rêve ? Quand est-ce qu'il veille ? Vous devez m'instruire de toutes ces choses ; sinon, le pouvoir que vous exercez par délégation du Peuple n'étant que par intérim, et l'époque de l'intérim étant inconnue, ce pouvoir est usurpé : vous inclinez à la tyrannie.

Si le Peuple pense, s'il réfléchit, s'il raisonne, tantôt *à priori*, suivant les règles de la raison pure, tantôt *à posteriori* sur les données de l'expérience, il court risque de se tromper. Il ne suffit plus alors, pour que j'accepte comme loi la pensée du Peuple, que l'authenticité m'en soit démontrée ; il faut que cette pensée soit légitime. Qui fera le triage des idées et des fantaisies du Peuple ? A qui appellerons-nous de sa volonté possiblement erronée, et par conséquent despotique ?

Sur quoi je pose ce dilemme :

Si le Peuple peut faillir, de deux choses l'une. Ou l'erreur est respectable en lui comme la vérité, et il a droit d'être obéi en tout ce qu'il veut, bien qu'il se trompe. En ce cas, le Peuple est un être souverainement immoral, puisqu'il peut à la fois penser le mal, le vouloir et le faire.

Au contraire, le Peuple, en ses erreurs, doit-il être repris? Il y aurait donc, en certains cas, devoir, pour un gouvernement, de résister au Peuple! Qui osera lui dire : Tu te trompes! Qui pourra le redresser, le contraindre?

Mais que dis-je? Si le Peuple est sujet à faillir, que devient sa souveraineté? N'est-il pas évident que la volonté du Peuple doit être d'autant moins prise en considération qu'elle est plus redoutable dans ses conséquences, et que le vrai principe de toute politique, le gage de la sécurité des nations, c'est de ne consulter le Peuple que pour s'en méfier : toute inspiration de lui pouvant cacher un immense péril comme un immense succès, et sa volonté n'être qu'une pensée de suicide?

Sans doute, direz-vous, le Peuple n'a qu'une existence mystique; il ne se manifeste qu'à de rares intervalles, à des époques prédestinées! Mais le Peuple n'est pas pour cela un fantôme, et quand il se lève, nul ne peut le méconnaitre. Le Peuple s'est montré le 14 juillet, le 10 août, en 1830 : il vient de se révéler avec plus d'audace que jamais. Le Peuple a parlé au serment du Jeu de paume, dans la nuit du 4 août : il était à Jemmapes, il combattait à Mayence et à Valmy.

Pourquoi vous arrêter? pourquoi choisir? Le Peuple était-il absent le 9 thermidor et le 18 brumaire? Se cachait-il le 21 janvier et le 5 décembre? N'a-t-il pas fait l'empereur comme il avait défait le roi? N'a-t-il pas adoré tour à tour et souffleté le Christ et la Raison?... Voulez-vous remonter plus haut? C'est le Peuple qui a produit, de son sang et de ses entrailles, un jour Grégoire VII, et un autre jour Luther; qui a fait surgir Marius et César, après avoir, dans une série de révolutions, chassé les Tarquins, renversé les Décemvirs, créé les tribuns pour balancer les consuls, et donné par là le premier exemple de la bascule politique, du système doctrinaire. C'est le Peuple qui adora les Césars, après avoir laissé assassiner les Gracques !...

Préférez-vous rester dans l'actualité? Dites-moi alors ce que le Peuple pense, aujourd'hui 25 mars 1848, ou plutôt ce qu'il ne pense pas?

Le Peuple pense-t-il, avec l'abbé Lacordaire, à faire pénitence dans la cendre et le cilice? pense-t-il qu'il est né de la poussière, et qu'il retournera dans la poussière; que sa destinée ici-bas n'est point le plaisir, mais le travail et la mortification? Ou ne pense-t-il pas, avec le Sage désabusé de la sagesse, avec Saint-Simon et Fourier, que la fin de l'homme est comme celle du cheval, et que tout est vanité sur la terre, hormis de bien vivre et de faire l'amour?

Le Peuple pense-t-il à l'abolition des octrois, à l'impôt progressif, aux ateliers nationaux, aux banques agricoles, au papier monnaie? Ou ne pense-t-il pas plutôt qu'imposer extraordinairement la richesse, c'est tuer la richesse; qu'au lieu d'étendre les attributions de l'État, il faut les resserrer; que l'organisasion du travail n'est autre que l'organisation de la concurrence, et que le plus grand service à rendre à l'agriculture, au lieu de lui créer une banque spéciale, c'est de rompre toutes ses relations avec la banque?

Le Peuple est-il pour l'élection directe, ou pour celle à deux degrés? pour une représentation de 900 ou pour une de 450?

Le Peuple est-il ou n'est il pas communiste, phalanstérien, néo-chrétien, utilitaire? car, enfin, il y a de tout cela dans le Peuple. Est-il pour Pythagore, Morelly, Campanella ou le bon Icar? pour la Trinité ou pour la Triade? N'es-ce pas lui qui parle, et dans ces harangues qui ne disent rien, et dans ces placards qui se contredisent, et dans ces actes du Gouvernement conçus en sens contraire du 24 février? Demande-t-il du pain et des spectacles, ou de la liberté? N'a-t-il fait la révolution que pour la renier aussitôt, ou si son intention est de poursuivre?

Or si le Peuple, à toutes les époques de l'histoire, a pensé, exprimé, voulu et fait une multitude de choses opposées; si, aujourd'hui même, entre tant d'opinions qui le divisent, il lui est impossible d'en choisir une sans en répudier une autre et par conséquent sans se mettre en contradiction avec lui-même, que voulez-vous que je pense de sa raison, de sa moralité, de la justice de ses actes? Que puis-je attendre de ses représentants? Et quelle preuve d'authenticité me donnerez-vous en faveur d'une opinion, que je ne puisse à l'instant revendiquer pour l'opinion contraire?

Ce que j'admire au milieu de la confusion des idées, c'est que la foi à la souveraineté du Peuple, loin de faillir, semble, par cette confusion même, monter jusqu'à son paroxysme. Dans cette obstination de la multitude à croire à l'intelligence qui vit en elle, je vois déjà comme une manifestation du Peuple qui s'affirme lui-même, ainsi que Jehovah, et dit : JE SUIS. Je ne puis donc nier, je suis forcé de confesser au contraire la souveraineté du Peuple. Mais au dela de cette première affirmation, et quand il s'agit de passer du sujet de la pensée a son objet, quand il s'agit, en autres termes, d'appliquer le critérium aux actes du Gouvernement, qu'on me dise ou est le Peuple?

En principe donc, j'admets que le Peuple existe, qu'il est souverain, qu'il s'affirme dans la conscience des masses. Mais rien jusqu'ici ne me prouve qu'il puisse faire au dehors acte de souveraineté, qu'une révélation extérieure du Peuple soit possible. Car, en présence de la domination des préjugés, de la contradiction des idées et des intérêts, de la variabilité de l'opinion, des entraînements de la multitude, je demanderai toujours ce qui établit l'authenticité et la légitimité d'une pareille révélation : et c'est à quoi la democratie ne peut répondre.

II

Mais, observant, non sans raison, les démocrates, le Peuple n'a jamais été convenablement sollicité. Jamais il n'a pu manifester sa volonté que par des éclairs : le rôle qu'il a joué jusqu'à présent dans l'histoire est tout subalterne. Le Peuple, pour qu'il puisse exprimer sa pensée, doit être consulté démocratiquement: c'est-a-dire que tous les citoyens, sans distinction, doivent participer, directement ou indirectement, a la formation de la loi. Or, ce mode de consultation démocratique n'a jamais été exercé d'une manière suivie : l'éternelle conjuration des privilèges ne l'a pas permis. Princes, nobles et prêtres, gens d'épée, magistrats, professeurs, savants, artistes, industriels, commerçants, financiers, propriétaires, sont toujours parvenus a rompre le faisceau démocratique, a changer la voix du Peuple en une voix de monopole. Maintenant que nous possédons la seule et vraie manière de faire parler le Peuple, nous saurons par là même ce qui constitue l'authenticité et la légitimité de sa parole, et toutes vos précédentes objections s'évanouissent. La sincérité du régime démocratique nous garantit la solution.

Je conviens que le nœud de la difficulté consiste a faire parler et agir le Peuple comme un seul homme. La RÉPUBLIQUE, selon moi, n'est pas autre chose ; et c'est la aussi tout le probleme social. La démocratie prétend résoudre ce problème par le suffrage universel appliqué dans la plus grande largeur, soit la substitution de l'autorité de la multitude à l'autorité royale. C'est pour cela qu'elle s'appelle *Démocratie*, gouvernement de la multitude.

C'est donc la théorie du suffrage universel que nous avons a juger. Ou, pour dire de suite toute ma pensée, c'est la démocratie que nous avons à demolir, comme nous avons démoli la monarchie : cette transition sera la dernière, avant d'arriver a la République.

1. La démocratie est une aristocratie déguisée.

D'après la théorie du suffrage universel, l'expérience aurait prouvé que la classe moyenne, qui seule exerçait naguère les droits politiques, ne représente pas le Peuple; loin de là, qu'elle est, avec la monarchie, en réaction constante contre le Peuple.

On conclut que c'est à la nation, tout entière, à nommer ses représentants.

Mais, s'il est ainsi d'une classe d'hommes que le libre essor de la société, le développement spontané des sciences, des arts, de l'industrie, du commerce; la nécessité des institutions, le consentement tacite ou l'incapacité notoire des classes inférieures; d'une classe enfin que ses talents et ses richesses désignaient comme l'élite *naturelle* du Peuple ; qu'attendre d'une représentation qui, sortie de comices plus ou moins complets, plus ou moins éclairés et libres, agissant sous l'influence de passions locales, de préjugés d'état, en haine des personnes et des principes, ne sera, en dernière analyse, qu'une représentation *factice*, produit du bon plaisir de la cohue électorale?

Nous aurons une aristocratie de notre choix, je le veux bien, a la place d'une aristocratie de nature; mais aristocratie pour aristocratie, je préfère, avec M. Guizot, celle de la fatalité à celle du bon plaisir : la fatalité ne m'engage pas.

Ou plutôt, nous ne ferons que ramener, par un autre chemin, les mêmes aristocrates; car, qui voulez-vous qu'ils nomment pour les représenter, ces compagnons, ces journaliers, ces hommes de peine, si ce n'est leurs bourgeois? A moins que vous ne vouliez qu'ils les tuent!

Bon gré, mal gré, la prépondérance dans le gouvernement appartient donc aux hommes qui ont la prépondérance du talent et de la fortune; et dès le premier pas, il devient évident que la réforme sociale ne sortira jamais de la réforme politique; que c'est la réforme politique, au contraire, qui doit sortir de la réforme sociale

L'illusion de la démocratie provient de ce qu'à l'exemple
de la monarchie constitutionnelle, elle prétend organiser
le Gouvernement par voie représentative. Ni la Révolution de juillet, ni celle de février, n'ont suffi pour l'éclairer. Ce qu'elle veut, c'est toujours l'inégalité des fortunes,
toujours la délégation du souverain, toujours le gouvernement des notabilités. Au lieu de dire, comme M. Thiers :
Le Roi règne et ne gouverne pas : la démocratie dit : *Le Peuple
règne et ne gouverne pas*, ce qui est nier la Révolution.

Ce n'est pas pourtant parce qu'il s'opposait à la réforme
électorale, que M. Guizot est tombé, emportant dans sa
chute la dynastie et le trône ; c'est parce que, dans la conscience publique, la constitution était usée, et qu'on n'en
voulait plus. L'ensemble des réformes demandées par l'Opposition prouve, ainsi que je l'ai fait voir, que c'était à la
Charte, bien plus qu'au ministère qu'on s'attaquait ; c'était
à quelque chose de plus élevé encore que la Charte, c'était
à la constitution même de la société.

Lors donc qu'à une monarchie représentative, on parle
aujourd'hui de substituer une démocratie représentative,
on ne fait pas autre chose que changer la phrase, *Belle
marquise, vos beaux yeux me font mourir d'amour*, en cet
autre, *Vos yeux beaux, belle marquise, mourir d'amour me
font ;* et l'on peut dire, suivant l'expression de l'*Atelier*,
que la Révolution est escamotée.

Mais, patience ! S'il peut sembler difficile, en ce moment,
d'échapper à cette alternative gouvernementale, l'embarras
ne sera pas de longue durée. Le représentatif est tombé
dans les barricades pour ne se relever jamais. La démocratie constitutionnelle s'en est allée avec la monarchie
constitutionnelle. Le mois de février, suivant l'étymologie
latine, est le mois des enterrements. La réforme sociale
amènera la réforme politique ; l'intelligence de la première
implique l'intelligence de la seconde. Nous aurons le Gouvernement du Peuple par le Peuple, et non par une représentation du Peuple ; nous aurons, dis-je, la République, ou
nous périrons une seconde fois par la démocratie.

2. La démocratie est exclusive et doctrinaire.

Puisque, suivant l'idéologie des démocrates, le Peuple ne peut se gouverner lui-même, et qu'il est forcé de se donner des représentants qui le gouvernent par délégation et sous bénéfice de révision, on suppose que le Peuple est tout au moins capable de se faire représenter, qu'il peut être représenté fidèlement. — Eh bien! cette hypothèse est radicalement fausse; il n'y a point, il ne saurait y avoir jamais de représentation légitime du Peuple. Tous les systèmes electoraux sont des mécaniques à mensonge : il suffit d'en connaître un seul, pour prononcer la condamnation de tous.

Prenons celui du Gouvernement provisoire.

Lorsqu'une théorie se produit au nom du Peuple, elle doit, sous le rapport de la logique, de la justice, des traditions, des tendances, de l'ensemble, comme sous celui de l'expression, se montrer irreprochable. Je ne reconnais pas plus la voix du Peuple dans les livres de Fourier que dans la *Père Duchêne*.

Le système du Gouvernement provisoire a la prétention d'être universel.

Mais, quoi qu'on fasse, il y aura toujours, en tout système électoral, des exclusions, des absences, des votes nuls, erronés ou pas libres.

Le plus hardi novateur n'a pas encore osé demander le suffrage pour les femmes, les enfants, les domestiques, les repris de justice. Ce sont environ les quatre cinquièmes du Peuple qui ne sont pas représentés, qui sont retranchés de la communion du Peuple. Pourquoi?

Vous fixez la capacité électorale à 21 ans; pourquoi pas 20? pourquoi pas à 19, à 18, à 17?..... Quoi! c'est une année, un jour, qui fait la raison de l'électeur! Les Barra, les Viala, sont incapables de voter avec discernement; les Fouché, les Hébert, voteront pour eux!

Vous éliminez les femmes. Vous avez donc résolu le

grand problème de l'infériorité du sexe. Quoi! pas d'exception pour Lucrèce, Cornélie, Jeanne d'Arc ou Charlotte Corday! une Roland, une Staël, une George Sand, ne trouveront pas grâce devant votre virilité! Les Jacobins recevaient des tricoteuses à leurs séances; on n'a jamais dit que la présence des citoyennes eût énervé le courage des citoyens!

Vous écartez le domestique. Qui vous dit que cet insigne de la servitude ne couvre pas une âme généreuse; que dans ce cœur de valet ne bat pas une idée qui sauvera la République! La race de Figaro est-elle perdue? — C'est la faute de cet homme, direz vous : pourquoi, avec tant de moyens, est-il domestique? Et pourquoi y a-t-il des domestiques?

Je veux voir, je veux entendre le Peuple dans sa variété et sa multitude, tous les âges, tous les sexes, toutes les conditions, toutes les vertus, toutes les misères : car tout cela, c'est le Peuple.

Vous prétendez qu'il y aurait inconvénient grave pour la bonne discipline, pour la paix de l'État et le repos des familles, si les femmes, les enfans, les domestiques obtenaient les mêmes droits que les époux, les pères et les maîtres; qu'au surplus, par la solidarité des intérêts et par le lien familial, les premiers sont suffisamment représentés par les seconds.

J'avoue que l'objection est sérieuse, et je n'entreprends point de la réfuter. Mais, prenez garde : vous devez, par la même raison, exclure les prolétaires et tous les ouvriers. Les sept dixièmes de cette catégorie reçoivent des secours de la charité publique : ils iront donc se voter à eux-mêmes une liste civile, des augmentations de salaire, des réductions de travail; et ils n'y manqueront pas, je vous assure, pour peu que leurs délégués les représentent. Le prolétariat sera dans l'Assemblée nationale comme les fonctionnaires dans la chambre de M. Guizot, juge dans sa propre cause, puisant au budget et n'y mettant rien, faisant l'appoint de la dictature, jusqu'à ce que le capital étant épuisé par l'impôt, la propriété ne produisant plus rien, la ban-

queroute générale fasse crever la mendicité parlementaire.

Et tous ces citoyens qui, pour raison de travail, de maladie, de voyage, ou faute d'argent pour aller aux élections,
seront forcés de s'abstenir, comment les comptez-vous?
Sera-ce d'après le proverbe : Qui ne dit rien, consent?
Mais, consent à quoi? à l'opinion de la majorité, ou bien à
celle de la minorité?...

Et ceux qui ne votent que par entraînement, par complaisance ou intérêt, sur la foi du comité républicain ou
de leur curé : quel cas en faites-vous? C'est une vieille
maxime qu'en toute délibération il faut non-seulement
compter les suffrages, mais les peser. Dans vos comices,
au contraire, le suffrage d'un Arago, d'un Lamartine, ne
compte pas plus que celui d'un mendiant. — Direz-vous
que la considération due aux hommes de mérite leur est
acquise par l'influence qu'ils exercent sur les électeurs?
Alors les suffrages ne sont pas libres. C'est la voix des capacités que nous entendons, ce n'est pas celle du Péuple.
Autant valait conserver le système à 200 fr.

On a donné le droit de suffrage à l'armée. Voici ce que
cela signifie : le soldat qui ne votera pas comme le capitaine ira à la salle de police ; le capitaine qui ne votera pas
comme le colonel sera mis aux arrêts ; et le colonel qui ne
votera pas comme le Gouvernement sera destitué.

Je passe sous silence les impossibilités matérielles et
morales qui fourmillent dans le mode adopté par le Gouvernement provisoire. Il est acquis à l'opinion qu'en doublant
la représentation nationale, et faisant voter par scrutin de
liste, le Gouvernement provisoire a voulu faire prononcer
les citoyens, non pas sur les hommes, mais sur le principe ;
précisément à la manière de l'ancien Gouvernement, que
faisait voter aussi sur le système, et non pas sur les hommes
Comment discuter le choix de 10, 15, 25 députés? Comment, si chaque citoyen déposait dans l'urne un suffrage
libre et en connaissance de cause, faire le dépouillement
d'un pareil scrutin? Comment faire aboutir de pareilles

élections, si elles étaient sérieuses? Évidemment c'est impossible.

Je ne discute pas, je le répète, ce côté purement matériel de la question : je m'en tiens au droit. Ce qu'on obtenait auparavant de la vénalité, aujourd'hui on l'arrache à l'impuissance. On dit à l'électeur : Voici nos amis, les amis de la République; et voila nos adversaires, qui sont aussi les adversaires de la République : choisissez. Et l'électeur qui ne peut apprécier l'idonéité des candidats, vote de confiance!

Au lieu de faire nommer les députés par chaque arrondissement, comme sous le régime déchu, on les fait élire par département. On a voulu, par cette mesure, détruire l'esprit de localité. Or, admirez comme les démocrates sont sûrs de leurs principes!

Si les députés, disent-ils, étaient nommés par les arrondissements, ce n'est pas la France qui serait représentée, ce seraient les arrondissements. L'Assemblée nationale ne serait plus la représentation du pays; ce serait un congrès de 459 représentations.

Pourquoi alors, répliquerai-je, ne faites-vous pas nommer par chaque électeur les députés de toute la France?

Il serait à souhaiter, répondez-vous : mais la chose est impossible.

J'observe d'abord que tout système qui ne peut être vrai qu'a la condition d'être impossible, me paraît un pauvre système. Mais les démocrates me semblent ici singulièrement inconséquents et embarrassés de peu de chose. Si les représentants doivent représenter, non pas les départements, ni les arrondissements, ni les villes, ni les campagnes, ni l'industrie, ni le commerce, ni l'agriculture, ni les intérêts, — mais seulement la FRANCE! pourquoi a-t-on décidé qu'il y aurait un député par 40,000 habitans? Pourquoi pas un par 100,000 ou 200,000! Quatre-vingt-dix, au lieu de neuf cents, ne suffisaient-ils pas? Ne pouviez-vous, a Paris, arrêter votre liste, pendant que les légitimistes, les conservateurs, les dynastiques auraient arrêté la leur? Était-il plus difficile de voter sur une liste de 90 noms, que sur une de 15?

Mais qui ne voit que des députés ainsi élus en dehors de tout intérêt, de toute spécialité, de toute considération de lieux et de personnes, à force de représenter la France, ne représentent absolument rien; qu'ils ne sont plus des mandataires, mais des sénateurs, et qu'à la place d'une démocratie représentative, nous avons une oligarchie élective, le moyen terme entre la démocratie et la royauté?

Voila, citoyen lecteur, où je voulais vous amener. De quelque côté que vous considériez la démocratie, vous la verrez toujours placée entre deux extrêmes aussi contraires l'un que l'autre à son principe; condamnée à osciller entre l'absurde et l'impossible, sans pouvoir se fixer jamais. Parmi un million de moyens termes d'un égal arbitraire, le Gouvernement provisoire a fait comme M. Guizot : il a préféré celui qui lui paraissait convenir le mieux à ses préjugés démocratiques : de la vérité représentative, comme du gouvernement du Peuple par le Peuple, le Gouvernement provisoire n'en a tenu compte. Je ne lui en fais aucun reproche. Les esprits ne sont point a la hauteur de la République; il faut que nous passions encore une fois par la démocratie : or, transition pour transition, j'aime autant le système du Gouvernement provisoire que celui de M. Duvergier de Hauranne. Je ne crois pas que le choix vaille une minute d'examen.

3. La démocratie est l'ostracisme.

Pour que le député représente ses commettants il faut qu'il représente toutes les idées qui ont concouru à l'élection.

Mais, avec le système électoral, le député, soi-disant législateur, envoyé par les citoyens pour concilier, au nom du Peuple, toutes les idées et tous les intérêts, ne représente jamais qu'une idée, un intérêt; le reste est impitoya-

blement exclu. Car, qui fait loi dans les élections? qui décide
du choix des députés? la majorité, la moitié plus une des
voix. D'où il suit que la moitié moins un des électeurs
n'est pas représentée ou l'est malgré elle; que de toutes
les opinions qui divisent les citoyens, une seule, si tant
est que le député ait une opinion, arrive à la législature,
et qu'enfin la loi, qui devrait être l'expression de la volonté du Peuple, n'est l'expression que de la moitié du
Peuple.

En sorte que, dans la théorie des démocrates, le problème du gouvernement consiste à éliminer, par le mécanisme du suffrage prétendu universel, toutes les idées,
moins une, qui remuent l'opinion, et a déclarer souveraine
celle qui a la majorité.

Mais, dira-t-on peut-être, l'idée qui succombe dans tel
college peut triompher dans tel autre, et, par ce moyen,
toutes les idées peuvent être représentées a l'Assemblée
nationale.

Quand cela serait, vous n'auriez fait que reculer la difficulté; car la question est de savoir comment toutes ces
idées, divergentes et antagonistes, concourront à la loi et
s'y trouveront conciliées.

Ainsi la Révolution, suivant les uns, n'est qu'un accident, qui ne doit changer rien à l'ordre général de la société. Suivant les autres, la Révolution est sociale encore
plus que politique. Comment satisfaire à des prétentions
si manifestement incompatibles? comment donner en
même temps la sécurité a la bourgeoisie et des garanties
au prolétariat? comment ces vœux contraires, ces tendances opposées, viendront-elles se confondre dans une
commune résultante, dans la loi une et universelle?

Bien loin que la démocratie puisse résoudre cette difficulté, tout son art, toute sa science est de la trancher.
Elle fait appel à l'urne; l'urne est tout à la fois le niveau,
la balance, le critérium de la démocratie. Avec l'urne
électorale, elle elimine les hommes; avec l'urne législative,
elle élimine les idées.

Il y a un mois à peine, on criait sur tous les tons, à propos du cens à 200 fr. : Quoi! c'est un franc! un centime qui fait l'électeur!...

N'est-ce pas toujours .la même chose? Quoi! c'est une voix qui fait le représentant, une voix qui fera la loi!,.. Sur une question d'où dépend l'honneur et le salut de la République, les citoyens sont divisés en deux fractions égales. Des deux côtés on apporte les raisons les plus sérieuses, les autorités les plus graves, les faits les plus positifs. La nation est dans le doute, l'assemblée en suspens. Un représentant, sans motif appréciable, passe de droite à gauche, et fait incliner la balance ; c'est lui qui fait la loi.

Et cette loi, expression de quelque volonté fantasque, sera réputée expression de la volonté du Peuple! Il faudra que je m'y soumette, que je la défende, que je meure pour elle! Je perds, par un caprice parlementaire, le plus précieux de mes droits, je perds la liberté! Et le plus saint de mes devoirs, le devoir de résister à la tyrannie par la force, tombe devant la boule souveraine d'un imbécile!

La démocratie n'est autre chose que la tyrannie des majorités, tyrannie la plus exécrable de toutes; car elle ne s'appuie ni sur l'autorité d'une religion, ni sur une noblesse de race, ni sur les prérogatives du talent et de la fortune : elle a pour base le nombre, et pour masque le nom du Peuple. M. de Genoude refusait, sous le règne de Louis-Philippe, le paiement de l'impôt, attendu, disait-il, que l'impôt n'était pas voté par une véritable représentation nationale. M. de Genoude était honnête de s'arrêter en si beau chemin. Est-ce que, par hasard, quand une majorité plus démocrate aura voté le budget, la minorité devra croire qu'elle l'a aussi voté, et qu'en conséquence elle est tenue de payer, alors que précisément elle aura voté contre le budget?

J'ai prouvé, dans la première livraison de cet ouvrage, la légitimité de la Révolution et la nécessité morale de la République, en faisant voir que, le 22 février, toutes les

opinions, tous les partis, quelque divergence qu'il y eût
entr'eux, concluaient à un ensemble de réformes dont la
formule générale était invariablement celle-ci : RÉPU-
BLIQUE. La démocratie, avec le suffrage universel, détruit
cette justification, la seule cependant qu'elle puisse donner
de son avénement. Elle s'efforce de faire dire aux masses,
aux départements, qu'ils adhèrent à la République ; et si
cette adhésion lui manquait, elle résisterait par la force !
L'intimidation, voilà sur la République le plus fort argument des démocrates ! Est-il clair que le suffrage universel, que la démocratie n'exprime point la souveraineté
du Peuple ?

J'espère que la force des choses, que l'inflexible raison
des faits, inspirera notre future Assemblée nationale. Mais
je ne serais point surpris que, formée par un gouvernement qui a si peu compris la Révolution, elle ne finît elle-
même par donner tort à la Révolution, et qu'on ne vit
encore une fois le Peuple désavouer, par un acte analogue
à celui de février, la politique de ses représentants.

4. La démocratie est une forme de l'absolutisme.

Si le suffrage universel, manifestation la plus complète
de la démocratie, a conquis tant de partisans, surtout parmi
les classes travailleuses, c'est qu'on l'a toujours présenté
comme un appel fait aux talents et aux capacités, ainsi
qu'au bon sens et à la moralité des masses. Combien n'a-
t-on pas fait ressortir le contraste injurieux du spéculateur
devenu, à force de rapines, une influenc politique, et de
l'homme de génie que la pauvreté tenait éloigné de la
scène ! Quels sarcasmes sur les capacités à 200 francs, et
les incapacités telles qu'un Béranger, un Châteaubriant,
un Lamennais !

Enfin, nous voilà tous électeurs ; nous pouvons choisir
les plus dignes.

Nous pouvons plus ; nous les suivrons pas à pas dans

leurs actes législatifs et dans leurs votes; nous leurs ferons passer nos raisons et nos pièces; nous leur intimerons notre volonté, et quand nous serons mécontents, nous les révoquerons.

Le choix des capacités, le mandat impératif, la révocabilité permanente, sont les conséquences les plus immédiates, les plus incontestables du principe électoral. C'est l'inévitable programme de toute la démocratie.

Or, la démocratie, pas plus que la monarchie constitutionnelle, ne s'accomode d'une pareille déduction de son principe.

Ce que demande la démocratie, comme la monarchie, ce sont des députés muets, qui ne discutent pas, mais qui votent; qui, recevant le mot d'ordre du gouvernement, écrasent de leurs bataillons épais les opposants. Ce sont des créatures passives, j'ai presque dit des satellites, que le danger d'une révolution n'intimide pas, dont la raison ne soit pas trop rebelle, dont la conscience ne recule devant aucun arbitraire, devant aucune proscription.

C'est pousser, direz-vous, le paradoxe jusqu'à la calomnie. — Prouvons donc le paradoxe, en fait et en droit : ce ne sera pas long.

Tout le monde a lu la circulaire du ministre de l'instruction publique aux recteurs, relativement aux élections, et tout le monde a remarqué ce passage :

« La plus grande erreur des populations de nos cam-
« pagnes, c'est que, pour être représentant, il faut avoir
« de l'ÉDUCATION ou de la fortune.

« La majeure partie de l'assemblée fait le rôle de jurés,
« juge par *oui* ou par *non*, si ce que l'ÉLITE des membres
« propose est bon ou mauvais. Elle n'a besoin que d'hon-
« nêteté et de bon sens, elle n'INVENTE pas. — Voilà le
« principe fondamental du droit républicain. »

Le ministre exprime ensuite le désir que les instituteurs primaires se portent candidats à la députation, non pas parce que suffisamment éclairés, mais quoique non suffisamment éclairés — « Plus ils seront partis de bas, plus

« ils auront de grandeur; » ce qui, pour un géomètre, est incontestable.

Si le ministre, convaincu de la capacité notoire d'un grand nombre des estimables instituteurs, s'était contenté de les indiquer comme des lumières tenues sous le boisseau et que l'avénement de la démocratie devait faire paraître, j'applaudirais à la circulaire. Mais qui ne voit que, dans la pensée du ministre, l'instituteur primaire est la médiocrité envieuse, qui n'a rien *inventé*, qui n'*inventera* rien, destinée à servir de ses votes silencieux la guerre aux riches et l'arbitraire démocratique? A ce titre, je proteste contre cette candidature, tranchons le mot, contre cette prostitution des instituteurs.

De même donc que la monarchie constitutionnelle, cherchant à s'entourer d'une aristocratie du talent et de la fortune, fait appel aux notabilités, de même la démocratie, qui est l'ivresse de ce système, compose son patriciat de médiocrités. Et ce n'est point, comme l'on pourrait le croire, une opinion particulière au ministre; je prouverai tout à l'heure que c'est l'essence pure de la démocratie.

Je cite encore un fait.

Tous les auteurs de droit public, notamment les démocrates, se prononcent contre le mandat impératif; tous, dis-je, le considèrent unanimement comme impolitique, abusif, induisant à l'oppression du gouvernement par le pays, offensant pour la dignité du député, etc. Le mandat impératif a été frappé de tous les anathèmes. En droit civil, ce serait chose monstrueuse que le mandat eût moins d'autorité que le mandataire; en politique, c'est tout l'opposé. Ici, le mandataire devient juge et arbitre des intérêts de son commettant. Ce qui est orthodoxe suivant le code, est hérétique dans l'ordre des idées constitutionnelles : c'est une des mille anomalies de l'esprit humain.

Quant à la durée du mandat, révocable à volonté en droit civil, elle est, en politique, indépendante de la volonté de l'électeur. Dans toutes nos constitutions, la durée du mandat a varié depuis un an jusqu'à sept, suivant la convenance, non des citoyens gouvernés, mais des citoyens gouvernants.

En fait, il est donc bien entendu, il est avéré par la doctrine des auteurs comme par les circulaires des ministres, qu'en toute espèce de gouvernement le député appartient au pouvoir, non au pays; que c'est a cette fin que la monarchie le demande capable ou riche, et la démocratie incapable ou indigent; que tous deux exigent qu'il soit maitre de son vote, c'est a dire d'en trafiquer et de le vendre; que le mandat ait une durée déterminée, d'un an au moins, pendant laquelle le Gouvernement, d'accord avec les députés, fait ce qui lui plaît et donne force de loi aux actes de son bon plaisir.

Se peut-il autrement? Non, et la discussion du point de droit n'exige pas un long discours.

Le système déchu pouvait se définir : le gouvernement de la société par la bourgeoisie, c'est à dire, par l'aristocratie du talent et de la fortune. Le système qu'on travaille en ce moment a établir, la démocratie, peut se définir, par opposition, le gouvernement de la société par l'immense majorité des citoyens qui ont peu de talent et point de fortune. Les exceptions qui peuvent se rencontrer sous l'un comme sous l'autre de ces systèmes ne font rien au principe, ne changent ni ne modifient la tendance. Il est fatal, sous la monarchie représentative, que le Peuple soit exploité par la bourgeoisie; et sous le gouvernement démocratique, qu'il soit exploité par le prolétariat.

Or, qui veut la fin veut les moyens.

Si la représentation monarchique était formée de députés ayant mandat impératif, révocable au gré des electeurs, la bourgeoisie perdrait bientôt ses privilèges, et la royauté, qui la personnifie, serait réduite a zéro. Pareil'ement, si l'Assemblée démocratique était composée de bourgeois, d'hommes puissants par la science et la fortune, devenues a leur principe, et pouvant d'un instant à l'autre être remplacés s'ils le trahissaient, la dictature des masses tomberait vite, et le prolétaire rentrerait dans son prolétariat.

Il est donc nécessaire que chaque forme de gouvernement s'entoure des conditions de stabilité les mieux assorties à sa nature : de là, la résistance de M. Guizot à la réforme électorale; de là le suffrage universel et la circulaire de M. Carnot.

Mais comme rien de ce qui crée une scission dans le Peuple ne peut durer, il est fatal aussi que ces formes de la tyrannie périssent l'une après l'autre, et chose remarquable, toujours par la même cause, la tyrannie bourgeoise par la misère du prolétariat, la tyrannie prolétaire par la ruine de la bourgeoisie, qui est la misère universelle.

Telle n'était pas, les 22, 23 et 24 février, la tendance des esprits.

La bourgeoisie, fatiguée des turpitudes de son propre gouvernement, marchait à son insu, aux cris de *Vive la réforme !* à la République. Les masses ouvrières répétant avec enthousiasme le cri de *réforme*, caressant la bourgeoisie de l'œil et de la voix, marchaient également, à leur insu, à la République. La fusion des idées et des cœurs était complète, le but était le même, bien que la route où l'on s'engageait ne fût connue de personne.

Dès le 25 février, la Révolution, incomprise, se dénaturait. De sociale qu'elle était dans la pensée de tout le monde, on la refaisait politique; car c'est toujours politique que d'absorber, sous prétexte d'organisation, le travail dans l'État; et la ligne de démarcation entre la bourgeoisie et le Peuple, un instant effacée, reparaissait plus profonde et plus large. Incapable de concevoir l'idéal républicain, livré à la routine démagogique et mercantile, le Gouvernement provisoire travaille à organiser, au lieu du travail, la guerre civile et d'effroyables misères.

La France, si l'Assemblée nationale ne met fin à cette détestable politique, apprendra bientôt, par la plus douloureuse expérience, quelle distance il y a entre la République et la démocratie.

5. La démocratie matérialiste et athée.

Si la monarchie est le marteau qui écrase le Peuple, la démocratie est la hache qui le divise : l'une et l'autre conclut également à la mort de la liberté.

Le suffrage universel est une sorte d'atomisme par lequel le législateur, ne pouvant faire parler le Peuple dans l'unité de son essence, invite les citoyens à exprimer leur opinion par tête, *viritim*, absolument comme le philosophe épicurien explique la pensée, la volonté, l'intelligence, par des combinaisons d'atômes. C'est l'athéisme politique dans la plus mauvaise signification du mot. Comme si, de l'addition d'une quantité quelconque de suffrages, pouvait jamais résulter une pensée générale!

C'est du choc des idées que jaillit la lumière, disent les anciens. Cela est vrai et faux comme tous les proverbes. Entre le choc et la lumière il peut y avoir mille ans d'intervalle. L'histoire n'a commencé à se dévoiler pour nous que depuis un demi-siècle; les idées qui autrefois s'agitèrent à Rome, à Athènes, à Jérusalem, à Memphis, n'ont éclairé que les hommes de notre temps. Le Peuple a parlé, sans doute; mais sa parole, perdue à travers les voix individuelles, n'a été comprise de personne. La lumière que portaient les idées antiques a été dérobée aux contemporains. Elle a lui, pour la première fois, aux yeux des Vico, des Montesquieu, des Lessing, des Guizot, des Thierry, et de leurs émules. Est-ce aussi pour la postérité que nous devrons nous couper la gorge?

Le moyen le plus sûr de faire mentir le Peuple, c'est d'établir le suffrage universl. Le vote par tête, en fait de gouvernement, et comme moyen de constater la volonté nationale, est exactement la même chose que serait, en économie politique, un nouveau partage des terres. C'est la loi agraire transportée du sol à l'autorité.

Parce que les auteurs, qui les premiers se sont occupés

de l'origine des gouvernements, ont enseigné que tout pouvoir a sa source dans la souveraineté nationale, on a bravement conclu que le mieux était de faire voter de la voix, du croupion, ou par bulletin, tous les citoyens, et que la majorité des suffrages ainsi exprimés était adequate à la volonté du Peuple. On nous a ramenés aux usages des barbares, qui, a défaut de raisonnement, procèdent par acclamation et élection. On a pris un symbole matériel pour la vraie formule de la souveraineté. Et l'on a dit aux prolétaires : Quand vous voterez, vous serez libres, vous serez riches; vous décréterez le capital, le produit et le salaire ; vous ferez, comme d'autres Moïse, tomber du ciel les grives et la manne ; vous deviendrez comme des dieux, car vous ne travaillerez plus, ou vous travaillerez si peu, si vous travaillez, que ce sera comme rien.

Quoi qu'on fasse et quoi qu'on dise, le suffrage universel, témoignage de la discorde, ne peut produire que la discorde. Et c'est avec cette misérable idée, j'en ai honte pour ma patrie, que depuis 17 ans, on agite le pauvre Peuple! C'est pour cela que bourgeois et travailleurs ont chanté en chœur la *Marseillaise* dans 70 banquets, et, après une révolution aussi glorieuse que légitime, se sont abandonnés à une secte de doctrinaires! Six mois durant, les députés de l opposition, comme des comédiens en congé, ont parcouru la province, et pour fruit de leurs représentations à bénéfice, à la place du privilége politique, ils nous ont rapporté, quoi? l'agrariat politique! C'est sous ce drapeau scissionnaire que nous prétendons conserver l'initiative du progrès, marcher à l'avant-garde des nations dans les conquêtes de la liberté, inaugurer l'harmonie sur le globe! Hier, nous regardions avec pitié les Peuples qui n'avaient pas su, comme nous, s'élever aux sublimités constitutionnelles. Aujourd'hui, tombés cent fois plus bas, nous les plaignons encore, nous irions avec cent mille baïonnettes leur faire partager avec nous les bienfaits de l'absolutisme démocratique. Et nous sommes la grande nation! Oh! taisez-vous ; et si vous ne savez ni faire de grandes choses,

ni exprimer de grandes idées, conservez-nous, du moins.
le sens commun,

Ayez huit millions d'électeurs, ayez-en huit mille, votre
représentation, avec des qualités différentes, n'en vaudra
ni'moins ni plus.

Faites neuf cents députés, faites en quatre-vingt-dix;
et la loi qu'ils fabriqueront, tantôt plus plébéïenne, tantôt
plus bourgeoise, n'en sera ni meilleure ni pire. .

Si je fonde quelque espoir sur l'Assemblée nationale,
c'est bien moins à cause de son origine et du nombre de
ses membres, qu'en raison des événements qui ne peuvent
manquer de lui porter conseil, et du travail de la raison
publique, qui sera à l'Assemblée nationale ce que la lumière
est au daguerréotype.

6. La démocratie rétrograde et contradictoire.

Dans la monarchie, les actes du Gouvernement sont un
déploiement de l'autorité; dans la démocratie, ils sont
constitutifs de l'autorité. L'autorité qui dans la monarchie
est le principe de l'action gouvernementale, dans la démocratie est le but du gouvernement. Il en résulte que la
démocratie est fatalement rétrograde, et qu'elle implique
contradiction.

Plaçons-nous au point de départ de la démocratie, au
moment du suffrage universel.

Tous les citoyens sont égaux, indépendants. Leur collec-
tion égalitaire est le point de départ du pouvoir : c'est le
pouvoir lui-même, dans sa plus haute expression, dans sa
plénitude.

En vertu du principe démocratique, tous les citoyens
doivent participer à la formation de la loi, au gouvernement
de l'État, à l'exercice des fonctions publiques, à la discussion du budget, à la nomination des fonctionnaires. Tous
doivent être consultés et dire leur avis sur la paix et la
guerre, les traités de commerce et d'alliance, les entreprises coloniales, les travaux d'utilité publique, les récom-

penses à décerner, les peines à infliger ; tous enfin doivent payer leur dette à la patrie, comme contribuables, jurés, juges et soldats.

Si les choses pouvaient se passer de la sorte, l'idéal de la démocratie serait atteint ; elle aurait une existence normale, elle se développerait en sens direct de son principe, comme toutes les choses qui ont vie et développement. C'est ainsi que le gland devient chêne, et l'embryon animal ; c'est ainsi que la géométrie, l'astronomie, la chimie, sont le développement à l'infini d'un petit nombre d'éléments.

C'est tout autre chose dans la démocratie, qui n'existe pleinement, d'après les auteurs, qu'à l'instant des élections et pour la formation du pouvoir législatif. Cet instant passé, la démocratie se replie ; elle rentre sur elle-même, et commence son travail anti-démocratique ; elle devient AUTORITÉ. L'autorité était l'idole de M. Guizot ; c'est aussi celle des démocrates.

Il n'est pas vrai, en effet, dans aucune démocratie, que tous les citoyens participent à la formation de la loi : cette prérogative est réservée aux représentants.

Il n'est pas vrai qu'ils délibèrent sur toutes les affaires publiques, intérieures et extérieures : c'est l'apanage, non plus même des représentants, mais des ministres. Les citoyens causent des affaires, les ministres seuls en délibèrent.

Il n'est pas vrai que chaque citoyen remplisse une fonction publique : ces fonctions étant improductives doivent être réduites le plus possible ; par leur nature, elles sont donc exclusives de l'immense majorité des citoyens. Jadis, chez les Grecs, chaque citoyen occupait un emploi salarié par le trésor de l'État : sous ce rapport, l'idéal de la démocratie fut réalisé à Athènes et à Sparte. Mais les Grecs vivaient du travail des esclaves, et la guerre remplissait leur trésor : l'abolition de l'esclavage, la difficulté de plus en plus grande de la guerre ont rendu la démocratie impossible aux nations modernes.

Il n'est pas vrai que les citoyens participent à la nomination des fonctionnaires ; de plus, cette participation est impossible comme la précédente, puisqu'elle aurait pour effet de créer l'anarchie dans le mauvais sens du mot. C'est le pouvoir qui nomme ses subordonnés, tantôt suivant son bon plaisir, tantôt d'après certaines conditions d'admission ou d'avancement, l'ordre et la discipline des fonctionnaires, la centralisation exigent qu'il en soit ainsi. L'article 13 de la charte de 1830, qui attribuait au roi *la nomination à tous les emplois d'administration publique*, est à l'usage de la démocratie comme de la royauté. Tout le monde, dans la révolution qui vient de s'accomplir, l'a compris de la sorte, à tel point qu'on a pu croire que c'était la dynastie du *National* qui succédait à la dynastie d'Orléans.

Il n'est pas vrai enfin que tous les citoyens participent à la justice et à la guerre : comme juges et officiers, la plupart sont éliminés ; comme jurés et simples soldats, tous s'abstiennent le plus qu'ils peuvent. En un mot, la hiérarchie dans le gouvernement étant la première condition du gouvernement, la démocratie est une chimère.

La raison que donnent de ceci tous les auteurs mérite qu'on l'étudie. Le Peuple, disent-ils, est hors d'état, par son ignorance, de se gouverner lui-même ; et quand il le saurait, il ne le pourrait pas. TOUT LE MONDE NE PEUT PAS EN MÊME TEMPS COMMANDER ET GOUVERNER ; il faut que l'autorité appartienne seulement à quelques uns qui l'exercent au nom et par la délégation de tous.

Ignorance ou impuissance, le Peuple, d'après la théorie démocratique, est incapable de se gouverner : la démocratie, comme la monarchie, après avoir posé comme principe la souveraineté du Peuple, aboutit à une déclaration de l'*incapacité du Peuple !*

Ainsi l'entendent nos démocrates, qui, une fois au gouvernement, ne songent qu'à consolider et fortifier dans leurs mains l'autorité. Ainsi l'a compris la multitude, qui s'est ruée aux portes de l'Hôtel-de-Ville, demandant des fonctions, de l'argent, du travail, du crédit, du pain ! E voilà bien notre nation, monarchique jusqu'à la moëlle, idolâtre du pouvoir, dépourvue d'énergie individuelle et d'initiative républicaine, accoutumée à tout attendre de l'autorité, à ne rien faire que par autorité ! Quand la monarchie ne nous vient pas d'en haut, comme autrefois, ou du champ de bataille, comme en 1800, ou dans les plis d'une charte, comme en 1814 ou 1830, nous la proclamons sur la place publique, entre deux barricades, en assemblée électorale, ou dans un banquet patriotique. Buvez à la santé du Peuple, et la multitude vous couronnera ! Quoi donc? est-ce que la royauté est le but, et la démocratie le moyen ?

Que les auteurs en pensent ce qu'ils voudront, la République est aussi opposée a la démocratie qu'à la monarchie. Dans la République, tout le monde règne et gouverne ; le Peuple pense et agit comme un seul homme ; les représentants sont des plénipotentiaires a mandat imperatif et revocable a volonté ; la loi est l'expression de la volonté unanime : il n'y a d'autre hiérarchie que la solidarité des fonctions, d'autre aristocratie que celle du travail, d'autre initiative que celle des citoyens.

. Voila la République, voilà la souveraineté du Peuple !

III

La démocratie affirmant la souveraineté du Peuple est comme la théologie a genoux devant le saint ciboire : ni l'une ni l'autre ne peut prouver le Christ qu'elle adore, encore moins se le manifester.

Et quand on demande a la démocratie, impuissante à établir la legitimite et l'authenticité de son principe, à quoi elle peut être utile pour le bonheur de la société, la démocratie répond en accusant la monarchie, l'arbitraire de son gouvernement, ses priviléges, corruptions et dilapidations ; ses dédains pour la classe travailleuse, ses préférences pour la classe bourgeoise : promettant, quant à elle, d'agir autrement, et de faire tout l'opposé de la monarchie. — C'est encore ainsi que la théologie, lorsqu'on l'interroge sur son utilité positive, remonte au péché du premier homme, s'en prend à l'idolâtrie et au diable, accuse le désordre des passions, l'incertitude de la raison, la vanité des choses de ce monde, offrant de nous conduire à la vie éternelle par les sacrements et les indulgences.

La démocratie, en un mot, est dans son point de départ une négation, dans sa forme une négation, dans son but encore une négation.

Mais du moins, cette négation est-elle vraie? Est-il vrai que la démocratie, par ses institutions, profitera plus au Peuple que la monarchie? que son gouvernement coûtera moins que celui de la royauté?

Cette question est la dernière qui nous reste à examiner.

1. La démocratie impuissante à résoudre la question sociale.

Ce que les saint-simoniens ont appelé très-improprement, comme nous le démontrerons par la suite, *organisation du travail*, n'est autre chose que la RÉPUBLIQUE.

République, réforme sociale, liberté, égalité, fraternité, c'est un tout. Or, regardez ce qui se passe sous vos yeux.

Qui est-ce qui règne et gouverne en ce moment à l'Hôtel-de-Ville? Qui envoie des commissaires dans les départements, qui nomme et destitue les fonctionnaires, qui fait les élections, dissout les compagnies d'élite de la garde nationale, donne cours forcé aux billets de banque, ajourne les remboursements de la caisse d'épargne, crée des comptoirs, perçoit l'impôt par avance, frappe des contributions extraordinaires, donne la comédie gratis, multiplie, sous le nom de comptoirs de garantie, les Monts-de-Piété, prend toutes les mesures de salut public? — la démocratie.

Qui est-ce qui s'agite, se cherche sans pouvoir parvenir à se formuler, au Luxembourg? — la République.

Dès le lendemain de la Révolution, la démocratie et la République, comme si elles se fussent dit un éternel adieu, se séparaient. Les hommes politiques, les notabilités de la science, du barreau et de la presse, prirent pour eux la démocratie. La République échut en partage à un historiographe, assez avisé pour juger qu'il recevait la meilleure part, mais si infecté lui-même de préjugés démocratiques, qu'avec la meilleure volonté, le caractère le plus entreprenant, le concours des socialistes les moins suspects, il est venu à bout, en quinze jours, de faire désespérer de la République.

S'il m'était permis d'offrir le tribut de mes conseils à M. Blanc, je lui dirais :

« La question sociale restera pour vous insoluble tant que vous la traiterez par la méthode démocratique, matérialiste et divisionnaire, au lieu de procéder d'ensemble et synthétiquement. Car voyez ce que vous faites.

« Tantôt vous excitez la concurrence entre ouvriers et maitres, tantôt vous la supprimez en abolissant les tâches et marchandages. Un jour, vous supprimez le travail des couvents et des prisons, et le lendemain, vous proposez de fonder quatre grands hospices pour loger les ouvriers pauvres, qui deviendront ainsi des ouvriers de priviléges. Vous voulez détruire le paupérisme, et vous le consacrez par les secours et palliatifs que vous lui apportez sous toutes les formes. Par égard pour l'intérêt spirituel des ouvriers, vous réduisez les heures de travail, et vous compromettez par cette réduction leur subsistance. Vous dissertez tour à tour sur le capital, le salaire, le crédit, les machines; vous proposez d'organiser une commune d'essai, dans un milieu inassocié; et vous ne voyez pas que par ces tentatives partielles, vous vous égarez de plus en plus dans le labyrinthe. Tout cela serait peut être utile, si vous ne vouliez que faire une revue des problèmes économiques, et constater leur opposition. Mais procéder de la sorte, avec l'intention avouée d'arriver à une solution, c'est être à rebours de la logique et tourner le dos au but que vous

vous proposez d'atteindre. Vous faites pour l'*organisation du travail*, précisément ce que fait la démocratie pour exprimer la souveraineté du Peuple. Vous demandez à des éléments parcellaires une conclusion qu'ils ne peuvent jamais fournir, puisque la solution que vous croyez avoir trouvée pour l'un est constamment infirmée par la solution que vous donnez à l'autre ; comme dans le suffrage universel, la moitié plus une des voix donne tort à l'autre moitié, ce qui est, à proprement parler, un escamotage de la République.

« Il faut changer de marche, ou renoncer à votre entreprise. Si vous n'avez l'esprit assez puissant, la conception assez large pour concilier dans un même, principe toutes les questions, toutes les opinions, tous les intérêts, même antagonistes, vous ne ferez qu'augmenter le désordre. Vous faites la besogne de la démocratie, et vous trahissez la République. »

La démocratie suppose, *à priori*, l'indépendance absolue des citoyens. Elle n'admet entre eux de solidarité que celle qu'ils ont librement consentie. L'idée qu'elle se fait de la société est celle d'un contrat, avoué ou tacite, dont les clauses sont l'expression d'une volonté souveraine en soi et inviolable. Elle ne comprend la liberté et l'égalité qu'à la manière barbare, c'est-a-dire comme droits négatifs, l'un de tout empêchement, l'autre de toute supériorité. Elle n'y voit pas, avec l'économiste, le produit d'une organisation dans laquelle chaque existence est la résultante de toutes les autres existences.

Pour ce qui concerne l'État, ce n'est, aux yeux de la démocratie, qu'une trêve rendue permanente entre des individualités incapables, qui ne se transigent jamais que sur les points où il n'y a plus d'intérêt pour personne à se battre; ou si parfois la démocratie saisit l'État dans ce qu'il a de réel et de positif, elle le considère seulement comme instrument de domination, et elle tend en conséquence a y faire entrer le plus de monde possible, ce qui ramène toujours l'insolidarité et l'anarchie.

Dans une telle disposition d'esprit, et avec de pareilles idées, comment la démocratie devait-elle considérer la question sociale? et comment pouvait-elle essayer de la résoudre?

La démocratie ne pouvait concevoir qu'une chose, c'est que le pouvoir, passant de la classe privilégiée à la classe travailleuse, devenait pour celle-ci un moyen d'émancipation aux dépens de celle-là; qu'ainsi le pouvoir était moyen de liberté pour le prolétaire, par la réduction du travail, l'augmentation du salaire, la participation aux bénéfices des maîtres, etc.; — moyen d'égalité, par la réforme de l'impôt, de proportionnel rendu progressif; par la concurrence faite aux entrepreneurs au moyen de primes accordées par l'État aux travailleurs dits nationaux et payées par les entrepreneurs; par l'application du principe électif à tous les emplois; moyen de fraternité, par la création des caisses de secours, pensions, retraites, établissements philanthropiques de toute nature entretenus aux frais des riches et au profit des prolétaires.

L'expérience et la théorie ont démontré que tous ces moyens étaient impraticables, et que leur application serait la ruine et la conflagration de la société. Mais la démocratie ne s'inquiète point des leçons de la science et de l'enseignement des faits. Elle a le pouvoir, elle règne et gouverne; elle inscrit en tête de tous ses actes les mots sacramentels de LIBERTÉ, ÉGALITÉ, FRATERNITÉ; elle a la ferme résolution d'appliquer ses principes ; nulle opposition ne peut la retenir; il faut s'attendre à tout. ADVIENNE QUE POURRA! L'organisation de la société n'est, pour le démocrate, que le renversement des rapports établis : cela résulte invariablement de tous les programmes publiés au nom de la démocratie.

Citons un exemple.

M. de Lamartine, dans sa déclaration de principes du 24 octobre 1847, après s'être prononcé pour la monarchie représentative et héréditaire, après avoir exprimé son admiration *pour la pyramide des trois pouvoirs,* royauté, chambre des pairs, chambre des députés, propose :

La souveraineté exercée du Peuple. — Exercée par qui? comment? M. de Lamartine ne soupçonne seulement pas l'immensité du problème.

Le droit électoral réparti à tous les citoyens. — C'est la loi agraire; c'est plus que cela, c'est l'aliénation de la souveraineté.

Les assemblées primaires nommant des électeurs pour une fonction temporaire; les électeurs nommant des représentants pour un temps limité. — Représentation à triple étage, conséquence de la pyramide. Que deviendras-tu, ô Peuple, quand ta souveraineté aura passé par cette filière?

Les représentants, non pas livrés à la corruption des ministres, mais salariés par le Peuple, pour enlever tout prétexte à leur servilité. — Tout citoyen étant censé vivre de son travail, l'indemnité allouée au député est en soi une chose juste. Mais le motif donné par M. de Lamartine est pitoyable. En quoi le salaire du député serait-il un obstacle à la corruption ministérielle? Comme si l'homme vénal était embarrassé de recevoir des deux mains! A la corruption ministérielle, on ajoute une prime de 25 fr. par jour : je ne vois pas jusque-là de réforme,

Les fonctionnaires à leurs postes et non pas dans les chambres, où ils jouent deux rôles incompatibles, celui de contrôleurs et de contrôlés. — M. de Lamartine établit des incompatibilités. Soit : je le prie seulement de pousser son principe jusqu'au bout. Il y a, si l'on veut, incompatibilité à ce qu'un procureur-général vote le budget de la justice; un militaire. le budget de l'armée; un préfet, le budget de la police; un ingénieur, le budget des travaux publics. Mais il y a incompatibilité aussi à ce qu'un négociant, un manufacturier, un commissionnaire, vote une loi de régie, d'octroi ou de douane; un propriétaire, une loi de contribution foncière; un marchand de vin, une loi sur les boissons; un banquier, une loi de finance, un projet d'emprunt ou de conversion, etc., etc., etc. Il y a incompatibilité entre toutes les fonctions sociales et le vote du budget et des lois. Les propriétaires fonciers, sous prétexte que l'agriculture est la nourrice de l'État, veulent qu'on réduise leur part; les industriels demandent des protections; les voituriers des franchises, comme les fonctionnaires publics des augmentations de traitement. Votre système représentatif est absurde, vous dis-je : la contradiction y fourmille partout.

Une Assemblée nationale. — Dites une conjuration, à moins que ce ne soit une confusion.

La liberté de l'enseignement, sauf la police des mœurs. — Ce n'est pas de l'organisation.

La liberté de la pressse par la révocation des lois de septembre. — Ce n'est pas de l'organisation.

Une armée permanente et une armée de réserve. — Pourquoi faire? Ce n'est toujours pas de l'organisation.

L'enseignement gratuit. Gratuit! vous voulez dire payé par l'État. Or, qui paiera l'État? le Peuple. Vous voyez que l'enseignement n'est pas gratuit. — Mais ce n'est pas tout. Qui profitera le plus de l'enseignement gratuit, du riche ou du pauvre? Évidemment ce sera le riche : le pauvre est condamné au travail dès le berceau. Ainsi la gratuité de l'enseignement produira exactement le même effet que les bourses données par M. Guizot aux électeurs: qu'en pensez-vous, citoyens?

Enfin, comment M. de Lamartine accorde-t-il la gratuité de l'enseignement avec la liberté de l'enseignement? L'État payera-t-il les instituteurs primaires et les Ignorantins? les colléges des jésuites et ceux de l'Université? C'est impossible. Or, si l'État paye les uns et ne paye pas les autres, la liberté n'existe pas, puisque l'égalité est détruite. C'est toujours de l'exclusion; ce n'est pas de l'organisation et encore moins de la conciliation.

La fraternité en principe et en institutions. — Comment cela? Est-ce que l'on décrète la fraternité?

La liberté progressive du commerce et des échanges. — La liberté progressive du commerce est comme l'extension progressive du droit électoral. Si le commerce ne peut être libre que sous condition, il ne le sera jamais. L'inégalité des moyens est éternelle; et sous le régime de la propriété, cette inégalité ne se compense pas.

La vie à bon marché par la réduction des taxes qui pèsent sur les aliments. — La propriété foncière est déjà surchargée; la circulation surchargée; les droits de mutation excessifs; il en est ainsi de tous les impôts. Où prendrez-vous cinq cent millions que produisent les taxes qui pèsent sur les aliments?

Une taxe des pauvres, malgré les calomnies par lesquelles l'égoïsme des économistes cherche à décréditer cette institution. — J'ose affirmer à M. de Lamartine que le Peuple est sur ce point du même avis que les économistes. Le Peuple demande, non une taxe des pauvres, un brevet de perfectionnement de la misère; il demande qu'il n'y ait plus de pauvres. La taxe des pauvres, c'est de la philanthropie, ce n'est pas de l'organisation.

Les enfants trouvés adoptés par l'État. — Philanthropie! Le Peuple demande qu'il n'y ait plus d'enfants trouvés, il veut que toutes les filles soient sages; et vous, vous proposez de nourrir aux frais des vierges les bâtards des prostituées. A ce régime là, nous serons bientôt en pleine phanérogamie : alors la famille deviendra ce qu'il plaira à Dieu!

L'extinction de la mendicité. — Oui, au moyen de la taxe.

Des ateliers de travail pour les valides. — Et sans doute aussi des débouchés!

La charité sociale promulguée par de nombreuses lois à tous les besoins, à toutes les souffrances, à toutes les misères du Peuple. — C'est-à-dire que pour subvenir à tous les besoins, à toutes les souffrances, à toutes les misères, M. de Lamartine ne demande qu'une seule chose : de l'argent!

Un budget de la libéralité de l'État. — Des fonds secrets! de l'argent!

Un ministère de la bienfaisance publique. — De l'argent.

Un ministère de la vie du Peuple. — De l'argent, de l'argent, toujours de l'argent, voila le nerf de la démocratie comme de la guerre. Donnez à la démocratie beaucoup d'argent et elle fera ce que vous voudrez. De l'argent pour les députés, de l'argent pour les infirmes, de l'argent pour les mendiants, de l'argent pour les savants, les artistes, les gens de lettres; pour tous ceux qui seront amis du gouvernement, ou amis des amis du gouvernement; de l'argent pour tout le monde, comme des dragées à un baptême. Mais les moyens de se procurer tout cet argent, M. de Lamartine n'en parle pas : c'est la seule chose qu'il oublie.

Pour couronner ce programme, M. de Lamartine, après avoir dit en parlant de son *Histoire des Girondins* : « J'ai commencé ce livre girondin, je l'ai fini montagnard, » publiait dans *la Presse* du 16 novembre, à propos du banquet socialiste d'Autun, la profession de foi que voici :

« Nous sommes de la foi de Mirabeau, de Bailly, de Sieyès, de Vergniaud, de Lanjuinais, de Lafayette; nous ne sommes pas du schisme de Desmoulins. » Il observait en outre que Robespierre et Danton avaient été contre les *enivreurs* du Peuple qui ne veulent pas de propriété.

M. de Lamartine, en un mot, est démocrate; il l'est par le cœur, par les idées, par la logique, par la philanthropie : il n'est pas républicain.

Tous les progammes, tous les vœux qui ont été émis dans les soixante-dix banquets qui ont amené la chute de la dynastie, rentrent dans le programme de M. de Lamartine. C'est toujours le même préjugé représentatif, toujours le même culte de la multitude, toujours les mêmes palliatifs de philanthropie.

Et tout ce qui se fait, se prépare, se médite, au Luxembourg comme à l'Hôtel-de-Ville, est inspiré du même génie.

La démocratie encouragera la caisse d'épargne, développera l'assurance, créera une caisse de retraite, fera empierrer quelque route, reboiser quelque crête, draguer quelque rivière, reporter quelque terrain; elle donnera dix millions aux fouriéristes pour expérimenter l'*organisation du travail* sur une lieue carrée, et logera aux frais de l'État quelques centaines de travailleurs pauvres. — Pour cela, elle augmentera le budget de 600 millions; elle s'emparera de la grande et puis de la petite industrie; elle dépréciera les valeurs industrielles et commerciales; elle tarira la source des capitaux; elle affligera le travail libre, inquiétera le commerce libre, tuera l'enseignement libre, menacera la consommation libre, proscrira le suffrage libre.

C'est pour cela que la démocratie arrête en ce moment la circulation, pour cela qu'elle fait fermer les ateliers, pour cela qu'elle frappe de nullité les transactions, pour cela qu'elle clot le marché, pour cela qu'elle met le commerce, et l'industrie, et l'agriculture, et l'État, en faillite. Or, en matière de gouvernement, tout ce qui résulte logiquement du principe est imputable à l'intention.

La liberté, sachez-le bien, est incompatible avec la démocratie comme avec la monarchie. Autrefois, c'était sur l'esclavage d'une caste que se fondait l'existence de la démocratie; maintenant ce sera sur l'esclavage de tout le monde.

2. La démocratie plus chère que la monarchie. — Conclusion.

Je dois avertir que dans ce paragraphe je raisonne surtout au point de vue gouvernemental, et que je considère l'État, non comme l'ensemble des fonctions publiques, mais comme le lien qui les réunit et qui, par cette réunion, exprime la souveraineté nationale.

Ainsi l'administration des travaux publics est une certaine fonction du corps social, qui a sa spécialité, son utilité, sa dépense propre, mais qui n'est pas l'État. De même les ministères de la justice, de l'instruction publique, de la marine, etc., sont des fonctions corporatives, comme l'industrie, le commerce et l'agriculture, mais ne sont pas non plus l'État.

L'État, dis-je, est le lien qui réunit en faisceau toutes les fonctions diverses : c'est le pouvoir, l'organe centralisateur, l'autorité.

Les fonctions qui agissent sous la surveillance immédiate de l'État doivent, comme les fonctions restées libres, recevoir, par la réforme économique, des modifications et améliorations profondes. C'est ainsi que le budget qui, pour l'exercice 1848, forme un total d'à peu près 1,450 millions, en y comprenant ce que je nommerai les frais de l'État, doit se réduire progressivement de moitié, de trois quarts, de cinq sixièmes, etc. Mais tant que le principe de cette réforme reste inconnu ou incompris, la réduction du budget, en général, de même que l'extinction du paupérisme, est une utopie, une chimère.

Or, ce qui est vrai des fonctions libres et des fonctions administratives, est également vrai de l'État. Aucune réduction n'y est possible en dehors de la réforme économique.

J'ajoute, et c'est l'objet de la discussion dans laquelle je vais entrer, que si l'État coûtait à la France, sous la monarchie constitutionnelle, dix fois plus qu'il ne doit coûter sous la République, il coûtera avec la démocratie dix fois plus que sous la monarchie.

Voici, d'après le budget de 1848, quelles sont les dépenses de l'État, dans lesquelles je comprends, outre la liste civile et les dotations des chambres, tout ce qui, dans les divers ministères, concerne les administrations centrales, en un mot, l'autorité sous toutes ses formes

Liste civile.	13,300,000 fr.
Chambre des pairs..	790,000
Chambre des députés	832,150
Ministère de la justice.	579,500
Conseil d'Etat	803,800
Cultes	242,000
Affaires etrangères, la dépense totale .	8,885,422
Instruction publique.	565,500
A reporter.	25,998,372 fr.

	Report.	25,998,372 fr.
Intérieur, administration centrale. . .		1,328,000
— fonds secrets		932,000
— préfectures et police. . . .		8,527,200
Agriculture et commerce..		703,550
Travaux publics		641,500
Guerre.		2,337,350
Marine.		1,135,770
Finances.		6,678,841
— Cour des comptes.		1,262,895
Ensemble.		49,445,478 fr.

Soit, 50 millions, en nombre rond, que, d'après le budget officiel de 1848, coûtait l'État, en tant qu'organe de l'autorité, du pouvoir et de la centralisation..

La monarchie ne fait aucune dépense pour *l'organisation du travail*, elle n'a point de *ministère du progrès*. Aimant le *statu quo* par nature, elle contient, retient, enraie et empêche le mouvement tant qu'elle peut; elle se laisse tuer plutôt que de marcher.

Or, la royauté abolie, l'organisation nationale réduite à une seule chambre, l'aristocratie officielle supprimée, les traitements des hauts fonctionnaires réduits de deux tiers, tous les emplois de création purement monarchique supprimés : j'ose dire que les dépenses de l'État seraient diminuées d'au moins neuf dixièmes : la souveraineté du Peuple ne coûterait, avec l'organisation républicaine, pas plus de 5 millions par an.

C'est là le bon marché que tous les hommes d'État s'efforcent d'obtenir, et que se propose de réaliser la démocratie. Nous avons maintenant à établir son budget.

Je divise les dépenses d'État de la démocratie en trois catégories :

1° *Frais d'avénement;*
2° *Frais de gouvernement;*
3° *Frais de progrès.*

1. Les frais d'établissement de la démocratie peuvent

s'évaluer comme suit (je suppose l'agitation calmée et la révolution achevée au bout d'un an) :

Dommages causés par le fait matériel de l'insurrection, valeurs perdues, détruites ou soustraites; dégâts commis, suspension des services publics; frais d'installation du Gouvernement provisoire; envoi de commissaires, etc., etc.,   20,000,000

Chômage pendant 90 jours, la réduction des heures de travail y comprise, de 3 millions de travailleurs, à 2 fr. en moyenne par jour,   540,000,000

Intérêts de matériel, sur un capital de 5 milliards, pendant le même chômage,   180,000,000

Chômage du commerce, faillites, soit dépréciation de de 10 p. 100 sur une valeur totale de 5 milliards, représentant la moitié de la production annuelle du pays,
                                            500,000,000

Augmentation de 45 centimes sur la contribution foncière,   193,000,000

Intérêt pendant 6 mois de 200 millions d'impôt, payés d'avance,   5,000,000

Préjudice aux porteurs de bons du trésor et de billets de banque, ainsi qu'aux déposants à la caisse d'épargne, par suite des décrets du Gouvernement provisoire, 10 p. 100 sur une valeur totale de 600 millions,   60,000,000

                    Ensemble,   1,408,000,000
Consolidés à 5 p. 100,   70,400,000

Ainsi, par le seul fait de son avénement aux affaires, et en raisonnant dans l'hypothèse la plus favorable, la démocratie aurait fait supporter au pays une perte de plus de 1,400 millions; c'est-à-dire, en capitalisant, qu'elle aurait déjà grevé le budget d'une somme de 70 millions, en supposant que les frais d'État, et toutes les dépenses ordinaires et extraordinaires, sous le nouveau gouvernement, ne fussent pas plus forts que sous la monarchie constitutionnelle.

L'augmentation sera bien plus forte, s'il est vrai, comme

nous allons le démontrer, que l'État, l'administration et le progrès, coûtent plus sous cette forme de gouvernement que sous l'autre.

2. *Frais d'État de la démocratie.*

Deux causes rendent le gouvernement démocratique plus cher que le monarchique : d'un côté, la tendance à faire intervenir sans cesse la totalité des citoyens dans les affaires du gouvernement, contrairement à la loi de division du travail; d'autre part, la tendance à ramener à l'État les fonctions libres que la monarchie, par analogie de principe, laissait en dehors de l'État, et ceci contrairement à la loi de réduction des frais généraux.

Ainsi, aux 70 millions dont la démocratie est grevée par le fait de son arrivée au pouvoir, ci,   70,000,000

Il faut ajouter :

Temps perdu de 441 députés, que la démocratie ajoute aux 459 de l'ancien Gouvernement, par la raison que 900 représentent mieux 35,500,000 que 459. — A 25 fr. par jour et par député, pendant 250 jours,   2,756,250

Salaire de 900 députés pendant le même temps, 5,625,000

Élections générales. Elles coûtaient à l'État, sous le Gouvernement déchu, 2 millions, pour réunir 250 mille électeurs. Elles ne peuvent coûter moins sous la démocratie, ci,   2,000,000

Les mêmes élections coûtaient aux électeurs, frais de voyage, banquets et temps perdu, 3 jours à 10 fr. pour 200,000 électeurs, 4 millions, soit par année, 1,333,333. Avec la démocratie, 6 millions d'électeurs, 3 fr. par jour et par tête, 2 journées de temps perdu, 36 millions; différence,   34,666,666

Dépenses diverses à la charge des citoyens pour l'accomplissement des devoirs civiques, élections municipales, de la garde nationale, etc.; nomination aux emplois, fonctions du jury, clubs, revues, banquets, 10 journées par an. — Sous les anciennes démocraties, le citoyen passait sa

vie entière sur la place publique, 365 jours donnés chaque
année aux affaires de l'État. Je réduis cette dépense à
12 jours pour la démocratie moderne, en raison du principe représentatif : c'est moins du 30ᵉ de ce qu'elle coûtait autrefois : 6 millions de citoyens, 10 jours à 3 fr. par
jour et par tête,   180,000,000

Frais de matériel, salles de réunions, armement et équi-
pement, service des assemblées, éclairage, chauffage, im-
primés, etc. — 25 fr. par tête et par an, 150,000,000

Dépense des administrations centrale, représentant,
avec les 6 millions de citoyens, le Peuple et l'État. Je
compte au plus bas,   5,000,000

Total des frais d'installation et gouvernement,
       450,047,916

3. *Frais d'organisation du travail.*

La démocratie est entreprenante ; elle entend ne pas
garder le *statu quo ;* elle a fait au prolétariat d'immenses
promesses, et son intention est de les tenir.

Or, avec un ministère du progrès,

Un ministère de la bienfaisance publique,

Un budget des libéralités de l'État,

Une création d'ateliers nationaux,

Des fermes d'essai, des communes d'essai, des phalan-
stères d'essai ;

Avec l'immense personnel d'inspecteurs, directeurs,
contrôleurs, contre-maîtres, etc., etc., que tout cela suppose, la démocratie sera modeste, si cette grande initiative de l'État ne coûte au pays que 100 millions par an. Je
porte 60 millions, ce qui donne un total, pour le budget de
l'État, en nombre rond, de   500,000,000
dix fois autant que sous la monarchie constitutionnelle.

Mais, direz-vous, qu'importent les 500 millions que
l'exercice de la souveraineté coûtera au pays dans le système démocratique, si les améliorations administratives,
économiques et financières, que la démocratie nous promet,
couvrent à leur tour trois ou quatre fois cette somme ? En

résultat, nous aurons gagné, et nous serons libres; nous aurons *la liberté* DANS *l'ordre*, et non *pas la liberté* ET *l'ordre!*

Les avantages qu'on peut attendre du nouveau *Système* sont de cinq espèces :

Réduction de l'effectif de l'armée:

Diminution du nombre des emplois par la simplification administrative ;

Suppression de la vénalité, de la corruption, des fraudes, etc., dans l'administration ;

Economies dans les dépenses ;

Surcroit de production, et augmentation de la richesse publique, par les ateliers nationaux et l'organisation du travail.

Un coup d'œil sur ces divers chefs de réformes montrera de quelles illusions se bercent ceux qui attendent de la démocratie quelque amélioration au sort de l'humanité.

L'armée? Vous ne pouvez la diminuer qu'autant que la question sociale sera résolue, non-seulement pour la France, mais pour l'Europe. Sans cette solution, l'armée vous est indispensable, au dedans pour contenir le prolétariat et la propriété, qui déjà se menacent et se mesurent du regard ; au dehors, pour défendre votre nationalité et établir votre influence dans les conseils de la diplomatie européenne. Car, en supposant les royautés partout abolies, les nationalités restent, c'est-a-dire toutes les prétentions rivales des anciens gouvernements. Or, la démocratie est impuissante à résoudre la question sociale et à constituer la république des nations; comme la monarchie, elle ne peut garder la paix qu'au moyen de traités plus ou moins solides; comme la monarchie, enfin, elle règne par la distinction des castes et la prépondérance de l'État. La démocratie n'a pas un homme, pas un écu d'économie à faire sur l'armée.

L'administration? — Les journaux ont publié dernièrement le chiffre d'augmentation des traitements de 1830 1848 : ce chiffre est de 65 millions. On n'a pas manqué d'en conclure que le gouvernement déchu avait augmenté le personnel administratif de 65,000 employés, en supposant la moyenne des salaires de l'État à 1,000 fr. Mais il est possible, il est presque certain que la totalité de ces 65 millions consiste en augmentations de traitements sur plusieurs centaines de mille individus salariés de l'État, ce qui ferait environ 200 à 300 fr. par tête. Or, si l'État veut faire vivre tous ceux qu'il emploie, et dont le service est indispensable, 40,000 instituteurs primaires, 50,000 douaniers, 20,000 facteurs, 6,000 gardes forestiers, une foule de petits employés de la régie, des ponts et chaussées, des préfectures, etc., dont le salaire ne monte pas à 800 fr., ce n'est pas 65 millions, c'est 200 millions qu'il faut ajouter au budget. J'attends à l'œuvre nos hommes d'Etat.

La corruption? — J'aime à croire qu'à l'avenir on n'en parlera plus. Mais c'est se moquer que de rejeter sur les *marchés onéreux* passés par le gouvernement déchu le déficit où nous sommes.

Sur une dépense totale de 1,450 millions, 200 millions à peine peuvent donner lieu à des marchés entre l'État et les entrepreneurs. Sur cette masse d'affaires, une partie ne produit aux entrepreneurs que de la perte; une autre rend un bénéfice légitime; le reste, que je suppose plus ou moins infecté de corruption, procure aux corrupteurs et aux corrompus un surcroît de profit injuste. C'est la compensation des pertes éprouvées sur la première partie d'opérations; et je ne crois pas que la somme des pots de vin aille, par année, jusqu'à 5 millions. Avec 5 millions, on peut corrompre chaque année 500 fonctionnaires, en supposant le prix moyen de la corruption à 10,000 fr. Une pareille vénalité, dans l'armée, les travaux publics, l'administration, etc., est incroyable.

L'économie des dépenses? — Autre illusion.

Si la démocratie pouvait organiser l'État de manière à ce qu'il rendit le plus de services possible au meilleur marché possible, elle saurait par là même organiser la société, elle serait République. Ainsi, les frais de régie, perception des impôts, exploitation des revenus publics, en y comprenant le ministère entier des finances, coûtent au pays plus de 174 millions. Je prouverai, dans le cours de cet ouvrage, que cet article du budget peut se réduire facilement de plus de 100 millions. Mais, pour réaliser cette économie, il faut changer l'impôt, dans sa nature, son assiette, sa répartition; il faut changer la comptabilité de l'État; remanier de fond en comble administration, commerce, finance; il faut, en un mot, résoudre le problème social, et nous avons prouvé que la démocratie est impuissante contre ce problème.

Bien loin que la démocratie puisse réduire le budget actuel, il y a dix contre un à parier qu'elle l'augmentera. Car si l'État proprement dit coûte à la démocratie dix fois plus qu'à la monarchie, les mêmes causes agissant sur les diverses administrations comme sur l'État, un accroissement de dépenses est inévitable. Autrement, la démocratie rétrograderait, ce serait une monarchie déguisée. .

L'organisation du travail? — J'ai porté à 50 millions seulement la perte nette qui doit résulter pour le pays de cette organisation modèle, parce que je suppose que 24 millions de campagnards et 7 millions d'industriels, fabricants, commerçants, etc., etc., ne se laisseront point absorber par l'État, et convertir, malgré leurs dents, en travailleurs nationaux. S'il en devait être autrement, si la faction démagogique était assez influente pour arracher au Peuple, avec l'abdication de sa souveraineté politique, le renoncement à sa liberté industrielle, ce n'est plus un budget de 1,900 millions que nous aurions à payer pour les services actuellement réunis dans l'État; ce serait, pour la totalité du travail national, un budget de 12 milliards.

Or, comme la production annuelle de la France, le service de l'État, de l'administration, de la justice, etc., y compris, n'est pas de 10 milliards, nous serions donc en déficit, de ce seul fait, chaque année, d'un cinquième sur la production actuelle, soit 2 milliards. Mais il est prouvé, démontré, que tout service exécuté par l'État coûte en général 50 p. 100 plus qu'il ne vaut, témoin les ponts et chaussées, témoin la perception des revenus publics, témoin la protection du travail national, autrement dite la douane, etc. En autres termes, il est prouvé que le travailleur libre, converti en fonctionnaire public, devient moitié moins capable, travaille moitié moins, produit moitié moins, comme l'organisme dont il fait partie. L'organisation démocratique du travail aurait donc ce résultat définitif : tandis que la dépense nationale serait comme 12, la recette serait comme 6. A quoi serviraient, dans ce système, le cours forcé des billets de banque, la prorogation des bons du trésor, les comptoirs nationaux, les bons de garantie, les reconnaissances du Mont-de-Piété, le papier-monnaie? A quoi servirait même l'argent? L'organisation du travail par la démocratie! c'est l'organisation de la misère.

La raison de ce fait, outre l'augmentation générale des salaires et la réduction aussi générale des heures de travail auxquelles s'est condamnée la démocratie, est dans l'accroissement des frais généraux, frais qui, pour la société comme pour l'État, doivent être en raison inverse de la production; mais qui, par l'influence des idées monarchiques et démocratiques qui dominent les institutions et les intelligences, sont presque partout en raison directe du produit.

Tout le monde devrait savoir, et peu de gens savent malheureusement, même parmi les économistes, que dans toute entreprise, les frais généraux croissent progressivement avec l'extension que l'entrepreneur donne à ses affaires, en sorte qu'il est un point où, toutes choses d'ailleurs égales, le bénéfice tout entier est couvert par les frais généraux.

Pour l'entrepreneur de commerce, d'industrie, d'agriculture, les frais généraux sont des frais d'État.

Ces frais, qui grèvent aujourd'hui la production nationale de plus de 2 milliards, doivent, sous la République, se réduire comme le budget de l'État.

Mais la démocratie est l'idée de l'État étendue à l'infini ;
c'est la réunion de toutes les exploitations agricoles en une
seule exploitation agricole ; de toutes les entreprises industrielles en une seule entreprise industrielle ; de toutes
les maisons de commerce en une seule maison de commerce ; de toutes les commandites en une seule commandite. C'est par conséquent, non la décroissance à l'infini
des frais généraux, comme cela doit être sous la République ; mais l'augmentation à l'infini des frais généraux...

Trente jours de dictature ont mis à nu l'impuissance et
l'inanité de la démocratie. Tout ce qu'elle possédait de
vieux souvenirs, de préjugés philanthropiques, d'instincts
communistes, de passions discordantes, de phrases senti-
mentales, de tendances anti-libérales, en un mois, a été
dépensé. Elle a emprunté à l'utopie et à la routine ; elle a
consulté les empiriques et les charlatans ; elle a tendu la
main aux agioteurs éméritcs ; elle s'est fait prêcher par
les clercs de la bazoche ; elle a reçu l'eau bénite de Mon-
seigneur. Or, dans tout ce que la démocratie a proposé,
décrété, débité, fulminé depuis un mois, qui oserait dire
que le Peuple se soit une seule fois reconnu ?

Je conclus en reproduisant ma question : La souveraineté du Peuple est le point de départ de la science sociale :
comment donc s'établit, comment s'exprime cette souveraineté ? Nous ne pouvons faire un pas avant d'avoir résolu le problème.

Certes, je le répète, afin qu'on ne s'y méprenne. Je suis
loin de dénier aux travailleurs, aux prolétaires, pas plus
qu'aux bourgeois, la jouissance de leurs droits politiques ;
je soutiens seulement que la manière dont on prétend les
en faire jouir n'est qu'une mystification. Le suffrage universel est le symbole de la République, ce n'en est pas la
réalité.

Aussi voyez avec quelle indifférence les masses ouvrières
accueillent cette universalité du suffrage ! On ne peut obtenir d'elles qu'elles aillent se faire inscrire. Pendant que

les philosophes vantent le suffrage universel, le bon sens populaire se moque du suffrage universel!

La République est l'organisation par laquelle toutes les opinions, toutes les activités demeurant libres, le Peuple, par la divergence même des opinions et des volontés, pense et agit comme un seul homme. Dans la République, tout citoyen, en faisant ce qu'il veut et rien que ce qu'il veut, participe directement à la législation et au gouvernement, comme il participe à la production et à la circulation de la richesse. Là, tout citoyen est roi; car il a la plénitude du pouvoir, il règne et gouverne. La République est une anarchie positive. Ce n'est ni la liberté soumise A l'ordre, comme dans la monarchie constitutionnelle, ni la liberté emprisonnée DANS l'ordre, comme l'entend le Gouvernement provisoire. C'est la liberté délivrée de toutes ses entraves, la superstition, le préjugé, le sophisme, l'agiotage, l'autorité; c'est la liberté réciproque, et non pas la liberté qui se limite; la liberté, non pas fille de l'ordre, mais MÈRE de l'ordre.

Voilà le programme des sociétés modernes. Que ce soit l'absolution de la démocratie de l'avoir, en quelque sorte, formulé par le spectacle de ses contradictions.

ORGANISATION
DU CRÉDIT ET DE LA CIRCULATION
ET SOLUTION DU PROBLÈME SOCIAL

Sans impôt,
Sans emprunt,
Sans numéraire,
Sans papier-monnaie,
Sans maximum,
Sans réquisitions,
Sans banqueroute,
Sans loi agraire,

Sans taxe des pauvres,
Sans ateliers nationaux,
Sans association,
Sans participation,
Sans intervention de l'État,
Sans entraves à la liberté du commerce et de l'industrie,
Sans atteinte à la propriété.

PROGRAMME

Paris, 31 mars 1848.

Il est prouvé que les doctrines socialistes sont impuissantes à secourir le Peuple dans la crise actuelle. L'utopie a besoin, pour s'appliquer, de sujets préparés, de capitaux accumulés, de crédits ouverts, d'une circulation établie, d'un état prospère. Elle a besoin de tout ce qui nous manque : elle est impuissante à créer ce qui nous manque.

Il est prouvé que l'économie politique, descriptive et routinière, est aussi stérile que le socialisme dans la conjoncture présente. L'école qui a pour tout principe l'*offre* et la *demande* devait être à bout de moyens le jour où tout le monde demanderait, et où personne ne voudrait offrir.

Il est prouvé, enfin, que la dictature, les coups d'État, et tous les expédients révolutionnaires sont impuissants contre la paralysie universelle, comme le moxa est sans action sur le cadavre.

Puisse notre nation ne jamais oublier cette grande expérience !

A présent le champ est ouvert à d'autres idées, l'opinion les appelle, l'empire leur est assuré. Je n'hésite plus à proposer ce que l'étude spéculative de l'économie sociale m'indique de plus applicable à la situation où nous sommes : il ne tiendra qu'à vous, citoyen lecteur, de voir dans ma proposition le spécimen de notre immortelle République.

Le travail est à bas, il faut le faire reprendre. ‑

Le crédit est mort, il faut le ressusciter.

La circulation est arrêtée, il faut la rétablir.

Le débouché se ferme, il faut le rouvrir.

L'impôt ne suffit jamais, il faut supprimer l'impôt.

L'argent se cache, il faut nous passer de lui.

Ou plutôt, car il faut s'expliquer d'une manière absolue ; car ce que nous devons faire aujourd'hui devra servir pour l'éternité :

Doubler, tripler, augmenter à l'infini le travail, et par conséquent le produit :

Donner au crédit une base si large, qu'aucune demande ne l'épuise ;

Créer un débouché qu'aucune production ne comble ;

Organiser une circulation pleine, régulière, qu'aucun accident ne trouble ;

Au lieu d'un impôt toujours croissant et toujours insuffisant, supprimer tout impôt ;

Faire que toute marchandise devienne monnaie courante, et abolir la royauté de l'or ;

Voilà, sans parler des conséquences politiques, philosophiques et morales, que nous aurons à déduire plus tard de ces prémisses, et pour me renfermer dans le cercle des intérêts matériels ce que je propose de réaliser à l'instant même, et qui ne coûtera au Gouvernement provisoire que les frais de quelques décrets.

Mais je dois signaler auparavant quelques-uns des préjugés qui, par l'effet d'une longue habitude, nous empêchent, en ce moment, d'apercevoir la véritable cause du mal, et de discerner le remède. Se mettre en garde contre l'erreur, c'est faire la moitié du chemin qui mène à la vérité.

Le premier de ces préjugés consiste à vouloir tout réformer par détail, au lieu d'attaquer la masse ; à prendre les difficultés les unes après les autres, et à les résoudre successivement par des moyens que le sens commun semble indiquer : tandis que les questions économiques, essentiellement contradictoires en elles-mêmes et entre elles, demandent à être résolues toutes à la fois, au moyen d'un principe supérieur, qui respecte tous les droits, ménage, améliore toutes les conditions, concilie tous les intérêts. Le Gouvernement provisoire l'a implicitement reconnu quand il a dit que le problème de l'organisation était COMPLEXE : mais il paraît que l'expérience ne lui profite guère, puisqu'il persiste dans sa détestable route.

Un autre préjugé est celui qui, attribuant la cause du paupérisme à la mauvaise organisation du travail, conclut que le travail doit être organisé ; que c'est là, sur cette partie de l'organisme social, le TRAVAIL, qu'il faut appliquer le remède. Le Gouvernement provisoire s'est fait le propagateur et le patron de cette idée.

On ne veut pas comprendre que travail est synonyme de liberté individuelle ; que, sauf la justice de l'échange, la liberté du travail doit être absolue ; que les gouvernements n'existent que pour protéger le travail libre, non pour le réglementer et le restreindre. Quand vous parlez d'organiser le travail, c'est comme si vous proposiez de crever les yeux à la liberté.

Un troisième préjugé, conséquence du précédent, est celui qui, supprimant l'initiative individuelle, prétend tout obtenir par voie d'autorité. On peut dire que ce préjugé est la lèpre de l'esprit français. Nous demandons tout à l'État, nous voulons tout par l'État; nous ne comprenons qu'une chose, c'est que l'État soit maître et nous salariés.

— L'analogue de ce préjugé, dans l'ordre économique, est celui qui fait de l'or le moteur universel. L'or est pour nous le principe de la production, le nerf du commerce, la matière même du crédit, le roi du travail. C'est pour cela que nous courons tous après l'or comme après l'autorité. Le Gouvernement provisoire, en cela comme en tout le reste, s'est fait notre chef de file dans cette funeste ornière des vieux préjugés.

Il n'appartient à l'État, je le répète, que de prononcer sur la justice des rapports économiques, non de déterminer les manifestations de la liberté. Encore l'État n'a-t-il droit, même en matière de justice, que de faire respecter la volonté générale; il ne prend d'initiative que par exception. Je dirai bientôt quelle peut être, dans les circonstances graves où nous sommes, la mesure de cette initiative.

Un quatrième préjugé, enfin, le plus déplorable de tous, est celui qui, sous prétexte d'harmonie et de fraternité, tend à détruire dans la société la divergence des opinions, l'opposition des intérêts, la lutte des passions, l'antagonisme des idées, la concurrence des travailleurs. Ce n'est rien de moins que le mouvement et la vie qu'on veut retrancher du corps social. Là est l'erreur fatale du communisme, dont le Gouvernement provisoire, par je ne sais quelle influence, s'est fait l'organe bénévole.

Pas n'est besoin, cependant, d'un grand effort de réflexion pour concevoir que justice, union, accord, harmonie, fraternité même, supposent nécessairement deux termes; et qu'à moins de tomber dans l'absurde système de l'identité absolue, c'est-à-dire du néant absolu, la contradiction est la loi fondamentale, non-seulement de la société, mais de l'univers!

Telle est aussi la première loi que je proclame, d'accord avec la religion de la philosophie : c'est la Contradiction. l'Antagonisme universel.

Mais, de même que la vie suppose la contradiction, la contradiction à son tour appelle la justice : de là la seconde loi de la création et de l'humanité, la pénétration mutuelle des éléments antagonistes, la RÉCIPROCITÉ.

La RÉCIPROCITÉ, dans la création, est le principe de l'existence. Dans l'ordre social, la Réciprocité est le principe de la réalité sociale, la formule de la justice. Elle a pour base l'antagonisme éternel des idées, des opinions, des passions, des capacités, des tempéraments, des intérêts. Elle est la condition de l'amour même.

La RÉCIPROCITÉ est exprimée dans le précepte : *Fais à autrui ce que tu veux que l'on te fasse ;* précepte que l'économie politique a traduit dans sa formule célèbre : *Les produits s'échangent contre des produits.*

Or le mal qui nous dévore provient de ce que la loi de réciprocité est méconnue, violée. Le remède est tout entier dans la promulgation de cette loi. L'organisation de nos rapports mutuels et réciproques, voilà toute la science sociale.

Ce n'est donc pas une *organisation du travail* dont nous avons besoin en ce moment. L'organisation du travail est l'objet propre de la liberté individuelle. Qui bien fera, bien trouvera : l'État n'a rien de plus a dire, à cet égard, aux travailleurs. Ce dont nous avons besoin, ce que je réclame au nom des travailleurs, c'est la réciprocité, la justice dans l'échange, c'est l'*organisation du crédit.*

Je propose donc comme mesure préparatoire et transitoire : ·

I

RÉDUCTION DE TOUS SALAIRES, TRAITEMENTS, REVENUS, INTÉRÊTS, DIVIDENDES, ETC. — PROROGATION DE TOUTES ÉCHÉANCES, REMBOURSEMENTS, LOYERS ET FERMAGES.

1. Révocation des décrets relatifs à la réduction des heures de travail, et à l'abolition des tâches et du marchandage...

Quel rapport, dirait-on, entre ces décrets, dictés par les sentiments de la fraternité la plus pure, et le CRÉDIT?

Vous le verrez bientôt. Je supplie les travailleurs mes frères de croire que je ne trahirai point leurs intérêts, et que si, dans cet instant terrible, je leur demande au nom de la République crédit d'une heure de travail, c'est que j'ai la certitude de les rembourser avec usure de l'avance qu'ils me feront. Ce n'est point par des réductions et augmentations de l'espèce de celles que leur a concédées le Gouvernement provisoire que leur sort s'améliorera ; il ne peut au contraire qu'empirer.

Quant à la concurrence que se font entre eux les ouvriers par le marchandage, elle est nécessaire pour le progrès de la richesse générale, et d'ailleurs sans péril pour les travailleurs. Ignorent-ils que la production en France est en arrière de soixante milliards?

2. Réduction des salaires dans tous ateliers, manufactures, mines, fabriques, chantiers, comptoirs, magasins, administrations, fonctions publiques, etc., sans exception, dans la proportion ci-après :

Sur les salaires de 75 centimes et au-dessous, par jour.	zéro
— de 75 centimes à 1 franc.	1/25
— de 1 franc à 1 fr. 50	1/22

—	de 1 fr. 50 à 2 francs.	1/20
—	de 2 francs à 2 fr. 50	1/19
—	de 2 fr. 50 à 3 francs.	1/18
—	de 3 francs à 3 fr. 50.	1/17
—	de 3 fr. 50 à 4 francs.	1/16
—	de 4 francs à 5 francs	1/15
—	de 5 francs à 7 fr. 50.	1/10
—	de 7 fr. 50 à 10 francs	1/8
—	de 10 à 15 francs	1/6
—	de 15 à 20 francs.	1/5
—	de 20 à 30 francs.	1/4
—	de 30 à 60 francs.	1/3
—	de 60 à 100 francs	1/2
—	de 100 francs et au delà.	2/3

Le maximum de tout traitement et salaire limité provisoirement à 20,000 fr.

Les corps d'arts et métiers, les manufactures, fabriques, chantiers, mines, comptoirs, administrations, etc., devront incessamment publier le tarif des salaires de leurs ouvriers et employés, de manière à faire ressortir la différence des sommes payées, par jour, par homme, par année, et par établissement, avant et après la promulgation du décret.

Le Gouvernement donnera l'exemple de cette mesure, en faisant connaitre immédiatement le tarif des salaires et traitements des salariés de l'État : ce tarif sera fourni respectivement par chaque administration.

Pour les professions et conditions qui par leur nature échapperaient ou se soumettraient difficilement à une tarification, compensation sera faite pour elles par une augmentation de la taxe personnelle ou de la patente.

L'agriculture est formellement exceptée de cette réduction générale.

3. Réduction du tarif des greffiers, avoués, huissiers, notaires, commissaires-priseurs, courtiers, etc., de 25 p. 100.

4. Réduction des tarifs des compagnies de crocheteurs, modaires, porte-faix : des courses de postillons, modes de mariniers, etc., dans la proportion de l'échelle détaillée ci-dessus, art. 2.

5. Réduction du prêt de l'armée et de la solde des officiers d'après la même échelle de proportion, art. 2.

6. Réduction du casuel des curés aux frais de fabrique, augmentés d'un intérêt de 10 p. 100.

7. Réduction des pensions, d'après l'échelle, art. 2.

Le maximum des pensions réduit à 2,400 fr.

8. Abolition de tout cumul d'emplois et traitements, lorsque la somme des salaires réunis dépassera 2,000 fr.

9. Réduction de l'intérêt de l'argent à la Banque de France et dans ses comptoirs, à 3 p. 100, commission comprise.

Pour les banques libres, le taux légal de l'intérêt sera de 4 p. 100. Le maximum de la commission, 1/8.

10. Réduction des intérêts de toute somme prêtée sur hypothèque, quelles que soient les clauses du contrat, à 4 p. 100.

11. Réduction de l'intérêt de la dette publique, de 1 pour le 5, 5/8 pour le 4, et 3/8 pour le 3.

12. Réduction de tous intérêts et dividendes, pour actions de canaux, chemins de fer, mines, et toutes compagnies anonymes et en commandite ensemble à 5 p. 100.

13. Réduction de la rente foncière, ou fermage, 25 p. 100 de la rente.

14. Réduction des loyers de maisons, logements, chantiers, matériels de fabrique, machines, fonds de commerce, clientèle, etc., 25 cent.

15. Retenue sur tous salaires, traitements, soldes et pensions :

Au-dessous de 3 francs par jour	. . . .	rien;
— de 3 à 6 francs	. . . .	une semaine;
— de 6 à 12 francs	. . . .	15 jours;
— de 12 à 25 francs	. . . .	20 jours;
— de 25 francs et au-dessus	. . . .	1 mois.

Si la retenue faite d'une seule fois, était onéreuse pour le salarié, elle pourra être répartie sur plusieurs semaines et plusieurs mois.

16. Prorogation de toutes échéances de commerce, factures et lettres de voiture :

```
Pour billets de 25 à 50 francs . . . . . . . . . .   8 jours;
    —      de 50 à 100 francs. . . . . . . . .  15 jours;
    —      de 100 à 500 francs . . . . . . . .   1 mois;
    —      de 500 francs et au-dessus . . . . .  40 jours;
```

17. Prorogation de paiement d'intérêts échus ou à échoir dans les trois mois qui suivront la promulgation du décret pour créances hypothécaires :

```
Pour des payements au-dessous de 100 francs. . . . . . . . . .  1 mois.
   —           —         de 100 à 500 francs. . . . .  3  —
   —           —         de 500 francs et au-dessus. .  6  —
```

18. Prorogation de remboursement des bons du trésor, et dépôts des caisses d'épargne :

```
Pour les sommes de 50 à 100 francs . . . . . . .  15 jours.
    —       de 100 à 500 francs . . . . . .  40  —
    —       de 500 à 1,000 francs . . . . .  90  —
    —       de 1,000 francs et au delà. . .   6 mois.
```

19. Prorogation de paiement des rentiers de l'État et des créanciers de la dette flottante, d'après l'échelle détaillée, art. 17.

20. Prorogation de paiement pour loyers et fermages, des termes échus dans les trois mois de la promulgation du décret, d'après la répartition suivante.

Le paiement des sommes dues sera réparti sur les mois qui suivront l'échéance du terme :

```
Pour une somme de 50 francs et au-dessous.  par moitié;
    —       de 50 à 100 francs. . . .  par tiers;
    —       de 100 à 300 francs. . . .  par quart;
    —       de 300 francs et au-dessus.  par cinquième.
```

21. Prorogation de remboursement pour toutes dettes hypothécaires, obligations sous seing privé non suscepti-

bles de protêt, échues dans les trois mois de la promulgation du décret :

Pour les sommes de 100 francs et au-dessous.	. .	3 mois;
— de 100 à 500 francs	. . . . . .	6 mois;
— de 500 à 2,000 francs.	. . . . .	1 an;
— de 2,000 francs et au-dessus.	. .	2 ans.

22. Prorogation de tous baux et loyers, à la convenance des fermiers et locataires :

et loyers qui n'excèdent pas 300 francs.	. . . . .	1 an;
au-dessus de 300 francs	. . . .	2 ans.

Toutes conventions et stipulations, tous obligations, marchés et contrats, quelles qu'en soient les conditions et clauses, sont réformés de droit, quant à la partie financière et aux conditions de paiement, d'après la teneur du décret.

OBSERVATIONS

La pensée générale de toutes ces réductions, prorogations et retenues, est facile à saisir. Elle consiste à procurer l'augmentation de la richesse générale par la réduction de tous les salaires, comme si la tendance de la société était celle-ci :

Faire travailler tout le monde pour rien, afin que chacun jouisse de tout pour rien.

Ainsi, c'est en demandant à chaque citoyen d'abandonner une partie de son salaire ou revenu que nous augmenterons la somme de son bien-être. Ce système, d'une incomparable simplicité, est le renversement de toutes les idées reçues.

Le travailleur, trompé par des déclamations socialistes et les fausses doctrines politiques, entraîné d'ailleurs par l'exemple du capitaliste et du bourgeois, cherche, sous prétexte d'instruction, le bonheur dans le repos. Il ne sait pas cette première vérité de l'économie sociale, que c'est en travaillant qu'il doit devenir savant.

Il demande de forts salaires, de gros profits, comme le rentier, comme le monopoleur et le propriétaire. Il ne sait pas que l'élévation des salaires est la cause même de la misère.

Comment le saurait-il, au surplus?

D'un côté, les socialistes du Luxembourg ne l'entretiennent que de participation aux bénéfices, comme si, dans l'économie générale de la société, il y avait d'autre bénéfice que celui résultant de la réciprocité du travail. D'autre part les économistes admis dans ce conciliabule font observer que si les salaires venaient à baisser sur une partie du travail national, ils baisseraient bientôt partout, ce qui ne ferait qu'empirer la situation du prolétariat : comme si baisse générale des salaires n'était pas synonyme de richesse générale!

Voilà comme le sophisme aveugle les masses, comme il fait mentir le Peuple, et avorter les révolutions.

La richesse n'a qu'une cause : la réciprocité du bon marché.

La misère en a deux : la hausse générale, ou la baisse partielle.

De ces deux causes de misère, le socialisme soutient la première, l'économisme défend la seconde : tous deux sont d'accord de proscrire le principe unique du bien-être, l'universalité de la baisse.

Il résulte de cette fausse direction des esprits que la tendance générale est,

pour le travail,	à la grève;
pour la valeur,	à la hausse;
pour la richesse,	à la pénurie;
pour le crédit,	à la méfiance

On s'isole, on enfouit son argent, on cache ses valeurs les plus réelles, on cesse de produire de crainte de ne pas vendre : on s'attend, on s'observe les uns les autres; on ne fait rien. La misère, dis-je, a sa cause profonde dans cette tendance funeste, développée, rendue fiévreuse par les soi-disant idées sociales, et en dernier lieu par la complaisance du Gouvernement provisoire...

La mesure que je propose, et qui est le point de départ de l'organisation du crédit, comme de toute l'organisation sociale, est juste, efficace, d'une exécution facile, accompagnée de toutes les garanties.

1º Je dis qu'elle est juste, et de trois manières : d'abord, parce qu'elle n'excepte personne et s'adresse à tout le monde; en second lieu, parce qu'elle rend à chacun autant, au moins, qu'elle lui emprunte; enfin, parce que la réduction croît proportionnellement au revenu, étant plus forte pour le riche que pour le pauvre.

Toute mesure de salut public doit frapper sans distinction toutes les classes de citoyens. C'est ce qu'oublient trop souvent les courtisans du prolétariat, aussi bien que les avocats de la bourgeoisie. L'un demande l'impôt progressif, l'autre l'impôt sur les loyers, un troisième l'impôt sur le revenu. Chacun veut que l'État frappe le voisin en le ménageant lui-même. Accueillez toutes ces demandes intéressées et jalouses, généralisez, et vous êtes dans le vrai.

La justice, qui est l'égalité entre les personnes, est aussi l'égalité dans les choses : de là, le second caractère de justice du projet.

En effet, qui dit réduction de tous les salaires dit réduction de prix sur tous les produits. Or, le rapport des valeurs entre elles ne changeant pas par la mesure proposée, mais seulement l'exposant de la valeur, en d'autres termes, la quantité de travail étant augmentée pour tout le monde, il est évident que si avec une même somme d'argent on obtient une quantité proportionnellement plus forte de produits et de services, un particulier est aussi riche après la réduction avec 75,000 fr. de rente qu'il l'était auparavant avec 100,000.

Il y a donc égalité au moins entre le crédit demandé et

le remboursement offert, par conséquent justice encore sous ce point de vue dans le projet.

Mais la justice ne serait pas satisfaite si la condition de l'ouvrier n'était pas améliorée; et c'est par ce côté surtout que la proposition se recommande.

Le crédit fourni devant être, selon les prévisions les plus probables. de deux milliards cinq cents millions, soit du quart environ de tout le produit national, et conséquemment le prix des services et marchandises réduit en moyenne de 25 p. 100, il s'ensuit que l'ouvrier, qui par la retenue du 20e aura subi sur un salaire de 2 fr. une retenue de 10 centimes, se trouvera aussi riche après l'opération avec 1 fr. 90, qu'il l'eût été auparavant avec 2 fr. 50.

Le propriétaire, dont le capital seul travaille, comme dit Say, ne perd rien; le travailleur, qui n'a que la propriété de ses bras, gagne d'autant plus qu'il est moins rétribué : tel est la loi du travail et du capital.

Vous parlez d'impôt progressif : le voilà trouvé. Toute autre manière d'appliquer cet impôt vous conduit à l'oppression du capital : ce n'est plus, prenez-y garde, un impôt sur le riche; c'est un *veto* sur la richesse.

Vous voulez, comme les Anglais, imposer le revenu. Voilà vos rôles établis. Ordonnez à la fois la réduction de la rente et la réduction du salaire : et vous serez sur le grand chemin du crédit et de la richesse.

J'avertis, au surplus, que ce n'est point par des nivellements de cette espèce que doit s'établir l'égalité entre les hommes. L'égalité n'a rien à faire avec les combinaisons des mathémathiques : l'égalité du revenu, quand même nous pourrions par cette voie y arriver, ne serait que le matérialisme de l'égalité.

2° J'ajoute que la mesure proposée est d'une efficacité sûre, d'un côté, pour faire sortir la richesse; de l'autre, pour augmenter la production.

Sous l'impression de terreur causée par la Révolution, la richesse s'est retirée du corps social, comme le sang qui, chez un homme saisi d'épouvante, reflue vers le cœur. Le crédit est tombé, par suite le travail a été suspendu. Il faut donc forcer les capitaux à revenir ; il faut, pour ainsi dire, mettre le travail dans un bain d'or. Je compare la société à une éponge pleine : posez-la sur un bassin, il reste à sec ; si vous la pressez, le liquide s'échappe, et le bassin s'emplit. Ainsi chaque producteur, capitaliste, rentier, etc., est un des pores de la société, dans lesquels se réfugie la richesse. Serrez l'éponge, le liquide vivifiant vous inonde de toutes parts.

Supposant la moyenne de réduction des revenus et salaires à 20 centimes par jour et par tête, la somme de richesse exprimée au bout d'un an, pour toute la nation, sera d'environ deux milliards cinq cents millions.

C'est donc comme si nous jetions dans la circulation une masse d'écus de deux milliards cinq cents millions : c'est mieux encore. Car si, à la quantité de numéraire existant, on ajoutait une valeur de deux milliards cinq cents millions en espèces, l'or et l'argent subiraient une dépréciation considérable : et le travail, au lieu d'augmenter par cette richesse factice, probablement diminuerait.

Par la mesure que j'indique, au contraire, aucune valeur n'est *dépréciée*, puisque, la réduction étant générale, la proportion ne change pas ; c'est seulement le chiffre servant à exprimer l'unité de valeur qui s'*abaisse*. Je n'ai pas besoin d'insister sur cette différence capitale. Le travail, par conséquent le dividende, s'accroît donc nécessairement ; il s'accroît d'autant que le salaire est moindre : je le démontre en quelque mots.

Le bénéfice des travailleurs, dans cette organisation mutuelliste du crédit, est en raison inverse de leur salaire. Mais, pour qu'ils jouissent de ce bénéfice, il est nécessaire qu'ils travaillent, autant au moins qu'auparavant. S'ils travaillent moins, le bénéfice du bon marché, produit par la réduction, diminue pour eux en progression géométrique ; de même que, s'ils travaillent plus, le bénéfice augmente en progression aussi géométrique.

En effet, l'ouvrier qui aujourd'hui gagne 2 francs par

jour, soit 12 francs par semaine, si dans une semaine il perd une journée, perd 2 francs.

Mais après la réduction des revenus et salaires et la baisse proportionnelle des prix qui y correspond, l'ouvrier qui donne un vingtième de son salaire au crédit, se trouve aussi riche aves 1 fr. 90 qu'il l'était auparavant avec 2 fr. 50.

Si donc cet ouvrier perd une journée, ce n'est pas une valeur de 1 fr. 90 qu'il perd, c'est une valeur de 2 fr. 50; comme aussi, s'il gagne une journée sur la semaine, ce n'est point une valeur de 13 fr. 30 au total qu'il aura gagnée, c'est une valeur de 17 fr. 50.

Il y a donc pour l'ouvrier, avec un salaire moindre, avantage plus grand qu'autrefois à travailler, préjudice plus grand à ne travailler pas; et cet avantage, comme ce préjudice, sont d'autant plus grands que le salaire est plus bas coté sur l'échelle de réduction : tel est l'effet de la proportionnalité du crédit.

La même chose a lieu pour l'entrepreneur. Plus il produit, plus il gagne; et ce qui vaut mieux pour lui, plus il acquiert la certitude de ne jamais perdre, ainsi que je le' démontrerai plus bas, en parlant de la *banque d'échange*.

3º Enfin, l'organisation du crédit que je propose est d'une exécution facile; elle offre aux prêteurs, c'est-à-dire à la totalité des citoyens, toutes les garanties désirables.

Nous n'avons pas besoin, en effet, pour ceci, comme pour l'impôt, de recensement, de statistique, de cadastre, de régie, d'administration, de gendarmes, etc ; ni comme pour la banque, de caisse, de comptoirs, de commis, de directeurs, etc., etc. Tout fermier, locataire, débiteur, fait lui-même la réduction à son créancier, et la porte à son *avoir :* il n'y a pas d'omission à craindre. Tout entrepreneur fera la même chose pour ses ouvriers et ses actionnaires : n'ayez peur qu'il y manque.

Pour ce qui est des salariés de l'État, les commis-caissiers des payeurs s'en chargeront, et la cour des comptes vérifiera. Cela n'ajoutera pas une ligne aux écritures. Or, si toutes les lois de l'État, tous les règlements d'administration, toutes les mesures de gouvernement pouvaient être exécutés de la même manière, sans qu'il en coûtât un centime à l'État et aux citoyens, qu'en dites-vous? aurions-nous besoin de gouvernement? aurions-nous besoin de représentants? et l'anarchie ne serait-elle pas l'idéal de l'ordre?...

Car, remarquez ue chose.

Tout ce que conçoit le Gouvernement provisoire, à l'instar du gouvernement déchu, tout ce qu'il décrète pour le salut de la République, il veut le faire lui-même; il ne laisse rien à notre diligence; il faut que tout passe par ses mains. Si, par exemple, il s'occupe de crédit public, il se fait banquier, il établit un comptoir, il fait faire une caisse, bien ferrée, bien fermée; il la remplit d'écus qu'il prend pour nous les prêter ensuite sous bénéfice d'escompte : il nous fait payer intérêts, commission, perte à la retraite; il s'entoure d'agents, de commis, de parasites sans nombre; il fait si bien par ses menées gouvernementales, qu'au lieu de ce crédit de deux milliards cinq cents millions qui ne coûterait rien, nous aurons à payer à l'État dix millions de frais pour cent millions qu'il fera misérablement rouler dans nos bourses vides.

Jugez, par cet exemple, de ce qu'est le monopole de l'État. L'État fait une retenue sur les traitements des fonctionnaires : ce n'est pas pour qu'elle profite au pays, c'est pour se l'adjuger à lui-même, et payer d'autres employés, de nouveaux tyrannicules. Pour le pays, il n'y a pas économie; il n'a a que déplacement. — L'État frappe une contribution sur le revenu : ce n'est pas pour la répartir entre ceux qui n'ont pas de revenu; la chose serait trop simple, trop peu gouvernementale; il n'y aurait qu'à décréter, comme je le propose, la réduction des intérêts d'argent, des loyers et fermages. L'État s'empare du montant de la taxe pour la dépenser à sa guise, sans profit, sans utilité pour le peuple.

Et ce que le Gouvernement provisoire fait pour le crédit, il s'apprête à le faire pour le travail, pour le commerce, l'industrie, l'agriculture, pour tout! Il nous organisera tellement, si nous le laissons faire, qu'au lieu de nous procurer un crédit de deux milliards cinq cents millions, en ne se mêlant de rien, il nous fera payer, pour se mêler de tout, un budget de deux millards; il fera mainbasse sur la rente, il s'emparera des loyers, fermages, intérêts de capitaux, prêts hypothécaires et actions ; il taxera les entrepreneurs proportionnellement à leurs bénéfices présumés; il augmentera la patente des petits commerçants, fabricants et industriels, d'un droit différentiel pour protéger les ateliers nationaux ; il convertira une nation de travailleurs libres en une nation de fonctionnaires publics; il mangera le produit net et le produit brut, le fonds et le tréfonds; il ne nous laissera que les yeux pour pleurer et le cœur pour le maudire, ce que je lui promets pour ma part, suivant la mesure de son mérite et de mon estime.

II

RÉDUCTION GÉNÉRALE DES PRIX. — ARRÊT DE LA VALEUR.

Toute opération de commerce, toute négociation se balance par *doit* et *avoir :* c'est le principe de la comptabilité, bien connu de tous les gens d'affaires.

Nous avons, par la mesure précédente, décrété le *crédit* général; nous devons, pour être conséquents, pour être justes, décréter le *débit* général.

La nouvelle série de réductions que je propose est donc la corrélative de la précédente; elle n'est pas autre chose que la précédente; mais présentée sous une autre forme, et de manière à rendre, pour chaque producteur et propriétaire, le débit aussi officiel que le crédit.

Ainsi, par l'opération précédente, tous salaires, traitements, revenus, etc., ont été réduits suivant une échelle
de proportion, de manière à satisfaire tous les intérêts, et
ne laisser place à aucune faveur. L'exécution de cette mesure a été confiée à l'intérêt individuel, plus puissant un
million de fois, en matière de crédit, que l'État. Nous
sommes bien sûrs que le fermier ne paiera pas 1,000 fr. à
son propriétaire quand la loi lui ordonne de n'en payer que
750; que l'entrepreneur n'accordera pas 4 fr. à ses ouvriers, quand il lui est adjoint, au nom de la République,
de ne payer que 3 fr. 50 c.

Mais, avons-nous fait observer, cette réduction générale
des revenus et salaires ne peut être juste, qu'autant qu'elle
sera compensée par une réduction équivalente du prix des
produits et des services : il s'agit donc d'assurer cette réduction.

Le moyen est d'*arrêter la valeur*. Je m'explique.

Tout le monde sait que la valeur des produits, dans le
milieu social actuel, est nécessairement instable; elle
oscille perpétuellement tantôt à la hausse, tantôt à la
baisse.

Cette oscillation n'est pas seulement causée par la rareté
ou l'abondance des matières premières : s'il n'y avait pas
d'autre cause d'oscillation que celle-là, on pourrait dire
que la valeur, quoique toujours mobile, est cependant fixe.
Les causes d'oscillation de la valeur qu'il s'agit de détruire,
et qui engendrent le paupérisme, sont l'anarchie du marché, le bon plaisir commercial, en un mot, l'agio.

L'agio, sous toutes les formes, est le mensonge, le père
éternel du mal. C'est à l'agio que nous déclarons la guerre.

Or, à travers les oscillations et soubresauts de la valeur,
se découvre une loi générale, c'est que, par la force du
progrès, la valeur est en baisse insensible et continue.

Cette baisse incessante, irrésistible, je l'appelle *avance*
ou progrès de la valeur; comme la hausse est recul ou
rétrogradation.

Un caractère du progrès de la valeur, est que ses oscilations diminuent constamment d'amplitude, et s'approchent peu à peu d'une moyenne, qui est pour moi la valeur vraie.

En autres termes, il y a tendance dans le mouvement économique à ce que l'avance de la valeur ait lieu d'une manière régulière, et que la rétrogradation soit impossible.

Ces principes posés, je dis que l'opération que nous avons à faire pour compléter la mesure proposée plus haut, est d'ARRÊTER la valeur, c'est-à-dire de la tenir constamment dirigée vers l'avance, de telle sorte qu'elle ne rétrograde plus.

Une pareille opération serait impossible dans toute autre condition que celle où nous sommes placés par la réduction générale. Hors de cette condition, toute tentative pour arrêter la valeur n'aboutirait qu'à un maximum arbitraire, partiel et partial, par conséquent injuste et absurde, aussi nuisible au peuple qu'immoral et faux dans son principe.

Mais, avec la réduction préalable de tous les revenus et salaires, l'État a le droit d'exiger une réduction proportionnelle sur tous les produits et services : par là, il ne fait point de maximum, pas plus qu'il n'entend déterminer avec exactitude la valeur; il ne fait que rendre justice à tout le monde.

Se plaindrait-on d'une loi qui, sans réduction préalable, arrêterait par exemple la valeur de toutes les marchandises à 25 pour cent au-dessus des prix courants établis? Assurément non : une telle précaution semblerait même superflue, puisque, sauf de rares exceptions de monopole, l'immense majorité des marchandises n'oscille pas, en vertu de l'agio, de 25 pour cent en deçà et au delà du prix moyen.

Or, cette opération si simple qu'elle en devient puérile, est pourtant celle que je propose en ce moment, et dont je ferai sortir les plus étonnantes conséquences.

La production de la France devant revenir, EN GÉNÉRAL, par la réduction des revenus et salaires, à 25 pour cent

meilleur marché qu'aujourd'hui, je propose d'arrêter le
prix de commerce, pour. tous les produits et services au
prix de revient du jour qui précédera la promulgation du
décret, soit 25 pour cent, en général, au-dessus du prix de
revient du jour qui suivra la promulgation; la différence
de 25 pour cent entre les deux prix de revient étant laissée
comme latitude à la concurrence et bénéfice aux entre
preneurs.

Voici donc, à peu près, ce que le Gouvernement aurai
à décréter.

L'État, comme tout autre entrepreneur, fait une éco
nomie par la réduction des salaires de ses employés, et pa
la diminution du prix des produits et services qu'il achète
Il nous doit une compensation, et c'est à lui de donne
l'exemple.

Donc,

1. Réduction de 45 centimes sur la contribution fon
cière.

2. Réduction des impôts sur le sel, les boissons, la viande
les postes.

3. Réduction des tarifs de douanes.

A propos de cet article, le Gouvernement devra révise
avec un soin particulier les droits d'entrée sur les céréales
les bestiaux et autres subsistances : l'agriculture étan
exceptée de la réduction générale des prix et salaires, un
garantie doit être donnée aux consommateurs contre l
mauvais vouloir et la coalition des fermiers.

4. Réduction de tous les tarifs de navigation intérieure
au taux uniforme de 3 centimes, dixième compris, pa
tonne et myriamètre, pour les marchandises de premièr
classe, et 1 centime pour celles de seconde.

Pour les mardandises de transit, abolition de toute espèc
de droits.

Il est à ma connaissance personnelle que le transit seu
une fois dégrevé des droits de navigation et de plombag
procurerait au pays un bénéfice de 10 millions.

5. Réduction des droits d'octrois...

Il est inutile que je poursuive cette énumération : l'idée suffit.

L'État, à qui il appartient de donner l'exemple dans cette grande révolution de l'économie sociale, devra réduire l'impôt, suivant que la nature lui en paraîtra plus ou moins onéreuse à la production et aux classes ouvrières, et dans la mesure des économies qu'il doit obtenir par la réduction générale des revenus et salaires comme par l'organisation de la *Banque d'échange*, dont je parlerai tout à l'heure.

Quant à l'industrie et au commerce, la réduction consistera, comme j'ai dit, à arrêter le prix vénal de toute espèce de produit, marchandise ou denrée, en maximum au prix de revient du jour de la promulgation du décret : l'économie obtenue sur ce prix de revient devant être laissée pour bénéfice aux entrepreneurs, et comme latitude à la concurrence.

Pour mieux fixer les idées, prenons un exemple.

Le prix de revient des transports sur le Rhône, de Marseille, Arles, Beaucaire, Avignon, à Lyon, ne dépasse pas, compensation faite de la montée et de la descente, 4 centimes par tonne et kilomètre; — sur la Saône, de Lyon à Gray, 2 centimes; sur les canaux du Centre, de Bourgogne et du Rhône au Rhin, 2 centimes, tous frais d'embarquement, location de bateaux, remorque, halage, assurances, avaries, etc., jusqu'à la rendue à port, compris.

Sur la Seine, la Loire, la Marne, et les autres canaux, les prix sont analogues.

Que l'État arrête donc la valeur, sur cet ordre de services, à 2, 3, 4 centimes par tonne et kilomètre : laissant à la concurrence des entrepreneurs à pousser plus loin la réduction.

Même opération pour les mines.

A Saint-Étienne, le prix de revient de l'hectolitre de houille, rendu sur le carreau de la mine, tous frais, même de comptabilité, redevances des propriétaires tréfonciers, et intérêts d'actions compris, varie, si j'ai bonne mémoire, de 44 à 90 centimes. Le prix de commerce est de 0,75 à 2 francs.

Que le gouvernement arrête la valeur aux chiffres de 70, 75, 90 centimes et 1 franc; la réduction sur le salaire des ouvriers mineurs, les redevances des tréfonciers, etc., etc., étant laissée pour bénéfice, comme pour marge à la concurrence.

Même chose pour les chemins de fer, les entreprises de messageries, roulage, postes, etc. — Le Gouvernement devra se faire présenter les livres d'expédition et grands livrés des compagnies et entrepreneurs, dégager le prix de revient par quintal métrique et pour toute distance, puis, arrêter la valeur.

Tous les corps d'arts, métiers, industries, négoces, etc.. seront soumis à des opérations analogues. Une enquête générale sera ouverte, une statistique commencée, tous les documents publiés, tous les tarifs insérés au *Moniteur*. Chaque commerçant devra avoir dans son magasin le tarif affiché, visé par la chambre du commerce et portant le timbre municipal, des prix de tous les objets dont il fait la vente ou l'échange. De plus, chaque objet devra porter marque, numéro et prix, de manière à ce que l'acheteur voie sur-le-champ le maximum de ce qu'il peut avoir à payer.

L'agriculture seule doit être exceptée de cette mesure générale comme de la précédente. Le Gouvernement se bornera, comme je l'ai dit, à réduire les tarifs de douane dans une proportion de 10 pour cent, afin de laisser à la classe agricole un bénéfice plus large que celui accordé au commerce et à l'industrie.

Les raisons de ce privilège sont : 1° d'améliorer la condition du paysan et de dégrever l'agriculture, fondement de la prospérité publique : 2° d'arrêter l'émigration incessante des travailleurs de la campagne vers les villes, émigration redoutable pour la morale, la sécurité et la richesse publique.

La réforme de l'agriculture ne peut s'opérer comme celle

du commerce et de l'industrie : c'est une œuvre délicate, laborieuse et longue, qui doit être conduite avec prudence et ménagements.

J'avoue maintenant, et très-volontiers, que tout ceci ne crée point encore l'égalité, but suprême de la révolution. Je confesse même que l'on peut me reprocher une espèce de contradiction en ce que, n'admettant en principe d'autre bénéfice que celui qui résulte de la réciprocité de la baisse, je réserve néanmoins une marge de 25 pour cent, en général, aux entrepreneurs.

Je reconnais, dans une certaine mesure, la justesse de ces deux objections.

Mais j'observe que le but que nous nous proposons immédiatement d'atteindre est l'organisation du crédit, la résurrection du travail, le retour de la sécurité, la diminution des charges budgétaires, le bon marché de toutes choses. Je demande si j'ai réussi ?

Quant à l'égalité, qui en elle même exclut tout bénéfice, je répète que ce n'est point avec des combinaisons financières qu'on l'établira ; il faut prendre la question de plus haut, et résoudre des problèmes plus difficiles que celui du crédit et de la circulation. Et puis n'est-il pas déjà visible à tous les regards, que nous sommes sur la grand route de l'égalité ? Faites le bon marché, le bon marché, vous dis-je ; et par ce chemin de traverse, vous toucherez presque à l'égalité matérielle, ombre de l'égalité sociale.

III

BANQUE D'ÉCHANGE.

Le crédit public fondé, le travail ranimé, la valeur arrêtée, il reste à organiser la circulation, sans laquelle la production est absolument comme si elle n'était pas.

Ce point est le sommet de la révolution.

Nous avons chassé le dernier de nos rois; nous avons crié : *A bas la monarchie! Vive la République!* Mais, vous pouvez m'en croire, si déjà ce doute ne vous est venu, il n'y a en France, il n'y a dans toute l'Europe que quelque princes de moins : la royauté est toujours debout. La royauté subsistera tant que nous l'aurons pas abolie dans son expression à la fois la plus matérielle et la plus abstraite, la royauté de l'or.

L'or est le talisman qui glace la vie dans la société, qui enchaîne la circulation, qui tue le travail et le crédit; qui constitue tous les hommes dans un esclavage mutuel.

Il faut donc détruire encore cette royauté de l'or ; il faut républicaniser le numéraire, en faisant de chaque produit du travail une monnaie courante.

Qu'on ne s'effraie point par avance. Je ne viens pas reproduire sous une forme rajeunie les vieilles idées de papier-monnaie, monnaie de papier, assignats, billets de banque, etc., etc., tous ces palliatifs connus, éprouvés, décriés depuis longtemps. Ces représentations sur papier, par lesquelles on croit suppléer à l'absence du dieu, ne sont toutes qu'un hommage rendu au métal, une adoration du métal, toujours présent à la pensée, toujours pris pour évaluateur commun des produits. Entre le papier de crédit que je propose, et le papier de banque ou tout autre analogue, il y a aussi loin qu'entre l'idée de crédit, d'après la théorie de la réduction générale des revenus et salaires, et l'idée de crédit d'après la routine des usuriers.

Remontons au principe.

Sous la tyrannie de l'or, le crédit est, pour me servir d'une expression de code, *unilatéral*: c'est-à-dire que le détenteur de l'or peut seul donner crédit; lui-même ne le reçoit pas.

D'après la loi de réciprocité, au contraire le crédit est *bilatéral*, tout le monde se faisant réciproquement crédit d'une partie de son travail : de là la double réduction que nous avons faite des prix et des salaires.

Créditer, sous le règne monarchique de l'or, c'est PRÊTER.

Créditer, sous le régime républicain du bon marché, c'est ÉCHANGER.

Abordons maintenant le problème de la constitution d'une banque, considérée, non plus comme maison de commerce, mais comme organe du crédit, c'est-à-dire, dans la pensée nouvelle, organe d'échange, organe circulatoire.

Tout le monde sait ce qu'est la lettre de change : Invitation faite par le créancier au débiteur, de payer, à lui ou à son ordre, à tel domicile, à tel lieu, à telle date, telle somme.

Le billet à ordre est l'inverse de la lettre d'échange : c'est la promesse faite par le débiteur au créancier de payer, etc.

« La lettre de change, dit le Code, est tirée d'un lieu « sur un autre. — Elle est datée. — Elle énonce : la somme « à payer, le nom de celui qui doit payer, l'époque et le « lieu ou le paiement doit s'effectuer ; la valeur fournie en « espèces, en marchandises, en compte, ou de toute autre « manière. — Elle est à l'ordre d'un tiers, ou à l'ordre du « tireur lui-même. Si elle est par 1re, 2e, 3e, 4e, etc., elle « l'exprime.

La lettre de change suppose donc *charge*, *provision* et *acceptation*, c'est-à-dire valeur créée et livrée par le tireur, existence chez le tiré des fonds destinés à l'acquitter, et promesse d'acquittement. Quand la lettre de change est revêtue de toutes ces formalités ; qu'elle porte le timbre national ; qu'elle représente un service réel et effectué, une marchandise livrée ; que le tireur et le tiré sont connus et solvables ; qu'elle est revêtue, en un mot, de toutes les conditions qui peuvent garantir l'accomplissement de l'obligation, la lettre de change est considérée comme *bonne valeur ;* elle circule dans le commerce comme papier de banque, comme numéraire. Personne ne fait difficulté de la recevoir, sous prétexte qu'une lettre de change n'est qu'un morceau de papier. Seulement, comme en fin de compte la lettre de change doit, au terme de sa circulation, s'échanger contre du numéraire, avant d'être détruite, elle paie au numéraire une sorte de droit seigneurial, qu'on appelle *escompte*.

Ce qui rend chanceuse en général la lettre de change, c'est précisément cette promesse de conversion finale en numéraire : en sorte que l'idée de monnaie, comme une royauté corruptrice, vient encore infecter la lettre de change, et lui ôter de sa certitude.

Or, tout le problème de la circulation consiste à généraliser la lettre de change, c'est-a-dire à en faire un titre anonyme, échangeable à perpétuité, et remboursable à vue, mais seulement contre des marchandises et des services.

Ou, pour parler un langage peut-être mieux compris de la finance, le problème de la circulation consiste à *gager* le papier de banque, non plus par des écus, ni par des lingots, ni par des immeubles, ce qui ne peut toujours produire qu'une oscillation malheureuse entre l'usure et la banqueroute, entre la pièce de cinq francs et l'assignat : mais à le gager par des *produits*.

La est l'avenir de la Révolution, la consommation de la République

Voici comment je conçois cette généralisation de la lettre de change.

100,000 fabricants, manufacturiers, extracteurs, négociants, commissionnaires, entrepreneurs de transports, agriculteurs, etc., dans toute la France, se réunissent à l'appel du Gouvernement, et par simple déclaration authentique, insérée au *Moniteur*.

Ils s'engagent respectivement et réciproquement à adhérer aux statuts de la Banque d'échange, qui ne sera autre que la Banque de France elle-même, dont la constitution et les attributions devront être modifiées sur les bases ci-après:

1. La Banque de France, devenue Banque d'échange,

est une institution d'intérêt public. — Elle est placée sous la surveillance de l'État, et dirigée par des délégués de toutes les industries.

2. Chaque souscripteur aura un compte ouvert à la banque d'échange, pour l'escompte de ses valeurs de commerce, jusqu'à concurrence d'une somme égale à celle qui lui aurait été accordée dans les conditions de l'escompte en espèces; c'est-à-dire, dans la mesure connue de ses facultés, des affaires qu'il traite, des garanties positives qu'il présente, du crédit réel dont il aurait pu raisonnablement jouir sous l'ancien système.

3. L'escompte du papier ordinaire de commerce, soit des traites, mandats, lettre de change ou billets à ordre, sera fait en papier de crédit, à la coupure de 25, 50, 100, 500 et 1,000 fr. Les appoints seuls seront acquittés en numéraire.

4. Le taux de l'escompte est fixé à   pour cent, commission comprise sans distinction d'échéance. Avec la Banque d'échange les affaires se règlent toutes au comptant.

5. Chaque souscripteur s'oblige à recevoir en tout paiement, de quelque personne que ce soit, et au pair, le papier de la Banque d'échange.

6. Provisoirement, et comme transition, les espèces d'or et d'argent seront reçues en échange du papier de la Banque, pour leur valeur nominale.

Est-ce là un papier-monnaie?

Je réponds sans hésiter : Non, ce n'est ni un papier-monnaie, ni une monnaie de papier, ni un bon de l'État, ni même un billet de banque ; ce n'est rien de tout ce que l'on a inventé jusqu'ici pour suppléer à la rareté du numéraire. C'est la lettre de change généralisée.

Ce qui fait l'essence de la lettre de change, c'est : 1o d'être tirée d'un lieu sur un autre ; 2o de représenter une valeur réelle égale à la somme qu'elle exprime ; 3o la promesse ou obligation, de la part du tiré, de payer à l'échéance.

En trois mots, ce qui constitue la lettre de change, c'est le *change*, la *provision* et l'*acceptation*.

Quant à la date d'émission ou d'échéance, à la désignation des lieux, des personnes, de l'objet, ce sont circonstances particulières qui ne touchent point à l'essence du titre, mais qui lui donnent seulement une actualité déterminée, personnelle et locale.

Or, qu'est-ce que le papier de banque que je propose de créer ?

C'est la lettre de change dépouillée des qualités circonstancielles de lieu, de date, de personne, d'échéance et d'objet et réduite à ses qualités essentielles, qui sont le *change*, l'*acceptation* et la *provision*. .

C'est, pour m'expliquer plus clairement encore, la lettre de change payable a vue et à perpétuité; tirée de chaque lieu de France, formée par 100,000 tireurs, garantie par 100,000 endosseurs, acceptée par 100,000 souscripteurs, ayant provision dans les comptoirs, fabriques, manufactures, etc., de 100,000 négociants, fabricants, manufacturiers, entrepreneurs, etc., etc.

Je dis donc qu'un pareil titre réunit toutes les conditions de solidité et de sécurité, qu'il n'est susceptible d'aucune dépréciation.

Il est éminemment solide, puisque, d'une part, il représente le papier ordinaire de change, local, personnel, actuel, déterminé dans son objet, et représentatif d'une valeur réelle, d'un service effectué, d'une marchandise livrée, ou dont la livraison est garantie et certaine; et que d'un autre côté, il est garanti par contrat synallagmatique de 100,000 échangistes, lesquels, par leur masse, l'indépendance et en même temps la solidarité de leurs opérations, offrent des millions de millards de probabilité de paiement contre une de non-paiement. L'or lui-même présente mille fois moins de sûreté,

En effet, si dans les conditions ordinaires du commerce l'on peut dire qu'une lettre de change, formée par un négociant connu n'offre que deux chances de remboursement contre une de non-remboursement; la même lettre de change, si elle est endossée par un autre négociant connu, offrira quatre chances de paiement contre une; si elle est endossée par trois, quatre ou un plus grand nombre de négociants également connus, il y aura huit, seize, trente-deux, etc., à parier contre un, que trois, quatre, cinq, etc., négociants connus, ne feront pas faillite à la fois, ne déposeront pas leur bilan le même jour, les chances favorables croissant en progression géométrique avec le nombre des endosseurs. Quelle doit donc être la certitude d'un papier de change garanti par 100,000 souscripteurs notables ayant tous le plus grand intérêt à faire circuler le papier de change synallagmatiquement formé par eux ?

J'ajoute que le nouveau titre n'est susceptible d'aucune dépréciation. La raison en est d'abord dans la parfaite solidité d'une masse de 100,000 signataires. Mais il en existe une autre, plus directe, et, s'il est possible, plus rassurante : c'est que l'émission du nouveau papier ne peut JAMAIS être exagérée, comme celle des billets ordinaires de la Banque, bons du Trésor, papier-monnaie, assignats, etc.; attendu que cette émission n'a lieu que contre *bonnes valeurs* de commerce, et a fur et mesure des demandes d'escompte.

Ce qui fait l'incertitude du papier-monnaie, quelque nom qu'on lui donne, c'est qu'il lui manque toujours quelqu'une de ces trois qualités essentielles, la limitation ou le gage, l'acceptation, la réalisation.

Ainsi, pour les billets de banque, on n'est jamais sûr que la somme de l'émission ne dépasse point celle de l'encaisse. C'est ce qui arrive, aujourd'hui que le gouvernement a forcé le cours des billets de Banque. Ce n'est plus la Banque, en ce moment, qui donne crédit : elle le reçoit. Ses billets ne sont que de simples reconnaissances; ils n'ont ni acceptation ni gage.

Quant aux espèces de papier-monnaie qu'on propose de gager sur le sol, leur moindre défaut est d'être irréalisables, par conséquent gagées sur rien. Supposons, en effet. que l'État avec ou sans le consentement des propriétaires, émette deux ou trois millards de papier-monnaie, ayant pour hypothèque le territoire national : puis qu'un porteur de billets veuille réaliser, c'est-à-dire encaisser son papier, avoir, au lieu du titre, la valeur. Comment se fera un pareil remboursement? Comment procéder, entre 40 millions d'hectares, à l'expropriation d'un arpent?... L'État, dit-on, au lieu de la propriété, verse l'intérêt. Bon, si l'impôt n'était pas en progression continue; si l'État pouvait subvenir toujours à cet intérêt; si l'extrémité où la nation est réduite n'était pas le signe de sa prochaine déconfiture; s'il n'était pas évident, excepté pour les spéculateurs banquistes, qu'à la moindre secousse, les contribuables feront défaut à l'État, et par suite l'État aux porteurs de billets!...

On parle de mobilisation du sol! En vérité, si ce n'est pas de l'effronterie, c'est à coup sûr de l'imbécillité.

Le papier des comptoirs de garantie, qu'on a rendu circulable par le moyen de l'endos, rentre dans la même catégorie. C'est une manière de reconnaissance du Mont-de-Piété, excellente pour faire l'agiotage et l'usure ; ce n'est point ce qu'on nomme dans le commerce une *valeur faite*, acceptée, et par conséquent intégralement remboursable.

Dans la combinaison que je propose, le papier, signe de crédit et instrument de circulation, nanti sur le meilleur papier de commerce, qui lui-même représente des produits *livrés*, et non pas des marchandises *invendues*; ce papier, dis-je, ne peut jamais être en excès d'émission, puisqu'il ne se délivre que contre valeurs; jamais être refusé au paiement, puisqu'il est d'avance souscrit par la masse des producteurs.

Ce papier, enfin, offre d'autant plus de sécurité, de commodité, qu'on peut l'essayer, avec aussi peu de monde qu'on voudra, sans la moindre violence, sans le moindre péril.

Supposons pour cela que la banque d'échange fonctionne d'abord sur une base de 1,000 souscripteurs au lieu de 100,000 : la quantité de papier qu'elle émettra sera proportionnée aux affaires de ces 1,000 souscripteurs', et négociable seulement entre eux. Puis, à mesure que de nouvelles adhésions se feront connaître, la proportion des billets sera comme 5,000, 10,000, 50,000, etc., et leur circulation croîtra avec le nombre des souscripteurs, comme une monnaie à eux particulière. Lorsque enfin la France entière aura adhéré aux statuts de la nouvelle banque, l'émission du papier sera égale, à chaque instant, à la totalité des valeurs circulantes.

Une comparaison familière achèvera de donner l'intelligence de ce mécanisme.

Vingt personnes se réunissent dans une maison pour jouer. Au lieu de déposer argent sur table, elles se servent de jetons qui leur sont délivrés par le chef de l'établissement, soit contre espèces, soit contre signature, si le joueur est d'une solvabilité reconnue. La partie finie, les jetons sont remboursés aux porteurs par le banquier, de manière que les joueurs n'ont point entre eux à régler de compte. Dans ce petit cercle, les jetons, garantis par le banquier, lequel est lui-même garanti par les sommes qu'il reçoit ou par des signatures solides, sont une vraie monnaie.

La banque d'échange remplit le même office que le chef de l'établissement dont je parle.

Par son intermédiaire, les 100,000 négociants sont entre eux comme les vingt joueurs que je suppose. — Au lieu de jetons ou d'espèces, la banque leur delivre des billets. — Ces billets sont représentatifs de bonnes valeurs de commerce, c'est-à-dire de produits, remboursables par conséquent en produits. — Ils se sont délivrés à chaque négociant que proportionnellement à la somme d'affaires régulières qu'il peut notoirement effectuer, c'est-à-dire comme produits *livrés*, ou au moins *acceptés*, ce qui exclut l'idée d'une production anormale, disproportionnée, intempestive.

Je ne crois pas qu'il soit besoin d'insister davantage ; les hommes du métier saisiront sans peine ma pensée, et suppléeront d'eux-mêmes les détails d'exécution.

Pour le vulgaire, qui n'en juge que sur l'aspect matériel, rien de plus semblable à un assignat qu'un billet de la banque d'échange. Pour l'économiste, qui va au fond de l'idée, rien de plus différent. Ce sont deux titres qui, sous la même matière, la même forme, la même dénomination, servant au même usage, sont en opposition diamétrale.

L'un, en effet, est l'expression du crédit unilatéral;

L'autre est l'expression du crédit réciproque.

Le premier a pour gage l'or, l'argent, le sol, la promesse de l'État; le second s'appuie sur le PRODUIT.

Celui-là représente le commerce anarchique et monopoleur; celui-ci l'échange égal, le commerce solidaire.

C'est cette idée qu'ont poursuivie avec tant d'opiniâtreté Law, Ricardo et tous les économistes qui ont cherché à résoudre le problème de la circulation et du crédit; mais qui, prenant toujours le métal pour étalon de la valeur, cherchant leur gage tantôt dans le numéraire, tantôt dans le capital d'exploitation, s'appuyant tour à tour sur le sol et sur l'État, ne sont parvenus qu'à reproduire, sous des formes plus ou moins déguisées, l'idée de papier-monnaie, en un mot l'assignat, et à organiser la banqueroute.

IV

CONSÉQUENCES ET ÉTABLISSEMENT DE LA BANQUE D'ÉCHANGE

1. Dépréciation et suppression des monnaies d'or et d'argent.
2. Débouché sans limite.
3. Abolition des impôts.
4. Abolition des douanes.
5. Remboursement de la dette publique et des créances hypothécaires.
6. Transformation de la propriété.
7. Annihilation du gouvernement, etc., etc., etc.

Par un premier décret, je propose de faire sortir la richesse cachée et de créer instantanément dans le pays un crédit mutuel de deux milliards cinq cents millions, en réduisant tous les revenus et salaires.

Par un autre décret, je propose de rembourser aussitôt le crédit demandé, de frapper l'agio dans sa source, et de produire partout le bon marché, qui est la richesse même, en arrêtant la valeur, et limitant au prix de revient du jour qui précédera la promulgation du décret, le prix vénal de tous les produits et services.

Par un troisième décret, enfin, je propose d'organiser de suite une circulation sans exemple dans les fastes du commerce, de doubler la masse des affaires, et de rendre à jamais impossible le retour des crises financières, en organisant une banque d'échange, d'après les principes constitutifs de la lettre de change.

L'ensemble de ces trois projets serait en même temps la reconnaissance officielle, comme loi de l'État, du grand principe de réciprocité qui gouverne l'univers, et la première application libre et raisonnée de ce principe.

Les conséquences de cette application, comme tout développement scientifique, vont a l'infini. Elles semblent, même, pour nos yeux infirmes, à qui des ténèbres perpétuelles et l'aspect constant de la misère ont rendu insupportables l'éclat du jour et la vue de l'ordre, avoir quelque chose de monstrueux. Aussi, je prie le lecteur de considérer ce qui précède et ce qui me reste à lui dire avec sa raison seule, et d'écarter toute image qui ne pourrait que troubler son jugement. Car, pour l'imagination, les choses dont je ne puis, dans ce programme, que découvrir une faible partie, sont effrayantes.

1. La première conséquence de l'organisation du crédit mutuel et de l'établissement de la Banque d'échange est l'*abrogation du numéraire*; l'or et l'argent, redevenus simples marchandises, renvoyés à la cuisine, ne servent que comme appoint des sommes au-dessous de 25 fr.

Ainsi l'industrie banquière est de fait comme de droit supprimée; le règne de la finance est à sa fin. Le retrait du numéraire par les capitalistes aura été le dernier acte de cette autre fiction constitutionnelle, qui n'avait de durée que par la préoccupation des esprits.

Deux milliards de numéraire mis à la réforme, les matières d'or et d'argent refluent vers les industries qui les exploitent ; la valeur des deux métaux baisse dans le rapport de la quantité employée en numéraire à celle employée dans l'industrie, c'est-à-dire de 20, 25, 30 p. 100, selon que la masse métallique servant de monnaie sera le 1/5, le 1/4, le 1/3 de celle existant en bijoux, service de table, etc. Supposant cette réduction de valeur, pour l'argent, d'un 5e, et pour l'or, d'un 10e, la différence, ou le bénéfice obtenu au pays, après deux ans de réforme, par la moins-value des métaux précieux, sera pour 2 milliards 380,000,000

Une autre économie sera celle de l'intérêt payé aux banquiers, usuriers, vendeurs d'argent, pour l'escompte. Supposant la circulation annuelle du pays de 4 milliards par an, (la Banque de France, à elle seule, faisait 1,800 millions d'escomptes), la moyenne de l'escompte, tous frais compris, à 6 p. 100 : l'économie au total sera, par année. 240,000,000

Je dis économie, bien que la Banque d'échange prélève un escompte sur les valeurs de commerce, parce que le produit de la Banque d'échange restant la propriété des souscripteurs, et ne passant plus dans les mains d'une caste de capitalistes parasites, vivant sans travail du sang et de la graisse du pays, il y a vraiment, pour la production et la consommation générale, économie de la totalité des intérêts et commissions payés auparavant pour l'escompte.

Enfin, avec la Banque d'échange, plus de protêts, de comptes de retour, plus de faillites ; soit sur 250,000 négociations nulles ou litigieuses, et 4,000 faillites liquidées a 20,000 fr. en moyenne. 80,000,000

Au total, pour ce premier chef, économie de 700,000,000

Je passe sous silence l'improductivité des banquiers, usuriers, huissiers, arbitres de commerce, et autres parasites vivant, comme une armée de courtisans, autour de cette oyauté de l'or. Je ne porte en compte que les économies positives.

2. *Extension du débouché.*

La suppression du numéraire creuse au travail un débouché sans fond. Car, chose remarquable et point du tout remarquée, l'or, qu'on se figure comme la clef du commerce, n'en est que le verrou. L'or est à l'échange ce que Napoléon était à la liberté. Quand la liberté fut dispensée aux citoyens par cette main impériale, la liberté n'exista plus. L'or joue à l'égard de la circulation précisément le même rôle. C'est une sentinelle placée à l'entrée du débouché, et dont la consigne est : *On ne passe pas !*

Si, comme je pense l'avoir démontré, le crédit c'est l'échange, il s'ensuit d'abord que tout entrepreneur ayant besoin de crédit, au lieu de s'adresser à l'homme d'argent, s'adressera immédiatement à la consommation et à la production. Il s'adressera à la consommation, afin d'en obtenir des commandes; puis sur la foi, sur le crédit de ses commandes, il ira trouver le producteur des matières, instruments ou services dont il a besoin, recevra ses fournitures, et le couvrira en lettres de commerce qui seront converties par la Banque, sous les précautions ordinaires, en papier de change. Ainsi, le véritable commanditaire est le consommateur : entre lui et le nouvel entrepreneur, l'entremise de l'homme d'argent n'est plus nécessaire; des produits, dont les uns sont réalisés, et les autres réalisables dans un avenir plus ou moins éloigné, s'échangent immédiatement, sans entremetteur, sans usure, par la simple constitution de l'échange : chose impossible aujourd'hui, sous la royauté prohibitive du numéraire. L'entrepreneur n'a plus à s'occuper de l'argent; il ne s'agit pour lui que d'établir sa propre productivité, autrement dire l'acceptabilité de ses produits.

Une immense facilité est ainsi donnée aux entrepreneurs, soit pour s'établir, soit pour développer leurs entreprises, soit enfin pour réparer leurs échecs, ou se relever de leurs sinistres. Or, rendre les entreprises plus faciles, moins onéreuses, moins risquables, c'est déjà ouvrir à la production un vaste débouché, puisqu'en dernière analyse, au point de vue de l'être collectif, production et consommation sont synonymes.

Une autre cause vient rendre le débouché encore plus large, et l'étendre à l'infini.

De même que, dans le nouveau système, crédit c'est échange, de même échange, c'est richesse. En effet, le jour où la circulation des produits deviendra de plus en plus régulière, active et pleine ; ce jour-là, le producteur, n'ayant aucun souci de l'avenir, ne thésaurisera plus : l'ouvrier, sachant qu'il a dans la paume de sa main une source de richesse, au lieu de faire des épargnes, dépensera. Acheter pour lui, ce sera économiser. Le capital, dans le régime du crédit réciproque, ne se forme plus par l'épargne, mais par l'échange. Accumuler des billets de crédit semblera une aussi grande duperie que d'avoir du pain et de ne pas manger ; du vin, et de n'en pas boire ; des vêtements, et d'aller tout nu ; un logement superbe, et de coucher à l'écurie. La caisse d'épargne, cette fondation pieuse de la vieille philanthropie, paraîtra alors ce qu'elle est en réalité, le fléau du commerce, le monument de la misère, l'abomination de la désolation de ce corps social.

La demande croissant indéfiniment avec les moyens de production, avec les facilités de la circulation, le besoin de bien-être et de luxe, l'offre du travail sera toujours au dessous de la demande ; la production, auparavant toujours excessive (puisque, malgré la misère générale, le commerce ne trouvait pas de placement), sera au contraire toujours insuffisante.

Vous voulez, pour augmenter le produit, organiser le travail, rendre le travail attrayant !

Creusez le débouché ; faites le vide dans le vaisseau circulatoire : et comme l'eau se précipite sous le piston, la production affluera à l'appel de la demande.

Ainsi, le rapport de l'offre et de la demande étant interverti, les chômages deviendront impossibles. En calculant sur une moyenne de 50 jours de chômage par an, pour 6 millions de travailleurs, au salaire moyen de 2 fr. par jour, le bénéfice annuel obtenu de ce second chef sera de 600,000,000.

3. *Abolition de l'impôt.*

On a vu plus haut comment, par suite de la réduction des revenus et salaires, l'Etat devant réduire dans la même mesure le prix de ses services, le budget se trouvait déjà en voie de dégrèvement. Mais ce dégrèvement de l'impôt étant en raison de la baisse de prix du travail général, la proportion n'est pas changée. La charge du budget paraît moins lourde : au fond, elle n'est pas diminuée. Il s'agit donc de rendre la réduction de l'impôt non pas proportionnelle, mais progressive, c'est-à-dire, de la faire marcher en raison diamétralement inverse de la richesse publique, le maximum de richesse répondant à zéro de contribution.

L'abolition de l'impôt aura lieu par deux causes : 1° par la conversion, au moyen de la banque d'échange, de toutes les espèces d'impôt en un escompte sur le papier du commerce ; 2° par la simplification politique et administrative.

Je vais, en peu de mots, donner l'idée de cette double opération.

On impose, ou l'on parle d'imposer :

1. La terre (tantôt selon le produit, tantôt selon la superficie);

2. Les maisons (suivant la superficie et le nombre des ouvertures);

. 3. Le logement;

4. Le mobilier;

5. La domesticité;

6. Les personnes;

7. Les capitaux;

8. Les produits des capitaux;

9. La consommation,

10. La circulation;

11. La fabrication ;
12. La publicité ;
13. La vente et l'achat ;
14. L'exportation ;
15. L'importation ;
16. Les successions ;
17. Les mutations ;
18. Les contrats et obligations ;
19. Le prêt ;
20. La rente ;
21. Le change ;
22. Le travail ;
23. Le luxe ;
24. L'assurance ;
25. L'association ;

J'en oublie, sans doute ; mais il n'est pas possible de tout se rappeler.

Or il n'y a, dans la société, qu'une seule chose imposable, et c'est la seule que le fisc ait constamment oublié d'exprimer : c'est le PRODUIT.

Il est constant que l'impôt n'est, ne peut être qu'un prélèvement sur le produit du travailleur collectif : aussi toutes les formes d'impôt se ramènent-elles en définitive au produit. Mais, admirez la puissance des termes ! parce que l'État n'a jamais su généraliser la forme de l'impôt, ni son idée, ni son assiette, ni sa base, l'impôt a été, sous tous les régimes, sous la féodalité, la royauté, la bourgeoisie, l'expression constante de l'inégalité. Il fallait, pour nous affranchir de cette autre tyrannie, une révolution.

J'ai dit, en exposant le principe de la Banque d'échange, que l'escompte du papier de commerce serait fait en papier de crédit. sous déduction de 2, 3, 4, 5, etc., p. 100.

Ce produit des escomptes de la nouvelle Banque, qui remplace les intérêts et commissions autrefois payés aux banquiers et détenteurs du numéraire, est le prix naturel de la fonction circulatoire, fonction qui, dans les vrais principes républicains, n'appartient à aucun individu, à aucune compagnie. C'est la *fonction sociale* par excellence : elle est remplie par les délégués de toutes industries, sous la protection et la surveillance de l'État, mais indépendamment de l'État.

Le prix que paie chaque négociant et entrepreneur pour la circulation de ses produits, soit le produit des escomptes, voilà le revenu de l'État, voilà le budget.

Le taux de l'escompte varie donc suivant les besoins du service public ; de plus, chaque produit industriel, commercial, agricole, scientifique, etc., devant un jour, lorsque la République sera définitivement constituée, entrer, de façon ou d'autre, dans le torrent circulatoire, l'impôt se trouvera réparti de la manière la plus équitable, la plus juste, la moins vexatoire, la plus économique, et la perception ne coûtera RIEN ! Enfin, la Banque étant en compte courant avec les diverses administrations, avec les communes, comme avec les simples fabricants, le ministère des finances devient superflu ; les octrois sont supprimés, la dette flottante et les bons du Trésor sont abolis.

Je suppose donc, pour les débuts, le taux de l'escompte à la Banque fixée à 5 p. 100 ; le revenu de l'État, sur un ensemble d'opérations que l'on peut porter sans exagérer à 6 milliards, sera de 300 millions. C'est donc un dégrèvement de 300 millions que l'État aura à opérer sur les patentes, licences, impôts sur le sel, les boissons, le timbre, etc., a la grande satisfaction des producteurs et consommateurs, qui préféreront, sans nul doute, payer un fort escompte, et être affranchis de toutes les tracasseries et vexations de l'impôt, comme de la férule des banquiers et capitalistes.

Mais cette réduction de 300 millions sur le budget n'exprime pas, s'il en faut, tout le bénéfice obtenu par cette affectation des produits de la Banque aux charges de l'État.

Le ministère des finances, avons-nous dit, est en entier supprimé : économie,   18,000,000

Les impôts du timbre, de l'enregistrement, des domai-

nes ; la régie, les octrois, sont abolis ; économie de personnel et matériel, etc.,   50,000,000

La moitié enfin du budget disparaît par les réductions et
simplifications analogues, dont le détail ne peut trouver
place dans ce prospectus. Je me bornerai à indiquer les
suivantes :

4. *L'abolition des douanes*, et par suite l'abolition du ministère des affaires étrangères, est une autre conséquence
de l'établissement de la Banque d'échange.

Le problème du commerce extérieur consiste, comme
l'on sait, à balancer l'échange entre les nations, de manière que, par l'inégalité de l'échange et par le solde en
numéraire qui en résulte, aucune nation ne puisse être
dépouillée de son capital et frappée dans son industrie, et
que cependant le commerce soit libre. L'établissement des
douanes, purement fiscal à l'origine, a pour objet de maintenir, avec plus ou moins de succès, l'équilibre des échanges. Mais avec la douane, la liberté est entravée d'une
façon vexatoire ; et l'industrie nationale, qu'il s'agit de
protéger, est grevée de frais énormes. En France, le
budget de la douane ne s'élève pas à moins de 26 millions ;
soit, en supposant la moyenne du droit différentiel imposé
aux produits de l'étranger pour la production du travail
national à 25 p. 100 de la valeur moyenne dudit travail,
104,000 travailleurs qui seraient aussi bien protégés si la
douane n'existait pas.

Or, avec le nouveau papier de crédit toutes les barrières
deviennent inutiles. Car, puisque ce papier, seule monnaie
nationale, a pour gage unique le produit ; qu'il n'est remboursable, comme je le démontrerai plus amplement ailleurs, qu'en produits, il est clair que l'étranger qui accepte
ce papier ne fait qu'échanger ses produits contre les nôtres ;
par conséquent la balance entre l'importation et l'exportation est toujours et nécessairement égale. Ce n'est plus
alors à l'importateur à se prémunir contre le bon marché
des produits exotiques, c'est à l'exportateur à consulter ses

propres besoins. Le rapport est renversé, et tous les intérêts sont à couvert.

Je ne crains pas de le dire : là est toute la politique de
l'avenir. Le crédit une fois organisé sur cette base chez les
différents peuples, le commerce international a sa balance
toujours juste ; l'industrie de chaque nation est inviolable ;
les questions de territoire, de colonies, de priviléges com-
merciaux, etc., etc., tombent ; les causes de guerres sont
anéanties dans leurs sources ; la paix partout. la paix toujours, est une situation forcée. La diplomatie n'est presque
plus qu'une affaire de change, qui se règle sans courriers
ni ambassadeurs. Le ministre des affaires étrangères est
un adjoint au chef de comptabilité de la Banque ; avec le
budget de la douane, disparaît aux trois quarts celui de
l'étranger. La République des nations est constituée sans
congrès, sans plénipotentiaires, sans conseil des Amphic-
tyons. Donc économie sur le budget de ce double chef,
40 millions.

5. Un résultat non moins grave est le remboursement
de la *dette publique*.

Le système représentatif, aussi incapable de vivre sans
faire de dettes qu'impuissant à les payer, avait fini par
prendre la maladie pour la santé : il prétendait qu'il était
utile à un gouvernement, nécessaire au bon ordre d'une
société, d'avoir une dette publique. La dette publique, en
France, est de près de six milliards, soit, en y comprenant le fonds d'amortissement, un intérêt annuel de
291,287,951 fr.

Rien de plus simple, de plus facile, de moins onéreux
pour le pays, que le remboursement de cette dette L'opération consisterait, par exemple, à payer aux rentiers.
chaque année, pendant six ans, en papier de crédit, une
annuité d'un milliard, ce qui revient à cette proposition
que tout économiste doit trouver satisfaisante au dernier
point : *Augmenter annuellement, pendant six années consécutives, par le remboursement des rentiers, la demande
de travail de un milliard.*

En élevant un peu le taux de l'escompte, la rentrée des billets se ferait vite; le remboursement se trouverait, comme l'impôt, réparti avec une égalité mathématique et proportionnellement aux fortunes, sans aucun frais de perception ni de recensement. Ainsi, point de banqueroute; point de conversion, c'est encore la banqueroute; point d'impôt progressif sur la rente, c'est toujours la banqueroute. Le remboursement au pair, et avec intérêt, à cause des annuités.

De pareilles combinaisons n'ont pas besoin d'apologie.

C'est au moyen de procédés analogues que nous effectuerions le remboursement de toutes les créances hypothécaires, dont la masse surpasse la dette de l'État.

C'est par le même principe de réciprocité que nous arriverions, sans communisme, sans loi agraire, sans terreur, du plein gré de tous les citoyens, à la satisfaction de la bourgeoisie comme du prolétariat, et en augmentant constamment la fortune publique et le bien-être des familles, à la *transformation de la propriété*, *à l'anarchie positive*, en un mot, à la réalisation de la devise républicaine, *Liberté, Égalité, Fraternité*. Ici les économies, le surcroît de richesse, se comptent par centaines de millions.

Alors nous aurions le temps de songer aux fermes modèles, aux essais de communauté et de phalanstère, à l'association ouvrière, à l'organisation du travail, à notre constitution politique. Nous discuterions à loisir, sans faire ombrage à la justice et à la conscience, sans blesser la liberté, sans compromettre l'avenir et sans manquer à nos traditions, la réforme pénale, la réforme religieuse, la réforme universitaire, la réforme de l'armée, et toutes les réformes possibles.

Nous résoudrions toutes les contradictions économiques; nous émanciperions le travail et soumettrions le capital; et le travailleur et le capitaliste seraient satisfaits tous deux, et contents l'un de l'autre.

Mais je ne puis tout dire : je ne puis même tout prévoir. Je ne suis pas fâché, d'ailleurs, après avoir montré le principe et indiqué les applications les plus immédiates, le laisser le champ libre à l'esprit de mes lecteurs. La science est infinie ; la carrière ne peut être fournie par un seul homme, et l'avenir est à tout le monde.

J'ai jeté dans le monde, il y a huit ans, cette parole devenue fameuse : *La propriété, c'est le vol !*

Ce fut un scandale pour la monarchie constitutionnelle ; maintenant c'est l'effroi de la République.

J'entends que ce soit le salut de la République.

La propriété est la non-réciprocité, et la non-réciprocité est le vol. J'ai, pour appuyer ma thèse, l'exploitation de l'homme par l'homme, j'ai l'expérience de la misère pendant six mille ans.

Mais la communauté est aussi la non-réciprocité, puisqu'elle est la négociation des termes adverses : c'est encore le vol.

Entre la propriété et la communauté, je construirai un monde.

Citoyens, nous avons à choisir neuf cents législateurs, dont la prudence décidera de la vie ou de la mort de la civilisation. Tout candidat qui refusera de souscrire aux principes énoncés dans ce programme, tenez-le pour incapable ou pour suspect.

BANQUE D'ÉCHANGE

PRÉFACE

En 1846, M. Proudhon terminait ainsi la conclusion de son grand ouvrage, le *Système des contradictions écono-miques, ou Philosophie de la misère* :

« Si je ne me trompe, le lecteur doit être maintenant
« convaincu d'une chose, c'est que la vérité sociale ne peut
« se trouver ni dans l'utopie ni dans routine ; que l'écono-
« mie politique n'est point la science de la société, mais
« qu'elle contient les matériaux de cette science, de la
« même manière que le chaos, avant la création, contenait
« les éléments de l'univers; c'est que, pour arriver à l'or-
« ganisation définitive qui parait être la destinée de notre
« espèce sur le globe, il ne reste plus qu'a faire équation
« de toutes nos contradictions.

« Mais quelle sera la formule de cette équation ?

« Déjà il nous est permis de l'entrevoir : ce doit être une
« loi d'*échange*, une théorie de mutualité, un système de
« garantie qui résolve les formes anciennes de nos sociétés
« civiles et commerciales, et satisfasse à toutes les condi-
« tions d'efficacité, de progrès et de justice, qu'a signalées

« la critique; une société non plus conventionnelle, mais
« réelle : qui change la provision parcellaire en instrument
« de science ; qui abolisse la servitude des machines et pré-
« vienne les crises; qui fasse de la concurrence un bénéfice
« et du monopole un gage de sécurité pour tous; qui, par
« puissance de son principe, au lieu de demander crédit au
« capital et protection à l'État, soumettre au travail le
« capital et l'État; qui, par la sincérité de l'échange, crée
« une véritable solidarité entre les peuples; qui, sans
« interdire l'initiative individuelle, sans prohiber l'épargne
« domestique, ramène incessamment à la société les
« richesses que l'appropriation en détourne; qui, par ce
« mouvement de *sortie* et de *rentrée* des capitaux, assure
« l'égalité politique et industrielle des citoyens, et par un
« vaste système d'éducation publique, procure, en élevant
« toujours leur niveau, l'égalité des fonctions et l'équiva-
« lence des aptitudes; qui, par la justice, le bien-être et la
« vertu, renouvelant la conscience humaine, assure l'har-
« monie et l'équilibre des générations; une société, en un
« mot, qui, étant tout à la fois organisation et transition,
« échappe au provisoire, garantisse tout et n'engage rien.

« La théorie de la *mutualité* ou du *mutuum*, c'est-à-dire
« de l'échange en nature, dont la forme la plus simple est
« le prêt de consommation, est, au point de vue de l'être
« collectif, la synthèse des deux idées de propriété et de
« communauté, synthèse aussi ancienne que les éléments
« qui la constituent, puisqu'elle n'est autre chose que le
« retour de la société à sa pratique primitive à travers un
« dédale d'inventions et de systèmes, le résultat d'une
« méditation de six mille ans sur cette proposition fonda-
« mentale : A égale A.

« Tout se prépare aujourd'hui pour une restauration
« solennelle; tout annonce que le règne de la fiction est
« passé, et que la société va rentrer dans la sincérité de sa
« nature. Le monopole s'est enflé jusqu'à égaler le monde:
« or, un monopole qui embrasse le monde ne peut
« demeurer exclusif; il faut qu'il se républicanise, ou bien

« qu'il crève. L'hypocrisie, la vénalité, la prostitution, le
« vol, forment le fonds de la conscience publique : or, à
« moins que l'humanité n'apprenne à vivre de ce qui la
« tue, il faut croire que la justice et l'expiation appro-
« chent...

« Déjà le socialisme, sentant faillir ses utopies, s'attache
« aux réalités et aux faits : il rit de lui-même à Paris ; il
« discute à Berlin, à Cologne, à Leipzig, à Breslau ; il
« frémit en Angleterre ; il tonne de l'autre côté de l'Océan ;
« il se fait tuer en Pologne ; il s'essaye au gouvernement
« à Berne et à Lausanne. Le socialisme, en pénétrant les
« masses, est devenu tout autre : le peuple s'inquiète peu
« de l'honneur des écoles ; il demande le travail, la science,
« le bien-être, l'égalite ; peu lui importe le système,
« pourvu que la chose s'y trouve. Or, quand le peuple veut
« quelque chose et qu'il ne s'agit plus pour lui que de
« savoir comment il pourra l'obtenir, la découverte ne se
« fait point attendre : préparez-vous à voir descendre la
« grande mascarade (1). »

Dans ce remarquable passage, M. Proudhon non-seulement résumait et formulait la pensée de son livre, mais
encore il crayonnait, à grands traits, le plan d'un autre
ouvrage dans lequel devait se trouver la solution pratique
du problème social.

En démontrant, par le moyen d'une dialectique irrésistible, l'insuffisance des théories réformatrices et des
critiques économistes ; en prouvant que l'économie politique ne se justifie ni par ses maximes ni par ses œuvres,
et que toute la valeur du socialisme théorique se réduit à
l'avoir constaté. M. Proudhon n'avait en réalité rempli que
la moitié de sa tâche. Il s'agissait, après avoir construit
tout un système de négations, de reprendre ces négations
les unes après les autres, d'en faire sortir l'affirmation,
le fait pratique, et de formuler, comme contre-partie de
la philosophie de la misère, la philosophie de la richesse.

(1) T. II, p. 527-529.

En termes moins scientifiques, la subordination du travail au capital avait été démontrée impossible et utopique ; le principe d'autorité avait été reconnu être le germe de mort qui, en tout temps, a dévoré les sociétés. Restait à indiquer comment, sans secousses sérieuses, l'égalité pouvait s'établir entre le travail et le capital; comment, sans bouleversement, l'action du principe d'autorité pouvait être annulée, et le règne de la liberté absolue amené parmi les nations et les hommes.

C'est ce que M. Proudhon se proposait de faire dans cet ouvrage qu'il annonçait dès alors et qui devait porter le titre de PROGRAMME DE L'ASSOCIATION PROGRESSIVE, *solution du problème du prolétariat*.

Dans le passage que nous venons de citer, M. Proudhon laissait deviner assez clairement de quel côté il voulait prendre le problème.

Après avoir renversé l'aristocratie féodale, l'aristocratie financière s'était mise à sa place; une tyrannie remplaçait une autre tyrannie. La première avait opprimé les corps ; la seconde opprimait, de plus, les consciences, en substituant peu a peu le vol à la bonne foi, le mensonge du mercantilisme a la vérité des relations sociales.

L'or et l'argent, devenus les armes de la féodalité banquière, n'étaient plus seulement des valeurs véridiques; ils étaient livrés aux oscillations les plus furieuses de l'agiotage; ils ne servaient plus d'instrument à la circulation, ils lui étaient devenus un empêchement et un obstacle. Par suite, la production et la consommation subissaient périodiquement les crises les plus terribles : les entreprises avortées, les liquidations forcées, les ventes au-dessous du prix réel, les tripotages de courtage et de bourse, la vénalité des consciences, les escroqueries, le jeu, la banqueroute, et par dessus tout l'accroissement de la misère, menaçaient le monde politique et industriel d'une mort prochaine, si un prompt remède n'était apporté à cette situation désespérée.

Ce remède ne pouvait être que dans le rajeunissement

de l'organe circulatoire, vicié par un mal invétéré. L'or et l'argent, par suite du développement économique, étaient les seules valeurs constituées, les seules valeurs acceptables en tous payements, par conséquent l'intermédiaire nécessaire des échanges. Il fallait ôter a l'or et à l'argent cette royauté qui faisait d'eux les tyrans du travail. Le moyen, c'était de trouver une combinaison qui permît de rendre la circulation pleine et régulière et d'organiser l'échange direct des produits contre les produits.

De cette façon, tous les produits s'élevant par la sincérité de l'échange à la même dignité, chaque producteur avait dans sa maison un hôtel des monnaies. Dès lors, la fiction du capital productif cessait d'opérer la spoliation de l'ouvrier, et le travail organisé résorbait progressivement le capital. Le propriétaire avait pu jadis, à la faveur de la guerre, mettre l'interdit sur le sol; le prolétaire mettait, à son tour, par l'association, l'interdit sur les récoltes, et la propriété expirait dans le vide et revenait à son antique rôle de collectrice de l'épargne sociale. *Le prince et son orgueilleux cortége, ses militaires, ses juges, ses conseillers, ses pairs et toute l'armée des mangeurs d'impôts, se hâtaient de crier merci au laboureur et à l'industriel, parce que l'organisation du travail est synonyme de la subordination du pouvoir, qu'il dépend du travailleur d'abandonner l'improductif à son indigence et de faire périr le pouvoir dans la honte et dans la famine.*

Les événements vinrent déranger le plan du savant économiste et précipiter la débâcle qu'il avait si sagement prévue. L'humanité s'était lassée *de vivre de rivalité, d'hypocrisie, de prostitution et de vol.* Le Peuple avait senti tout à coup la vérité germer dans son sein. Plus tôt que les sages ne l'avaient attendu, bien qu'ils l'eussent prédit, le trône des fictions politiques et sociales s'écroula dans l abime; *la grande mascarade descendit.* La justice de Dieu avait, bien avant que la pensée en vînt au prolétaire, résolu de frapper le capital, la propriété et le prince. Le monopole avait refusé de se *républicaniser, il creva.*

La révolution de Février était inévitable. Elle est le dernier terme, le terme fatal d'une série de faits politiques et sociaux dont la raison se trouve dans l'institution du monopole propriétaire et de la fiction monarchique. D'un autre côté, elle est le premier terme d'une autre série de faits qui aura pour résultat l'abolition du monopole sous toutes ses formes et l'égalité réelle des conditions et des fortunes. Il ne dépend pas du bon ou du mauvais vouloir de telle ou telle classe que cette révolution soit ou ne soit pas économique et sociale ; elle l'est par la force des choses et par son origine même.

Mais si l'on ne saurait nier son *inévitabilité* et son caractère, il est vrai de dire qu'elle pouvait arriver plus tard ou même qu'elle pouvait s'accomplir sans enjambements et sans secousses. Il eût suffi pour cela que la réforme électorale qui lui servit de prétexte fût accordée par le prince, et que, par le travail et le salaire, le prolétaire comprît que, sans avoir recours a la violence, il pouvait résorber le capital et forcer progressivement l'oisif, dépouillé de ses revenus, à vivre du labeur de ses mains. Mais la vie, dans l'humanité, ne suit pas toujours cette périodicité méthodique ; il lui arrive souvent de vivre en un jour de l'existence de plusieurs siècles. Parti de la réforme électorale, c'est-à-dire d'une extension à donner au principe de l'égalité devant la loi, le Peuple traversa en vingt-quatre heures tous les termes intermédiaires, et arriva d'un bond, en enjambant les abimes du temps, a la réforme sociale, c'est-à-dire à l'égalité devant la fortune.

La révolution de Février, depuis son inauguration, a pris différents noms et différentes formules ; elle s'est appelée tour à tour *organisation du travail, émancipation du prolétariat, abolition de l'exploitation de l'homme par l'homme,* en dernier lieu *droit au travail.* Toutes ces dénominations signifient une seule et même chose : que le règne du monopole et du parasitisme est fini et que nul à l'avenir ne pourra vivre que des fruits de son travail.

Rien n'était plus simple que de résoudre la question

réduite à ces termes. Qui avait produit le mal? L'usure, dont la Banque est l'expression et le moyen. Où était le remède? Évidemment dans une réforme de la Banque et dans une interversion des rapports du capital et du travail.

Les hommes à qui furent confiées les destinées de la France à la suite de la révolution de Février ne le comprirent point. Au lieu d'interroger le peuple, ils se livrèrent a leurs inspirations privées. On fut témoin de ridicules parodies, de grotesques mascarades; on ne vit pas une mesure révolutionnaire.

Dès lors, au lieu d'une réforme, on eut une débâcle. Les banques sautèrent, la faillite devint générale, l'or se cacha, et la France se mit à se consumer dans la torpeur et l'inertie.

On ne paya plus de fermages, on ne paya plus de loyers, on ne paya plus d'intérêts, on ne paya plus de dividendes, on ne paya plus de droits, on ne paya plus d'impôts. De toutes parts, le travail fut suspendu, la circulation suspendue; et cependant, tandis que le peuple mourait de faim, les magasins regorgeaient de marchandises sans débouchés.

Ce fut alors que M. Proudhon, au risque de compromettre sa réputation de publiciste, se décida à faire connaître au public une partie de ses vues sur la réforme économique. La révolution de Février, en déplaçant le champ des institutions, était venue déranger son livre. Toujours a l'affût de la pratique populaire, il en fit bon marché pour se placer sur le terrain des besoins du moment et pour accommoder les moyens aux circonstances au milieu desquelles on se trouvait.

La petite brochure intitulée *Organisation du crédit et de la circulation*, publiée le 31 mars, condensait peut-être trop d'idées pour être parfaitement comprise. « Doubler, tripler, augmenter le travail à l'infini, et par conséquent la richesse; donner au crédit une base si large qu'aucune demande ne l'épuise; créer un débouché qu'aucune production ne comble; organiser une circulation

pleine, régulière, qu'aucun accident ne trouble ; au lieu
d'un impôt toujours croissant et toujours insuffisant,
supprimer tout impôt ; faire que toute marchandise
devienne monnaie courante et abolir la royauté de l'or » :
voilà, sans parler des conséquences politiques, philosophiques et morales qu'on pouvait déduire plus tard de ces
principes et pour se renfermer dans le cercle des intérêts
matériels, ce que M. Proudhon proposait de réaliser à
l'instant même et ce qui n'eût coûté au gouvernement
provisoire que les frais de quelques décrets.

Le gouvernement provisoire, occupé à faire de l'idéologie politique et à contrecarrer la Révolution dans son but
et son objet, n'eut garde de répondre à l'appel du célèbre
socialiste. M. Proudhon, désespérant de le ramener dans
la voie droite du progrès, se tourna dès lors vers le public.

C'est dans le journal *le Représentant du peuple*, tué
depuis par l'état de siége, que M. Proudhon publia cette
série d'articles remarquables qui ont, à eux seuls, plus
remué les idées en France que tous les écrits des réformateurs pendant dix-huit ans. Par ces articles, il fut
honni, vilipendé, calomnié, aussi bien par ses amis que
par les ennemis de la Révolution. Et cependant, quel avait
été son dessein? il avait voulu, d'un côté, donner au peuple
la conscience claire et nette de cette Révolution qui s'ac-
complissait par ses mains, et, de l'autre, rassurer les
hautes classes sur les conséquences que cette Révolution
pouvait avoir pour leurs positions acquises, leur indiquer
en quoi et comment elle pouvait s'accomplir sans violence,
et leur prouver surtout que leurs priviléges ne leur seraient
point enlevés sans compensation.

Et d'abord, le Peuple avait déclaré que la réforme
sociale entraînait forcément une réforme radicale du
domaine de propriété. Cette déclaration épouvantait la
bourgeoisie qui se voyait déjà acculée dans l'étroite
impasse du communisme. Il fallait prouver que cet effroi
de la bourgeoisie était produit par un vain fantôme, que
cette réforme que réclamait le peuple était à moitié accom-

plie, et que l'abolition de la propriété n'avait pas pour résultat nécessaire la communauté des biens. Il y a long-temps, en effet, que la propriété, inscrite encore dans le Code, a disparu du domaine des faits économiques. Sous l'influence de la division du travail et de l'engrenage des industries, un autre fait, l'échange ou la circulation, l'a remplacée et la tient sous sa dépendance. Ce n'est donc pas par une dépossession générale ou partielle qu'on doit procéder à la réforme sociale, mais bien par une formula-tion de ce droit d'échange qui s'est providentiellement substitué en droit de propriété.

C'est par le progrès du travail que l'échange est devenu le fait dominant ; il serait bientôt le fait unique et nous marcherions rapidement a la réforme de toutes les insti-tutions sociales, si on parvenait à le débarrasser de certaines entraves qui mettent l'embargo sur le travail. Ces entraves résident en divers priviléges laissés à la propriété, lesquels vont, à la vérité, en s'amoindrissant ; mais qui, si on les faisait disparaître d'un seul coup, ren-draient décidément au travail sa souveraineté naturelle et mettraient fin à la Révolution.

Les rapports d'échanges étant des rapports de nombres, la question de droit se trouve ici ramenée à une simple question de comptabilité ou, comme dit l'auteur, de tenue des livres. De la balance faite entre le travailleur et le monopoleur, il résulte ceci que, par le fait du privilége de propriété, toujours le premier se trouve lésé dans son salaire et réduit bientôt à l'impossibilité de consommer ; toujours le second, après avoir dépouillé le travailleur, se voit obligé, tôt ou tard, de faire banqueroute.

Le mal est dans le prélèvement fait par le capitaliste-propriétaire-entrepreneur d'une portion du produit du travailleur, sous prétexte d'intérêts, loyers, fermages, gains ou bénéfices. Ce prélèvement, introduisant l'inégalité dans l'échange, conduit fatalement le travailleur a la misère, l'oisif au déshonneur.

Mais comment faire pour rendre l'échange égal, c'est-à-dire, suivant une élégante formule, pour arriver à ce qu'avec son salaire le travailleur puisse racheter son produit. Puisqu'une dépossession générale ne peut amener la réforme qu'on poursuit, le remède doit se trouver dans l'organisation de l'échange même. En examinant comment fonctionne cet organisme, on ne tarde pas à y découvrir un vice rédhibitoire : pour que la vie y fût pleine, il faudrait que l'échange fût direct, mutuel et gratuit. Or, il n'en est point ainsi. Un produit, une marchandise particulière, l'or et l'argent, ont, comme nous l'avons dit, usurpé le monopole de la circulation, et jouissent du privilége de servir d'instrument des échanges. Ce monopole et ce privilége, ils ne les remplissent pas pour rien ; ils se les font payer chèrement sous forme d'escomptes, pots-de-vin, intérêts, etc., etc. Dès lors la circulation, au lieu de s'opérer d'une manière régulière, ne marche que sous le bon plaisir de cette royauté nouvelle. Voilà ce qui fait que l'or et l'argent se cachant, le travail est à bas, le crédit mort, le débouché fermé.

Ceci bien entendu, que nous ne vivions plus de la propriété, mais de l'échange ; que l'échange ne s'opère pas avec puissance et rapidité, parce qu'il n'est pas égal : que ce qui l'empêche d'être égal, c'est l'emploi du numéraire et le prélèvement auquel donne lieu cet emploi ; il s'agit de trouver une combinaison qui permette de se passer du numéraire.

· Cette combinaison, c'est la Banque d'échange, dont le mécanisme si simple est encore si peu compris, et qui repose sur ce principe : la gratuité de l'échange et du crédit ; sur ce moyen pivotal : la généralisation de la lettre de change connue de toute antiquité.

· Telle est, dans l'ordre de leur génération, la série des idées que M. Proudhon a cherché à faire ressortir dans les articles qu'il a publiés, du mois d'avril au mois de juin dans le journal *le Représentant du Peuple*.

Ces articles, publiés sous le coup des terribles événements qui marquèrent les premiers mois de notre Révolu

;ion de 1848, furent lus avec plus d'activité que de réflexion. Tous les jours, nous acquérons la preuve que l'idée-mère que l'auteur a voulu faire pénétrer dans les esprits, l'égalité dans l'échange et par suite l'abolition du parasitisme sous toutes ses formes, n'est pas encore parfaitement saisie dans son ensemble et dans ses conséquences. C'est pourquoi, et en attendant que M. Proudhon, occupé à vaquer à d'autres devoirs, ait le loisir de nous donner sur ce point un travail complet, nous avons cru devoir rassembler en un volume et sous la rubrique de *Résumé de la question sociale*, les différents articles ayant trait à cette question, qu'il a publiés dans le journal *le Représentant du Peuple*. Sous cette forme, nous espérons qu'on voudra bien s'y appesantir un peu plus, et nous croyons qu'en se rapportant au temps et aux événements accomplis depuis, on tiendra compte à l'auteur de sa sagacité et de sa prévision.

Nous aurions voulu profiter de l'occasion pour répondre à divers reproches qui ont été adressés à M. Proudhon par ses adversaires. Nous avons reculé devant la multitude des critiques, et nous y avons renoncé. Nous n'avons pu cependant passer sous silence les deux principaux : le premier a trait aux principes et à la méthode employés par l'auteur du *Système des contradictions économiques ;* le second, venant de ses amis, revient à ceci, que M. Proudhon fait trop consister la solution du problème social dans une simple réforme banquière. A ces deux reproches, et pour les mêmes motifs, nous laisserons l'auteur répondre lui-même.

Voici pour le premier reproche :

« La position que nous avons prise devant le public a quelque chose d'étrange, et nous ne sommes nullement surpris des vives répugnances qu'ont éprouvées d'abord pour nos idées les personnes à qui elles semblent devoir être le plus sympathiques. Toute philosophie commence par poser un dogme, qui, servant de base et de point de départ au système, ne se prouve pas lui-même, ne peut pas, sous peine d'absurdité, se prouver. Ou plutôt, ce sont les consé-

quences plus ou moins justes et complètes que l'on en tire.
qui lui servent de preuve. Dans les anciennes philosophies,
comme dans les vieilles religions, le principe de toute
existence, comme de toute idée, est Dieu; dans Descartes,
le point de départ est la pensée; dans Spinosa, la substance;
dans Kant et Fichte, le moi; dans Leibnitz, la monade;
dans Épicure, les atomes, etc., etc.

« Notre principe à nous, au contraire, est la négation de
tout dogme; notre première donnée, le néant. Nier,
toujours nier, voilà notre méthode de construction en
philosophie. C'est en suite de cette méthode négative que
nous avons été conduit à poser comme principe, en religion,
l'athéisme; en politique, l'anarchie, en économie politique,
la non-propriété.

« Ces négations-principes, si l'on peut ainsi dire, en
impliquent une. multitude d'autres, telles que, dans la
science sociale, par exemple, la négation de la démocratie
correspondant à la négation de la monarchie; la négation
de la communauté, corrélative à celle de la propriété; la
négation de la concurrence, du monopole, corrélative l'une
à l'autre, etc.

« Le but de ces négations successives est, en premier
lieu, d'élever sans cesse la liberté humaine au-dessus de
ses propres créations, des institutions qu'elle se donne,
des forces qu'elle s'impose; de l'affranchir de toute servitude
interne et externe; et de lui donner, par l'absorption
continue de ses propres éléments, une expansion indéfinie.

« D'autre part, comme toutes les idées négatives marchent par couples. et que deux négations qui s'entredétruisent valent une affirmation, ainsi que l'enseigne la
grammaire elle-même. nous avons voulu, par une série de
négations raisonnées. arriver au réalisme de la liberté
pure, à cette conception de la société, où la liberté, ayant
successivement produit et annulé toutes ses manifestations,
devient absolue comme la nécessité, et identique à l'ordre.

« Cette marche négative, si fort en dehors des habitudes
du sens commun, et à laquelle notre éducation nationale

nous **a si** peu préparés, a soulevé contre nos théories économiques des antipathies irréconciliables et de profondes méfiances. L'auteur s'est vu traiter tour a tour de sophiste, de doctrinaire, de juste-milieu, de Protée, de charlatan, de Tartuffe, d'esprit jaloux, d'âme ambitieuse et vénale, de caractère insociable, d'ennemi de Dieu et des hommes !...

« Un homme qui niait tout, en effet, ne pouvait manquer de paraître un monstre. Conçoit-on un homme qui nie tout?... Et si les arguments de cet infatigable contradicteur sont tellement catégoriques qu'ils forcent la conviction ; si, dans l'analyse qu'il fait de la société, c'est la société même qui se réfute, qui se nie sur tous les points et dans chacun de ses actes ; — si, dans cette effrayante analyse, tout ce qui semblait avoir vie et valeur se trouve, en fin de compte, n'être qu'un néant : était-il possible que ce critique ne soulevât pas contre lui toutes les consciences, et, parce qu'il montrait partout la mort, qu'on le prit pour l'homme de la mort? Car la conscience humaine veut vivre ; elle se refuse à mourir...

« Le moment est venu de savoir qui se trompait, de l'aventurier intrépide, qui, courant en avant de la pensée générale, sur le prolongement même de la ligne du progrès, a osé dire à ses contemporains : Vous marchez sur la tête et à reculons, il faut tout a la fois vous redresser et vous retourner ; — ou de la multitude, car je ne dirai pas du peuple, qui, voyant tous les objets renversés, traite de fou celui qui les voit droits (1)! »

Voici maintenant pour le second reproche.

« Nous n'avons pas la prétention d'avoir tout deviné du premier coup ; bien moins encore pensons-nous qu'une réforme banquière embrasse la réforme de la société elle-même et remplisse le programme de la révolution de Fe-

(1) *Le Représentant du peuple*, nᵒ du 16 mai.

vrier... Mais il est deux choses dont la conviction est en nous intime et inébranlable : — la première, c'est que le caractère propre de cette révolution est d'être une révolution économique, et en conséquence, que c'est par le problème économique que notre génération doit aborder le problème social ; — la seconde, c'est que le problème économique n'est autre que le problème de la centralisation et de la gratuité du crédit, d'après le principe de l'échange direct et mutuel.

« Toutes nos idées sur la religion, la métaphysique, la morale, le droit, l'association, l'art lui-même ; toute notre polémique, en un mot, toute notre philosophie découlera de ce profond principe de l'*égalité des fonctions*, principe dont le premier corollaire est l'improductivité du capital ; la première application, le crédit gratuit, correspondant à l'abolition de tout parasitisme et de tout privilége ; le premier et le plus grand résultat, la formation de l'individu à l'image de la société.

« Or, si l'antique religion, si les systèmes rebattus de la philosophie, si les anciennes constitutions politiques, si la routine judiciaire, si les vieilles formes de communauté et d'association, aussi bien que de littérature et d'art, n'ont été que des formules particulières de l'état matériel des sociétés, n'est-il pas évident que cet état venant à changer, en d'autres termes l'économie publique étant révolutionnée de fond en comble par le changement de rapport entre les deux grandes forces de la production, le travail et le capital, tout change dans la société, religion, philosophie, politique, littérature et arts ?...

« C'est donc à la réforme économique que nous devons nous attacher comme au grand levier révolutionnaire du XIXᵉ siècle. Et comme en matière de révolution, le législateur doit agir toujours par la méthode intégrale et éviter les procédés de détail, c'est par la circulation générale, non par l'organisation de tel ou tel atelier, de telle ou telle commune ; c'est par les institutions de crédit, non par l'organisation de telle ou telle catégorie de producteurs, que nous devons commencer notre œuvre de socialistes et de révolutionnaires (1). »

Ces deux passages sont deux réponses péremptoires : on ne peut pas, dans le premier, s'expliquer d'une manière plus claire et plus catégorique sur cette méthode négative que les obscurants veulent faire passer pour une machine à sophisme et rien de plus ; dans le second, il est impossible à un honnête homme de s'exécuter avec meilleure grâce.

Cela n'empêchera pas les critiques de continuer à répéter sur tous les tons et dans toutes les occasions imaginables que M. Proudhon n'est qu'un *démolisseur,* ou bien, qu'il fait consister tout le problème social dans la réforme du crédit.

Si toute vérité n'est pas bonne à dire, tout mensonge est bon à répéter.

Paris, ce   novembre 1848.

ALFRED DARIMON

I

QU'EST-CE QUE LA PROPRIÉTÉ

25 avril 1848.

Le 25 février, les ouvriers sont allés à l'Hôtel-de-Ville, et ils ont dit à M. de Lamartine : Que devons-nous crier ?

Criez : *Vive la République !* a répondu l'illustre poëte. Et, a-t-il ajouté avec une naïveté charmante, en criant : Vive la République ! vous criez, mes amis : *Vive la propriété !*

Les ouvriers se sont donc retirés aux cris de : Vive la

---

(1) LE PEUPLE, *journal de la République démocratique et sociale,* n° 2.

République! Vive la propriété! Vive Lamartine! Et les bourgeois et propriétaires ont été édifiés des paroles de M. de Lamartine, et des cris des ouvriers. N'était-ce pas le cas de dire : *Ah! le bon billet qu'a La Châtre?*

Pendant les deux mois qui ont suivi la Révolution de Février, il n'est pas sorti de l'Hôtel-de-Ville un seul mot qui n'ait été une erreur ou un mensonge.

Le 16 avril, la garde nationale et la grande majorité du Peuple ont crié, mais en se tenant à la négative : *A bas les communistes!*

A part ce qu'un tel cri avait de peu fraternel, le Peuple et la garde nationale, selon nous, avaient raison. Sans doute le législateur devra tenir compte, dans la constitution de la société nouvelle, de l'idée communiste; il devra faire la part du principe de la communauté. C'est pour cela que nous comptons M. Cabet parmi nos amis. Mais la communauté ne sera pas la base du droit nouveau; elle n'en sera qu'un élément constitutif : le système social en France ne sera pas communiste.

M. de Lamartine, plus affirmatif que la garde nationale et le Peuple, aussi exclusif que M. Cabet, a préjugé la question sociale et fait rétrograder la Révolution, en ajoutant de son chef : *Vive la propriété!* alors que déjà la propriété n'existe plus.

Quand donc les hommes d'État apprendront-ils à régler leurs discours sur la raison populaire?

Je ne viens point ici, avec une sotte et lâche impertinence, commenter la formule trop connue et trop peu comprise, *La propriété, c'est le vol!* Cela se dit une fois; cela ne se répète pas. Laissons cette machine de guerre, bonne pour l'insurrection, mais qui ne peut plus servir aujourd'hui qu'à contrister les pauvres gens.

Je veux dire seulement une chose : c'est que, soit que l'on considère le présent, soit qu'on envisage l'avenir, la propriété n'est plus rien; c'est une ombre. Comme toute création de la pensée éternelle, la propriété, née de l'idée, est retournée à l'idée. Elle a épuisé ce qu'elle contenait de réalité ; elle est allée de vie à trépas ; elle ne reviendra jamais. La propriété est désormais du domaine de la tradition ; c'est de l'histoire ancienne : il faut avoir, comme les poëtes, le don d'évoquer les fantômes, pour croire à la propriété. Quant aux métaphysiciens qui, a propos de propriété, dîvaguent sur la liberté, la personnalité, l'individualité, ils ne sont pas à la question : je les renvoie au Code civil et aux *Institutes*.

Si peu que vous soyez au courant des choses de ce monde, et que vous regardiez les événements qui chaque jour s'accomplissent, n'est-il pas évident, pour vous, que nous ne vivons point, les uns ni les autres, de la propriété? Nous vivons d'un fait plus grand que la propriété, d'un principe supérieur à la propriété; nous vivons de la circulation. Comme la circulation du sang est la fonction mère et motrice du corps humain, ainsi la circulation des produits est la fonction mère et motrice du corps social. Quant à la propriété, elle est submergée, transformée, perdue dans cette circulation.

Parlez-moi de la propriété romaine. Là, le père de famille, personnage consulaire ou consul désigné, vivait, nourrissait les siens du vieux champ patrimonial; il tirait toute sa consommation du travail rustique; il ne demandait rien à personne, vendait peu, achetait encore moins, méprisant le commerce, le change et la banque, et tournant ses spéculations à l'agrandissement de sa terre, à l'extension de son domaine. Alors la propriété existait véritablement, car le propriétaire existait par lui-même : il ne craignait pas les crises financières et commerciales, il n'avait pas peur de la fermeture des ateliers. Le principe et la fin de la propriété était le propriétaire : le propriétaire était à lui-même production, circulation et débouché : il vivait en soi, par soi et pour soi.

Parlez-moi de la propriété féodale, qui a duré jusqu'en 89; qui s'était propagée, enracinée profondément parmi les bourgeois et les paysans; mais qui, depuis soixante ans, a subi, jusque dans les campagnes, des modifications si profondes:

Ici encore, et combien parmi nous l'ont pu voir, le principe de la division des industries existant à peine, la propriété était tout; la famille était comme un petit monde fermé et sans communications extérieures. Les mêmes mains semaient le blé, le faisaient moudre et le faisaient cuire. Les hommes étaient tout à la fois vignerons, bouviers, laboureurs, bouchers. Ils savaient la maçonnerie, la charpente, le charronnage. Les femmes étaient cardeuses de laine, peigneuses de chanvre, fileuses, tisserandes, couturières. On passait des années entières presque sans argent; on ne tirait rien de la ville; chacun chez soi, chacun pour soi; on n'avait besoin de personne. La propriété était une vérité; l'homme, par la propriété, était complet. C'est à ce régime que s'était formée la forte race qui accomplit l'ancienne révolution. Aussi, voyez quels hommes! quels caractères! quelles vigoureuses personnalités! Auprès de ces natures de fer, nous n'avons que des tempéraments mous, flasques et lymphatiques.

Telle était, en 89, l'économie générale de la société: l'indépendance des fortunes faisait la sécurité du peuple. Aussi nos aïeux purent-ils supporter dix ans de régime révolutionnaire, soutenir et vaincre les efforts de l'Europe conjurée: tandis que nous, race désappropriée, race appauvrie, avec six fois plus de richesses cependant nous ne tiendrions pas six mois, non pas à la guerre étrangère, ni à la guerre civile, mais à la seule incertitude!...

Qu'est-ce donc que la propriété aujourd'hui? Qu'est-elle devenue?

Un titre, le plus souvent nominal, qui ne tire plus sa valeur, comme autrefois, du travail personnel du propriétaire, mais de la circulation générale; — un privilége qui a perpétuellement besoin de l'escompte, et qui, à lui seul, ainsi que les vieux titres de marquis et de baron, ne donnerait pas au porteur crédit d'un dîner.

En 1848, nous faisons, par dégoût, par impatience, et un peu aussi par amour de l'antiquité, une révolution,

Nous renversons un gouvernement, nous expulsons une dynastie. Aussitôt la circulation s'arrête, et la moitié des propriétaires, les gros surtout, se trouvent sans ressources. Chacun, les bras liés, impuissant à se sauver tout seul, est menacé de périr de faim. Le vulgaire s'imagine qu'il y a, en ce moment, des riches. Illusion ! Il y a des gens plus ou moins pourvus de linge, d'habits, de vaisselle, de mobilier : de riches, il n'y en a plus, et pourquoi ? parce que la propriété, absorbée par la circulation, la circulation s'arrêtant, n'existe plus.

Le propriétaire, aujourd'hui, est un homme qui a des bons du Trésor, des rentes sur l'État, de l'argent à la caisse d'épargne, chez le banquier ou le notaire, des créances hypothécaires, des actions industrielles, des marchandises en magasin, des maisons qu'il loue, des terres qu'il afferme. Quand la circulation est régulière et pleine, la propriété, comme privilége, vaut au propriétaire ; si la circulation est suspendue, le privilége perd son effet ; le propriétaire est à l'instant aussi pauvre que le prolétaire.

A quoi sert la propriété urbaine ou rurale, si le locataire, si le fermier, entravés par l'immobilité universelle, n'écoulant plus leurs produits, n'échangeant pas, ne paient pas ?

A quoi servent les capitaux, si les producteurs n'en veulent plus, si les emprunteurs font faillite, si les dépositaires manquent à leurs engagements ; si, par l'absence de transactions, le capital est forcé de se consumer dans l'oisiveté ?

A quoi servent les inscriptions de rente, et les bons du Trésor, et les billets de Banque, et tout le papier de crédit, si, les contribuables ne pouvant payer l'impôt, le gage du crédit public s'évanouissant, l'État fait banqueroute ?

A quoi sert même le travail, a quoi sert le talent, si l'entrepreneur, si le consommateur ne réclament plus leurs services ?

Vous n'avez souci que de la propriété ! et c'est la propriété qui vous trahit !

Vous repoussez la réforme sociale! et le fait qui vous crève les yeux, le fait qui vous écrase, prouve que vous ne vivez pas de la propriété, mais de vos relations avec la société!

Vivez donc tout seuls, propriétaires, si vous en avez encore le secret; — vivez de la propriété!

Allons : supposons que les prolétaires sont anéantis, que les communistes sont partis pour les grandes Indes; qu'il ne reste plus en France que la classe bourgeoise, la classe propriétaire; faisons abstraction de tout ce qui n'est pas la propriété; vous voilà débarrassés du paupérisme, du communisme, du socialisme, de toutes les cervelles vides et de toutes les bouches inutiles. Essayez de vivre maintenant!...

Chose étrange! Si le prolétariat, la couronne d'épines de la propriété, s'en allait, la circulation, qui ne subsiste que par lui, comme la production elle-même, s'arrêtant pour toujours, ce serait fait des propriétaires. Les propriétaires périraient par leur propre inertie, comme ils périssent en ce moment par l'inertie du prolétariat : tant les rapports économiques ont transformé, à notre insu, depuis soixante ans, le principe, l'essence de la propriété!

Ainsi, l'expérience est décisive, et la preuve flagrante; la propriété, dont on voudrait faire la base des institutions nouvelles, la propriété n'est rien par elle-même. Ce n'est plus qu'un privilége sur la circulation, comme un péage établi sur une rivière; un reste de féodalité, dont l'abolition est le complément obligé de notre grande et glorieuse période révolutionnaire.

Que veulent donc aujourd'hui les travailleurs? Deux mots sur cette question nous éclaireront sur l'avenir de la propriété.

Les travailleurs, quelles que soient leurs formules, demandent que la circulation ne soit plus abandonnée au hasard et livrée à l'agiotage, mais réglée par des obligations réciproques. Ils demandent que les lois de cette justice commutative, qui a pénétré la propriété au point de la faire disparaître, soient étudiées; qu'au-dessus du droit romain et féodal, au-dessus de la propriété, soit établi un droit d'échange; enfin, que la solidarité naturelle, que l'observation des faits économiques nous découvre, soit définie.

Ainsi posée, et on ne peut pas la poser autrement, la question n'atteint pas directement la propriété : elle ne s'adresse qu'au privilége.

Voilà ce que demandent les travailleurs; ce que les propriétaires ne peuvent refuser, puisqu'ils sont intéressés leur tour; ce dont la bourgeoisie a reconnu la justice. Tous les publicistes, tous les journaux de la propriété, sont d'accord aujourd'hui sur ces deux points, que *le travail doit être garanti à l'ouvrier*, et qu'il faut *améliorer la condition du prolétariat*.

Mais, et c'est la que j'attends les philanthropes, comment garantir le travail, comment ameliorer la condition du prolétariat, sans achever la dénaturation de la propriété? L'économie politique anglaise, tant prônée parmi nous, s'est épuisee sur le problème : elle n'a abouti qu'aux maisons de force, aux workhaus!

D'abord, ce n'est pas en faisant remise d'une portion de ses revenus que la bourgeoisie améliorera le sort de l'ouvrier. La bourgeoisie n'a rien à donner. La production totale du pays ne rend pas 75 centimes par jour et par tête : dans cet état de choses, il faudrait, pour que l'amélioration fût sentie, que la bourgeoisie abandonnât tout ce qu'elle reçoit de plus que la classe des travailleurs, qu'elle fît le sacrifice entier de son revenu. Mais alors nous n'aurions fait que remplacer l'inégalité des fortunes par l'égalité de la misère; et comme d'ailleurs une partie du revenu bourgeois constitue l'épargne nationale, et se convertit à mesure en capitaux, il résulterait de cette amélioration du sort des travailleurs la ruine des instruments de travail : ce qui implique contradiction.

Le seul mode d'amélioration possible consiste donc à augmenter la production.

Mais augmenter la production, c'est augmenter le travail, soit en durée, soit en qualité, soit en intensité.

C'est-à-dire que ceux qui aujourd'hui ne travaillent pas, les parasites, comme on les appelle, devront se mettre à l'œuvre; que ceux qui travaillent médiocrement travailleront davantage; que ceux qui travaillent beaucoup, et dont il est impossible d'allonger la journée, travailleront mieux.

Travailler mieux, c'est combiner plus utilement les forces, éviter les pertes de temps et les doubles emplois; — c'est réduire, par l'ensemble des opérations, les frais généraux de la société.

Mais vous ne pouvez amener au travail les improductifs et réduire les frais généraux de la production, sans une détermination nouvelle des rapports d'échange, sans une réorganisation du crédit et de la circulation, et par suite, sans une réforme complète de l'atelier national, ce qui aboutit toujours, directement ou indirectement, à modifier, restreindre, changer la propriété.

Je voudrais que l'Assemblée nationale fût composée exclusivement de bourgeois; que le socialisme n'y comptât pas une voix; que les représentants d'une révolution sociale fussent tous pris parmi les conservateurs de la *Presse* et des *Débats*, les catholiques de *l'Univers*, les légitimistes de la *Gazette*, les dynastiques du *Constitutionnel* et du *Siècle*, les républicains classiques du *National* et de *la Réforme*.

Et je leur dirais :

Vous avez promis de garantir le travail à l'ouvrier et d'améliorer sa condition.

Vous ne voulez ni du fédéralisme, ni du communisme, ni des ateliers nationaux. Votre principe est avant tout la propriété. Agissez maintenant. Recueillez votre expérience et vos lumières; prenez avec vous vos légistes, vos économistes, vos philanthropes; appelez vos hommes d'affaires et vos hommes d'État. — Il s'agit de vous entendre pour augmenter la production, et par conséquent le bon marché; organiser le crédit et la circulation; diminuer l'impôt; abolir le parasitisme, le paupérisme, l'ignorance et le crime: découvrir de nouvelles sources à la richesse; rendre le débouché insatiable; mettre partout la justice et l'ordre. Quel que soit votre système, nous l'acceptons, s'il réussit; et nous bénirons à la fois la conservation qui organise, et l'organisation qui conserve.

Les conservateurs repoussent, et non sans raison, le communisme et l'utopie : à mon tour, je les défie de rien faire pour l'augmentation du travail et l'amélioration de la classe ouvrière, sans abolir de fait et de droit la propriété.

Telle est la nature du problème à résoudre, que la solution exclut simultanément les contraires, la communauté et la propriété, quoi qu'en pensent les bêtes de somme de la routine et les bonnets carrés de la science.

II

COMPTABILITÉ PROPRIÉTAIRE.

2 mai.

Lorsque le travailleur, venant brusquement interrompre les politiques et scandaleux débats de ses maîtres, a exigé qu'avant toutes choses ils s'occupassent de lui, la bourgeoisie lui a répondu :

Mon fils, nous ferons pour ton bonheur tout ce qu'il est possible d'attendre d'un cœur bienfaisant, d'un esprit charitable, d'une âme chrétienne. Car nous t'aimons de tout notre cœur, de toute notre volonté, de toutes nos forces! N'es-tu pas notre sang, l'os de nos os, la chair de notre chair? Nous ne voulons que ton avantage, comme nous voulons celui de nos enfants. Nous souffrons de tes maux, nous pâtissons de tes douleurs. Nous avons faim de ta faim, soif de ta soif; nous sommes désolés de ton affliction. Dieu qui lit dans les consciences, Dieu nous est témoin que nous ne cherchons que la vérité Qu'on nous montre l'ancre de salut, et nous nous y attacherons avec joie. Qu'on nous dise ou est le révélateur capable d indiquer à la fois le mal et le remède, nous le saluerons avec reconnaissance, nous l'embrasserons avec amour. Et nous aussi nous ne demandons que justice; et nous aussi nous avons adopté la sainte devise : — *Liberté, Égalité, Fraternité*. Pour toi, ô fils, ô frère, nous sommes prêts à tous les sacrifices! Mais respect à la famille! respect à la propriété!...

Commençons, s'il vous plaît, par mettre la famille hors de cause. Il ne vous appartient pas, bourgeois qui achetez vos femmes et qui vendez vos filles, après avoir exploité, sans mesure et sans remords, les autres femelles, de nous parler de la famille. La famille, nous vous l'avons dit maintes fois, la famille est devenue, par la propriété, un repaire de prostitution dont le père est le souteneur et la mère l'entremetteuse. Hommes de chair, avant que vous prononciez ce nom sacré de famille, laissez-nous passer le charbon ardent sur vos lèvres.

Savez-vous ce que vous voulez, quand, pour compensation à vos *sacrifices*, vous réservez le respect de la propriété? C'est comme si vous disiez au travailleur :

Nous te donnerons tout, droits politiques, éducation, liberté d'association; nous prodiguerons l'encouragement à ta jeunesse, le soulagement à tes vieux jours, le secours à toutes tes infortunes, pourvu que nous conservions nos rentes, nos loyers, nos fermages, nos priviléges, nos usures, nos bénéfices, nos pots-de-vin, nos sinécures, nos cumuls, nos monopoles : car tout cela c'est la propriété; — pourvu que nous gardions notre luxe, notre insolence, nos voluptés, nos maîtresses; car tout cela est la vie privée, et la vie privée, c'est encore la propriété!...

Vous ne saisissez pas, dites-vous, le rapport qu'il y a

entre toutes ces choses et la propriété! et vous protestez contre une pareille assimilation...

Je m'en vais, bourgeois, vous parler dans votre style; car, à voir les législateurs dont vous dotez le pays, il m'est avis que vous ne reconnaissez, en général, de capacité qu'à vos pareils. Certes, vous ne douterez pas que je ne sois un grand génie, quand je vous aurai prouvé que j'ai autant d'esprit que vous!

Dans mon précédent article, je vous disais que, depuis l'abolition du régime féodal, et surtout depuis les progrès économiques réalisés par la séparation et l'engrenage des industries, la propriété se réduisait à un simple privilége établi sur la circulation; que ce privilége, dernier reste de la propriété féodale, tendait nécessairement à disparaitre; que telle était pour nous la question révolutionnaire, la question du siècle.

Et la preuve, ajoutais-je, que la propriété a cessé d'être le fait capital et le fondement de la société, c'est qu'elle est dénaturée, absorbée, annihilée par un fait supérieur, la circulation, hors duquel toute propriété, tout capital, tout travail, tout talent, est absolument comme s'il n'était pas.

Je veux à présent vous pouver que la propriété est le dernier obstacle à cette circulation, dont l'économiste peut dire ce que l'Écriture dit de Dieu même, *in qua vivimus, movemur, et sumus*, c'est-à-dire qui fait toute notre vie, notre liberté, notre existence. Et si je ne vous fais toucher du doigt la vérité de mon paradoxe; si, après m'avoir lu, vous avez mot à répondre, je vous saurai gré de me le faire savoir : car nous ne pouvons entreprendre de guérir le mal, qu'après avoir reconnu le mal même.

Dans la période de civilisation où nous sommes, les individus qui composent la société se divisent en deux grandes catégories : l'une qui comprend tous les propriétaires, capitalistes et entrepreneurs; l'autre qui comprend tous les travailleurs proprement dits, c'est-a-dire les ouvriers de manufacture, fabrique, mines, chantiers, les compagnons, journaliers, employés, commis, garçons, domestiques, etc.

Le propriétaire est l'homme qui a la possession domaniale, absolue, exclusive des instruments de production généralement désignés sous le nom d'*immeubles*, tels que terres, maisons, mines, machines, etc. — En vertu du droit de propriété, le propriétaire, prête moyennant une redevance, qui s'appelle *fermage* ou *loyer*, les objets en question aux individus qui en ont besoin, et qui, par cette convention, entrent en jouissance à la place du propriétaire. La différence est donc facile à saisir, et personne ne peut s'y méprendre, entre le propriétaire qui prête, et le fermier ou locataire qui amodie. Le premier n'exploite pas, et recueille ; le second fait valoir, et paye.

Le capitaliste est l'homme qui dispose de l'instrument de circulation qu'on appelle argent, monnaie ou numéraire, au même titre que le propriétaire dispose des instruments de production.

En vertu du droit de capital, le capitaliste prête, comme le propriétaire, sous garantie ou hypothèque, et moyennant une redevance qui a nom *intérêt*, ses fonds à ceux qui en ont besoin. Cette prestation a lieu de deux manières : comme prêt ou *commandite*, lorsqu'il s'agit d'une avance destinée à monter, à étendre, ou améliorer une entreprise ; et comme *escompte*, lorsqu'il n'est question que de la vente et de l'achat des marchandises, en un mot, de l'échange des produits. — Du reste, la différence entre le capitaliste et l'emprunteur est absolument la même qu'entre le propriétaire et le locataire. Le capitaliste ne se mêle point du commerce, et il tire le revenu ; l'emprunteur seul fait manœuvrer les capitaux, et il paye le revenu.

L'entrepreneur, enfin, est l'homme qui, s'emparant des instruments de production du propriétaire et de l'instrument de circulation du capitaliste aux conditions que nous venons de dire, acquiert, par le fait, le privilége du travail, de la même manière que les deux autres ont le privilége de la terre et des capitaux. L'entrepreneur, en vertu des moyens dont il dispose par le privilége, donne du travail à ceux qui n'ont ni propriété, ni capitaux, ni entreprise, et qui ont besoin de travailler pour vivre. Pour prix de cette prestation de travail, le salarié abandonne à l'entrepreneur le bénéfice qu'il aurait pu espérer de son produit s'il avait traité directement avec le consommateur. La différence entre l'entrepreneur et le salarié est donc encore la même qu'entre le propriétaire et le fermier, entre le commanditaire et la commandite. Elle consiste en ce que l'entrepreneur commande le produit et garde le bénéfice; le salarié exécute le produit et abandonne le bénéfice.

Je n'examine pas si tout cela est juste ou injuste, si un autre système ne serait pas meilleur. Je vous laisse libre de croire à cet égard ce que bon vous semblera. Je constate seulement le fait, et prends note des différences.

C'est par le concours de ces deux classes de citoyens, les propriétaires, capitalistes et entrepreneurs d'une part, et les salariés d'autre part, que s'opère la production, la circulation et la consommation des richesses. Tous ensemble constituent un organisme clos qui agit en lui-même, sur lui-même et par lui-même.

Nous savons tous que la vie de cet organisme est loin encore d'être parfaite; — qu'au contraire, il y a continuellement perturbation, engorgement, souffrance, atrophie sur un point, pléthore sur un autre; — et que le désordre provient en général du défaut d'équilibre.

Mais d'où vient-il lui-même, ce défaut d'équilibre?

C'est ici qu'il convient de suivre pas à pas le produit dans sa route, et d'étudier la fonction circulatoire, depuis l'instant de la production jusqu'à celui de la consommation. Pour cela, nous allons dresser la comptabilité sociale, et, chose tout à fait nouvelle, inconcevable pour des légistes, ramener la question de droit à une question de tenue de livres.

Puis donc que la société est naturellement divisée en

deux classes, celle des propriétaires, capitalistes et entrepreneurs, et celle des travailleurs salariés, tous en rapport les uns avec les autres pour la vente et l'achat des marchandises qu'ils ont produites en commun, il s'ensuit que toutes les opérations d'agriculture, de commerce, d'industrie, qui peuvent se traiter dans un pays; tous les comptes de chaque manufacture, fabrique, banque, etc., peuvent se résumer et être représentés par un seul compte, dont nous allons donner les parties.

Je désigne par A la classe entière des propriétaires, capitalistes et entrepreneurs, que je considère comme faisant une personne unique; et par B, C, D, E, F, G, H, I, K, L, la classe des travailleurs salariés.

COMPTES

D'entre A, propriétaire-capitaliste-entrepreneur, et B, C, D, E, F, G, H, I, K, L, travailleurs salariés.

CHAPITRE PREMIER

Compte et résumé des opérations personnelles à A, propriétaire-capitaliste-entrepreneur.

A l'ouverture de compte, A commence son opération avec un capital de 10,000 fr. Cette somme forme sa mise de fonds; c'est avec cela qu'il va travailler et entamer des opérations de commerce. Cet acte d'installation de A s'exprime de la manière suivante :

1. Caisse doit à A, 1er janvier, compte de capital . . . 10,000 fr.

Le capital réalisé, que va faire A? Il louera des ouvriers, dont il paiera les produits et services avec ses 10,000 fr., c'est-a-dire qu'il convertira ces 10,000 fr. en marchandises, ce que le comptable exprime comme suit :

2. *Marchandises générales à Caisse.*

Achat au comptant, ou par anticipation des produits de l'année courante, des travailleurs ci-après dénommés :

de B, x (journées de travail ou *produits*), ensemble				1,000 fr.
de C,	—	—	—	1,000
de D,	—	—	—	1,000
de E,	—	—	—	1,000
de F,	—	—	—	1,000
de G,	—	—	—	1,000
de H,	—	—	—	1,000
de I,	—	—	—	1,000
de K,	—	—	—	1,000
de L,	—	—	—	1,000
			Total.	10,000 fr.

L'argent converti en marchandises, il s'agit pour le propriétaire-capitaliste-entrepreneur A de faire l'opération inverse, et de convertir ses marchandises en argent. Cette conversion suppose un bénéfice, puisque, comme on a vu, la terre et les maisons ne se donnent pas pour rien, les capitaux pour rien, la peine de l'entrepreneur pour rien. Admettons, suivant les règles ordinaires du commerce, que le bénéfice soit 10 p. 100.

A qui se fera la vente des produits de A? Nécessairement à B, C, D, etc., travailleurs; puisque la société tout entière se compose de A, propriétaire-capitaliste-entrepreneur, et de B, C, D, etc., salariés, hors desquels il n'y a personne. Voici comment s'établit le compte :

3. *Les suivants à Marchandises générales* :

B, mes ventes faites à celui-ci dans le courant de l'année				1,100 fr.
C,	—		—	1,100
D,	—		—	1,100
E,	—		—	1,100
F,	—		—	1,100
G,	—		—	1,100
H,	—		—	1,100
I,	—		—	1,100
K,	—		—	1,100
L,	—		—	1,100
			Total.	11,000 fr.

La vente terminée, reste à faire l'encaissement des sommes dues par les acheteurs. Nouvelle opération que le comptable couche sur son grand-livre, en la façon ci-après :

4. *Doit Caisse aux suivants :*

à B, son versement en espèces pour solde de son compte au 31 décembre. . . . . 1,100 fr.
à C,   —   —   1,100
à D,   —   —   1,100
à E,   —   —   1,100
à F,   —   —   1,100
à G,   —   —   1,100
à H,   —   —   1,100
à I,   —   —   1,100
à K,   —   —   1,100
à L,   —   —   1,100

Somme égale. . . . . . 11,000 fr.

Ainsi le capital avancé par A, après conversion de ce capital en produits, puis vente de ces produits aux travailleurs-consommateurs B, C, D, etc.; et enfin paiement de la vente, lui rentre augmenté d'un dixième, ce qui s'exprime à l'inventaire par la balance ci-dessous :

5. *Résumé des opérations de A, propriétaire-capitaliste-entrepreneur, pour son inventaire au 31 décembre.*

Doivent.	MARCHANDISES GÉNÉRALES	Avoir.
10,000 fr. débit de ce compte au 31 décembre.	Crédit de ce compte au 31 décembre. . . .	11,000 fr.
1,000 bénéfice sur ce compte à porter au crédit du compte de capital de A.		
11,000 fr.	Balance. . .	11,000 fr.

Dans toute maison de commerce, dans toute fabrique, dans toute banque, les comptes reviennent invariablement à cela. Qui a l'intelligence d'un seul, a l'intelligence de tous; qui voudrait les fondre tous en un même compte, ne ferait encore qu'un compte particulier semblable à tous les autres. C'est pourquoi nous avons pu résumer en un seul compte le système entier des opérations compliquées de tous les propriétaires, capitalistes et entrepreneurs de France. Il suffirait, pour avoir le bilan de tout le pays, de mettre à la place de A des noms propres, et à la place des chiffres figuratifs 10,000, 1,000, 1,100 et 11,000, les chiffres réels.

Passons à la contre-partie de ce compte, au compte des travailleurs :

CHAPITRE DEUXIÈME.

Compte des opérations de B, travailleur, avec A, propriétaire-capitaliste-entrepreneur.

B, travailleur, sans propriété, sans capital, sans ouvrage, est embauché par A, qui lui donne de l'occupation et acquiert son produit. Première opération, que l'on fait figurer au compte de B, ainsi :

1. Doit Caisse, 1ᵉʳ janvier, à B, compte de capital :

Vente au comptant ou par anticipation de tout le produit de son travail de l'année à A, propriétaire-capitaliste-entrepreneur, ci. . . . . 1,000 fr.

En échange de son produit, le travailleur reçoit donc 1,000 fr., somme égale à celle que nous avons vue figurer au chapitre précédent, article 2, *compte de marchandises générales.*

Mais B vit de son salaire, c'est-à-dire qu'avec l'argent que lui donne A, propriétaire-capitaliste-entrepreneur, il se pourvoit chez ledit A de tous les objets nécessaires a la consommation de lui B, objets qui lui sont facturés, comme nous avons vu plus haut (chap. 1ᵉʳ, art. de *Divers)*, à 10 p. 100 de bénéfice en sus du prix de revient. L'opération a donc pour B le résultat que voici :

2. Doit B, compte de capital, à A, propriétaire-capitaliste-entrepreneur :

Montant des fournitures de toute espèce de ce dernier dans le cours de l'année. . . . . 1,100 fr.

3. *Résumé des opérations de B pour son inventaire.*

Doit.	COMPTE DE CAPITAL	*Avoir.*
1,100 fr., débit de ce compte au 31 décembre.		
	Crédit de ce compte au 31 décembre.	1,000 fr.
	Perte sur ce compte que B ne peut payer qu'au moyen d'un emprunt.	100
1,100 fr.		1,100 fr.

Tous les autres travailleurs se trouvant dans les mêmes conditions que B, leurs comptes présentent individuellement le même résultat. — Pour l'intelligence du fait que nous avons voulu faire ressortir, savoir, le défaut d'équilibre dans la circulation générale, il est donc inutile de reproduire chacun de ces comptes.

Le tableau qu'on vient de lire, bien autrement instructif et démonstratif que celui de Quesnay, est l'image exacte, présentée en raccourci, de l'économie actuelle de la société. C'est là qu'on peut se convaincre que le prolétariat et la misère sont l'effet, non pas seulement de causes accidentelles, telles qu'inondation, guerre, épidémie; mais qu'ils résultent aussi d'une cause organique, inhérente à la constitution de la société.

Ainsi, il est évident que par le fait de la productivité du capital, et de toutes les prérogatives que s'arroge le monopoleur, il arrive toujours et nécessairement de deux choses l'une :

Ou bien c'est le monopoleur qui enlève au salarié partie de son capital social. — B, C, D, E, F, G, H, I, K, L, ont produit dans l'année comme 10, et ils n'ont consommé que comme 9. En autres termes, le capitaliste a mangé un travailleur.

En outre, par le fait de la capitalisation de l'intérêt, la position des travailleurs s'aggrave chaque année de plus en plus; de telle sorte qu'en poussant la démonstration jusqu'au bout, on arrive, vers la septième année, à trouver que tout l'apport primitif des travailleurs est passé, à titre d'intérêts et de bénéfices, entre les mains du propriétaire-capitaliste-entrepreneur, ce qui signifie que les travailleurs salariés, s'ils voulaient payer leurs dettes, devraient travailler chaque septième année pour rien !

Ou bien c'est le travailleur qui, ne pouvant donner de son produit que le prix qu'il en a lui-même reçu, pousse le monopoleur à la baisse, et par conséquent le met à découvert de tout le montant des intérêts, loyers et bénéfices dont la propriété lui faisait un droit et une nécessité.

On est donc amené à reconnaître que le crédit, dans le système actuel, a pour résultat inévitable la misère du travailleur, et pour correctif la banqueroute de l'entrepreneur, la ruine du capitaliste-propriétaire. Le privilége de propriété agit ici comme une épée à deux tranchants : quelque part qu'il frappe, il tue.

Le travailleur, dira-t-on, peut couvrir le déficit, en produisant davantage.

C'est faire un cercle vicieux.

En effet, le producteur, c'est le consommateur, c'est le travailleur. Comment donc, si déjà le travailleur ne peut racheter son produit quand il le proportionne à sa consommation, pourra-t-il le racheter quand il le poussera au delà de cette limite ?

Pour combler le déficit, il faudrait qu'il prît à côté de la société : mais à côté de la société, il n'y a rien. Il aurait tout simplement créé une non-valeur ; ou plutôt il aurait anticipé sur la production de l'année suivante : par le fait, il aurait escompté son avenir. Et l'agio de cet escompte se composerait, non-seulement, comme tout à l'heure, de l'intérêt du capital incorporé dans le produit et du bénéfice ordinaire de l'entrepreneur, mais encore de l'avilissement de prix qu'entraîne toujours la surproduction. Dans une pareille hypothèse, la marche du travailleur vers la misère, du monopoleur vers la banqueroute, n'en est que plus assurée.

Comprenez-vous maintenant comment j'ai pu dire que

la propriété est le vol, et que cependant les propriétaires
ne sont pas des voleurs? car il n'y a de voleur que celui qui
vole avec connaissance de cause.

La propriété est le vol réciproque, le vol bilatéral, de
même que le crédit, tel que je le proclame, est réciproque
et bilatéral.

Tant que la propriété a existé comme principe et soutien unique de la société et de la famille, c'est-à-dire anté-
rieurement à la division du travail et à la séparation des
industries, avant que cette vaste circulation, qui relie
entre eux les privilégiés et les travailleurs, fût établie, la
propriété n'était qu'une forme de possession, susceptible de
plus ou de moins, mais sans action, sans influence sur la
condition des personnes. Il y avait inégalité entre les fortunes; il n'y avait pas injustice dans les rapports.

Mais lorsque, par la séparation des industries et la spé-
cialisation des fonctions, les propriétés individuelles n'ont
plus été que les mailles du réseau circulatoire; lorsque
chaque propriétaire, capitaliste et entrepreneur s'est trouvé
changé, par le fait de la solidarité générale, en une espèce
de péager, gardant la porte d'une écluse et exigeant,
comme jadis le seigneur féodal, de chaque produit en
circulation un droit de transit; lorsqu'enfin le propriétaire
a été forcé d'exercer ce prélèvement sur le travailleur,
sous peine de voir son privilége demeurer nul et périr :
alors la propriété s'est trouvée être vol, vol exercé par
chacun à l'égard de chacun, et qui toujours, frappant le
salarié ou se retournant contre le monopoleur, a fait une
victime.

Que de questions éclairées par cette analyse!...

On dispute sur l'égalité des salaires. L'égalité des salaires
est-elle juste? est-elle injuste? Faut-il la regarder comme
un droit ou comme une absurdité?

La réponse est facile : il en est du salaire comme de la
propriété féodale. Qu'il soit égal ou inégal, pourvu qu'il
soit la juste expression du produit, cela ne peut jamais
faire tort à personne. Ce n'est pas l'inégalité de puissance

productive qui fait la misère des ouvriers, pas plus que l'inégalité des fiefs n'était une cause de mendicité pour les nobles. Sans doute, la tendance sociale est de niveler sans cesse les facultés physiques et intellectuelles des travailleurs, et, par suite, d'égaliser leurs conditions. C'est une loi du progrès qui ne touche point à la question qui nous occupe en ce moment. Ce qui engendre le déficit, qui ruine à la fois et maîtres et salariés, c'est l'inégalité entre le produit livré et le salaire reçu : or, je viens de prouver que la propriété, par le progrès de l'économie générale, est devenue l'une des grandes causes de cette inégalité.

Il y a des gens qui se révoltent et qui disent : « Et quoi ! l'homme n'aura pas la libre disposition des fruits de son travail et de son industrie?... » C'est l'argument favori des défenseurs de la propriété.

Qui donc. bourgeois indolents, vous a jamais parlé des fruits du *travail?* Il s'agit des profits du *capital!* — Point de communauté de travail; point de société universelle de biens ni de gains; mais aussi point de primes, point d'entraves sur la circulation : voilà notre devise! voilà la théorie! voilà le problème!

Daignez donc une fois vous mettre à la question, si vous voulez que la question avance ; et n'excitez pas d'aveugles colères contre la seule doctrine qui puisse sauver la patrie et donner satisfaction à tous les intérêts.

Toute affirmation, dans la science, la philosophie, l'économie sociale, est nécessairement précédée d'une négation.

C'est d'après ce principe de logique éternelle que j'ai nié d'abord, non pas au hasard, mais méthodiquement, la propriété. C'est pour cela qu'ensuite je me suis appliqué à construire tout un système de négations économiques, certain que j'étais qu'un système négatif était le revers d'un système positif, et demandant partout, aux philosophes, aux socialistes, aux économistes, si, abstraction faite de leurs idées favorites, ma négation était rationnelle, si mon système de contradictions était logiquement établi?

Et parce que vous ne pouvez ni vous familiariser avec cette méthode, ni en deviner le résultat, vous me répondez par des injures !

Vous me signalez à la vindicte du peuple !

Vous indiquez ma porte à vos intelligentes baïonnettes !

Depuis près de dix ans je ne cesse de dire à la propriété : « Tu es le dieu, non-seulement de l'homicide, mais du suicide ! » — Et des propriétaires à moitié ruinés, et leurs avocats et leurs sophistes, crient : *A bas !*

A bas ! en temps de révolution, c'est *à mort !*

Venez donc, vous les premiers, mes nouveaux confrères, journalistes de la propriété ;

Venez, théologiens au jargon biblique, philosophes, moralistes, juristes, publicistes, idéologues, avec votre galimatias ;

Venez, économistes à la double langue ;

Et si vous ne me tuez à la première décharge, je vous dirai en expirant : « Avant de parler de propriété, allez tous rue de Rambuteau, 15, chez M. Hippolyte Vannier, faire un cours de tenue de livres. »

Jusque-là, vous n'êtes que des menteurs et des lâches !

III

IDENTITÉ DE LA QUESTION POLITIQUE ET DE LA QUESTION ÉCONOMIQUE. — MÉTHODE DE SOLUTION.

8 mai.

L'un des hommes les plus remarquables de ce siècle, le philosophe Jouffroy, me disait un jour, et jamais je n'oublierai cet entretien qui fut pour moi un trait de lumière : « Une révolution n'est plus possible par l'instinct populaire, par la fantaisie d'un révélateur, par le retour aux traditions. Une révolution n'est possible que par la philosophie. Tout ce que pouvaient donner l'enthousiasme de la liberté, le sentiment religieux et patriotique, les souvenirs républicains, est épuisé. A un problème compliqué dont les nœuds ont été formés par l'entrelacement des institutions, il faut une solution rationnelle, un principe supérieur, que le sens commun et l'instinct rapide des masses ne suffisent plus à poser, qui ne peut être saisi que par la réflexion, dans les sources profondes de la philosophie. »

Cet homme, conservateur intrépide, dévoué au ministère, dont le nom figurait sur la liste des fonds secrets, était plus révolutionnaire que toutes nos célébrités républicaines !...

C'est par la philosophie que nous avons entrepris la solution du problème social; c'est par la philosophie que nous essayerons de révéler à la révolution de Février ce qu'elle porte, ce qu'elle veut, ce qu'elle est, et de donner aux hommes du mouvement conscience de leur mission.

On m'a fréquemment adressé le reproche de n'avoir jamais su que détruire, sans pouvoir édifier quoi que ce soit. A cela j'ai répondu déjà qu'en philosophie, la véritable méthode de construction est la négation. Toute négation, en effet, correspond dans l'esprit a une affirmation; d'où il suit qu'un système qui se composerait uniquement de négations, si ces négations étaient rationnelles et liées l'une à l'autre par un rapport nécessaire, serait le corrélatif d'un système d'affirmations adéquates, absolument comme le revers d'une tapisserie est adéquat à la face. En sorte que, si une négation est logiquement établie, il ne faut, pour obtenir l'idée positive et vraie, que la retourner par un procédé dialectique bien connu des logiciens.

Ainsi la négation implique nécessairement l'affirmation, et si l'on avoue que le système des contradictions économiques est la démolition pièce à pièce et méthodique de toute la société, on reconnaît par là même que c'en est

aussi la construction, méthodique et pièce à pièce. Pour
montrer le système social dans sa vérité positive, il n'y
a plus qu'à renverser la série négative, opération qui, je
le répète, pour un homme tant soit peu exercé aux procédés de la logique, ne présente aucun embarras.

La question sociale tout entière se résume pour nous
dans la propriété. Au principe d'individualisme se rattache
tout ce qu'il y a de subjectif dans la philosophie, la religion, le droit, la politique, la morale, l'art, la littérature :
tellement que réformer la propriété, c'est réformer toute
la société, c'est refaire tout l'homme. C'est ce qu'ont parfaitement compris les diverses écoles socialistes, qui toutes,
sans exception, mais avec plus ou moins de conscience
et d'audace, tendent à ce seul but, la réforme de la propriété.

Or, la négation de la propriété et de ses corollaires économiques, le monopole, la concurrence, etc., une fois
admise, une première conclusion s'offrait d'elle-même :
c'était de s'adresser au principe contraire, d'opposer à la
propriété la communauté, à l'intérêt privé l'intérêt collectif, à l'autorité du citoyen l'autorité de l'État. Dans ce
cas le réformateur, se plaçant au sommet de la société,
s'emparant de la centralisation, disposant de la force publique et de l'impôt, procédant enfin par voie d'autorité et
de gouvernement, essayerait de substituer à la propriété
individuelle une sorte de propriété collective, à l'initiative
du citoyen l'initiative du pouvoir, à la libre concurrence
le monopole de l'État.

La réforme, dans ce système, porte directement sur le
travail et la production; elle n'atteint qu'indirectement et
par voie de conséquence la circulation. Aussi ce système
a-t-il été désigné, et à juste titre, par les mots *organisation du travail*. Telle est l'idée de M. Louis Blanc et de
la plupart des républicains socialistes : c'est une forme du
communisme.

Que si maintenant l'on soumet à l'analyse le système de
la communauté, on rencontre les mêmes contradictions,

les mêmes impossibilités, mais en sens contraire, que l'on avait observées d'abord dans l'autre système; en sorte qu'après avoir nié la propriété, on se trouve conduit invinciblement par la théorie à nier aussi la communauté. Quant à la pratique du communisme, il nous a été donné d'en voir un échantillon; cet échantillon confirme de tous points la théorie. 'A peine commencée, l'organisation du travail par l'État a vu se dresser devant elle une chaine d'impossibilités inéluctables, qui ont forcé les novateurs à s'arrêter, dupes d'une conclusion parfaitement déduite, mais qui, n'étant elle-même que la transition à une idée supérieure, devait être écartée comme la première.

Il est arrivé à l'organisation du travail ce qui arrive ordinairement dans les sciences, lorsque l'esprit est à la recherche d'une solution. Presque jamais la première hypothèse qui se présente, et qu'indique le sens commun, n'est vraie. M. Louis Blanc a eu le malheur et l'avantage de personnifier en sa personne une idée qui était alors dans la pensée de tout le monde, et qui conserve encore une foule de partisans. Cette idée avait sa place marquée dans la science économique, comme opposition au principe individualiste : comme conclusion finale, elle était certainement fausse, mais comme conclusion relative et préparatoire, elle était vraie. Or, il est toujours honorable d'avoir été le représentant d'une idée. Combien de philosophes ont leurs noms burinés dans l'histoire, qui méritent encore moins les honneurs de l'immortalité que M. Louis Blanc !...

Le principe communiste et le principe propriétaire étant niés l'un et l'autre, que reste-t-il à faire à l'économiste? C'est de chercher un troisième terme qui soit l'opposé de tous deux, comme ils sont l'opposé l'un de l'autre ; c'est, en un mot, de découvrir leur rapport.

Sans entrer dans d'autres détails, l'analyse de la propriété nous le fournit.

Nos précédentes considérations sur la propriété ont prouvé deux choses :

La première, que la société moderne est constituée sur

le fait général et prépondérant d'une circulation qui rend
solidaires les unes des autres toutes les industries, toutes
les fortunes; contrairement aux sociétés antiques, constituées sur la propriété individuelle, et où, par le peu d'importance de la circulation, l'indépendance des fortunes
était complète. — De ce premier fait nous avons immédiatement déduit cette conséquence, que le problème posé
par la révolution de Février est avant tout un problème
de justice commutative, un problème de circulation, de crédit, d'échange, non un problème d'organisation de l'atelier.

La seconde chose que nous avons prouvée, c'est que,
par suite du progrès économique qui a changé la constitution de la société, par la séparation et l'engrenage des
fonctions productrices, la propriété, sur laquelle l'antique
société vivait, est devenue une entrave à la circulation,
un obstacle à la vie sociale.

Cette entrave, cet obstacle doit disparaître. Il est entendu, et je ne devrais pas avoir besoin de le dire, que
cette réforme, toute fiscale, doit avoir lieu sans violence,
sans spoliation, sans dépossession, et avec l'indemnité
préalable. C'est une liquidation à faire de la nu-propriété
ainsi que de la rente, analogue au rachat des actions de
jouissance des canaux.

Tel est donc le système que nous proposons. Au lieu de
prendre la société par la tête, comme faisait M. Louis
Blanc, ou par la base, comme fait la propriété, il faut l'attaquer par son milieu; agir directement, non point sur
l'atelier, le travail, ce qui est agir toujours sur la liberté,
la chose du monde qui souffre le moins qu'on y touche;
mais sur la circulation et les rapports d'échange, de manière à atteindre indirectement, et par voie d'influence,
le travail et l'atelier.

En un mot, au lieu d'agrandir la sphère d'action du gouvernement et de restreindre la liberté, il faut changer le
milieu où ils se meuvent, ce qui sera changer la loi de leurs
rapports et de leurs mouvements.

Ce système a donc pour principe, non plus l'individualité

où l'autorité, mais la réciprocité d'action. Au lieu de faire appel tantôt à l'égoïsme, tantôt au dévouement, ce qui est une autre espèce d'égoïsme, notre théorie s'appuie sur la justice commutative et l'égalité des rapports. Sa tendance est de développer à l'infini la liberté, l'égalité, la fraternité, par l'accroissement de la richesse, par le nivellement des conditions, et par la solidarité (réelle, non personnelle) des producteurs. C'est ce que nous avons appelé, par opposition à l'organisation du travail, *organisation du crédit et de la circulation*. Car, comme dans l'être vivant la circulation est fonction maîtresse, et l'appareil circulatoire le premier formé ; ainsi la révolution économique doit commencer par la circulation et l'échange, et abandonner à la liberté individuelle, restaurée, le travail et l'atelier. Ajoutons, enfin, qu'autant il y a de spontanéité dans l'organisation du travail par l'État, autant il y a de spontanéité dans l'organisation du crédit par le concours de tous les citoyens, qu'il suffit d'avertir de ce qu'ils ont à faire pour que la réforme s'opère, par leurs soins, librement.

C'est donc par la négation simultanée du système propriétaire et du système communiste, que nous arrivons à concevoir le système mixte de l'égal-échange. La négation, une double négation, s'est transformée tout à coup en affirmation, et cette affirmation, il est évident que les deux négations l'impliquaient. En effet, qui dit cause et phénomène suppose le rapport de la cause et du phénomène ; qui dit fini et infini suppose le rapport du fini à l'infini. De même qui dit propriété et communauté, individualisme et autorité, suppose le rapport de l'individu à la société, du citoyen à l'État, suppose, par conséquent, une réciprocité qui se traduit par le fait matériel de la circulation.

Nous savons sur quelle partie du corps collectif doit porter la réforme ; il reste à déterminer comment cette réforme devra s'appliquer.

Ici encore la philosophie pouvait seule nous diriger. Reprenons notre négation fondamentale, la négation de la propriété.

10.

Qu'est-ce que la propriété?

La propriété, pour nous renfermer dans le cercle économique, est le *veto* mis sur la circulation par les détenteurs de capitaux et d'instruments de travail. Pour faire lever ce *veto* et obtenir passage, le consommateur producteur paie à la propriété un droit qui, suivant la circonstance et l'objet, prend tour à tour les noms de rente, fermage, loyer, intérêt de l'argent, bénéfice, agio, escompte, commission, privilége, monopole, prime, cumul, sinécure, pot-de-vin, etc., etc.

Cette immense organisation de péages sur les produits circulants a pour corollaire et pour soutien la police, la guerre, les tribunaux, le culte même, en un mot l'État, représenté par le budget; — pour conséquence, le parasitisme, le luxe, l'anarchie mercantile, la fraude, l'inégalité des conditions, la mendicité, le vagabondage, la prostitution, le vol, le meurtre et le suicide; — pour correctif, la bienfaisance publique, la charité chrétienne, la philanthropie.

Nous nions donc, avec la propriété, cause de toutes les perturbations sociales : 1º les droits seigneuriaux de la propriété, de quelque nom qu'ils se décorent, de quelque prétexte qu'ils se couvrent; 2º les satellites de la propriété, malgré la pourpre et l'or, malgré le caractère sacré dont ils sont revêtus; 3º les palliatifs de la propriété, quelque purs et honorables que soient les sentiments qui les inspirent.

La question est de savoir maintenant comment toutes ces négations, dont le simple énoncé soulève tant de colères et répand tant d'effroi, se convertiront en autant d'affirmations positives, rassurantes, fécondes pour tous, aussi acceptables à la bourgeoisie qu'au prolétariat. Là est la plus grande difficulté du problème.

Comme toujours, deux partis inverses l'un de l'autre se présentaient : le premier, indiqué par le sens commun, accepté par tout le monde, mais radicalement nul; le second, accessible seulement à la réflexion philosophique, mais d'une puissance, d'une efficacité certaine.

Le premier parti consiste à attaquer en détail et séparé-
ent les diverses formes et abus de la propriété ; à refaire,
constituer, remanier l'État, ce que l'on nomme réforme
olitique ; à multiplier les institutions de charité, les lar-
esses, les aumônes, etc. L'ensemble de ces moyens forme
bréviaire des réformateurs depuis six mille ans.

Or, la propriété est inattaquable dans ses forteresses,
État est irréformable de sa nature, malgré les oscilla-
ons de la politique, de monarchie en démocratie, de dé-
ocratie en aristocratie, d'aristocratie en autocratie, etc.;
charité, enfin, est impuissante contre le paupé-
sme, comme un cataplasme contre la lèpre. Quelques
gnes suffiront pour mettre chacun de ces points hors de
oute.

Ainsi, l'on ne saurait, en l'attaquant directement, sup-
imer la rente foncière. Quand vous auriez à votre service
1 million de baïonnettes et tout l'or du Potose, vous n'en
endriez point à bout. Ni la spoliation ni le rachat ne
uvent rien contre la rente; car, ou l'État s'adjugerait à
i-même la rente, et dans ce cas on n'aurait fait que rem-
acer les rentiers par une autre caste d'improductifs ; la
nte serait déplacée, elle ne serait point abolie, et s'il
nvenait aux rentiers d'entrer dans le gouvernement, ils
ntreraient ainsi en possession de leurs droits seigneu-
aux, en sorte que l'expropriation n'aurait eu d'autre
fet que de doubler leur fortune. — Ou l'État abandonnera
rente au fermier, ce qui constituera, au profit du fer-
ier, un privilége équivalent à la rente; — ou bien enfin,
État, se substituant à la fois au propriétaire et au fer-
ier, fera exploiter en commun : système que l'expérience
la théorie ont démontré impraticable.

La propriété, dans la rente, est donc invincible.

Ce que nous disons de la rente, il faut le dire de l'intérêt
es capitaux. L'abolition de cet intérêt est impossible. Si
us supprimez l'intérêt, que deviendra le crédit? ou plutôt
ue deviendra la circulation, puisque toute vente faite à
rme implique réserve de l'intérêt? Ordonnerez-vous

que toutes les affaires se règlent au comptant? c'est impossible.

Le bénéfice du commerce, ce qu'en économie polique o
appelle *produit net*, est aussi inattaquable que la rente d
la terre et l'intérêt des capitaux.

Dans ce temps de ferveur socialiste, tout le monde, et l
bourgeoisie elle-même, propose d'associer l'ouvrier au
bénéfices de l'entrepreneur. L'idée en soi est juste; ell
est même nécessaire : mais je n'hésite point à dire qu'ell
est incompatible avec le régime actuel. Pour que l'ouvrie
participât aux bénéfices, il faudrait le faire participer éga
lement aux pertes : première impossibilité. Il faudrait, e
second lieu, rendre cette participation obligatoire à l'en
trepreneur, sans quoi il n'y a rien à attendre de celui-ci
Or, l'association forcée, c'est du communisme, c'est d
l'esclavage : deuxième impossibilité. Je dis, de plus, qu
cette participation, fût-elle possible, serait anti-écono
mique; qu'il en serait d'elle comme de l'impôt progressif
elle tuerait l'esprit d'entreprise et ruinerait l'industrie
sans améliorer le sort du travailleur. La raison de cela es
bien simple. Puisque, dans la société, le produit *brut* et l
produit *net* sont identiques, et que la production totale n
donne à chacun, en moyenne, que 70 centimes par jour
la participation de l'ouvrier au bénéfice de l'établissemen
se réduirait donc, en général, à lui assurer, ainsi qu'a s
femme et à ses enfants, 70 centimes par jour et par tête
aussi longtemps que l'entreprise marcherait. Or, elle ces
serait bientôt de marcher si elle cessait de capitaliser. E
comment capitaliserait-elle, sans bénéfices?

Réduire les traitements et salaires, établir des maxi-
mums, mettre tout le monde à la portion congrue en mêm
temps qu'à la tâche, c'est tout à la fois de l'envie et d
l'arbitraire; de plus, c'est une contradiction, puisque l
valeur des produits et services doit se fixer, non par l'opi
nion ou l'estime du législateur, mais par l'équilibre géné
ral de la production, lequel ne dépend point du bon plaisi
du gouvernement.

Quant à l'Etat, c'est surtout au point de vue de l'impôt que l'économiste le considère. Or l'impôt, tant que le principe de propriété sera respecté, et quels que soient la forme du gouvernement et le système de constitution, est irréformable et surtout irréductible.

Irréformable, en ce sens qu'il frappera toujours moins sur le riche que sur le pauvre? En effet, qu'est-ce que l'impôt? Un prélèvement sur la production générale, destiné à payer les charges de l'Etat. L'impôt doit donc être supporté par le produit, au prorata du produit; il est absurde de l'établir sur le producteur. Or, l'impôt progressif, aujourd'hui en faveur à cause du principe d'envie qui le caractérise, n'est, au fond, qu'une injustice, et une injustice absurde, qui consiste à grever certains produits, certaines portions du produit collectif plus que les autres. Il en résulte que l'impôt progressif, là où il s'abat, comprime la production, refoule la richesse, arrête la formation des capitaux, empêche la consommation de luxe; et comme le luxe, en économie politique, est toute production destinée à satisfaire les besoins supérieurs de l'intelligence et du goût, il s'ensuit que l'impôt progressif tue le travail en le faisant rétrograder sans cesse de l'art à l'industrie et de l'industrie à la barbarie. Un prêtre, invoquant la charité évangélique, peut décider d'un trait de plume que l'impôt doit être progressif; un club de badauds, usurpant la qualité de révolutionnaires, peut applaudir à ce coup d'État qui flatte leurs mauvais sentiments. L'impôt progressif n'en est pas moins un monument de haute ignorance, de brutalité et de réaction économique.

Je dis maintenant que l'impôt est irréductible; que même, bien loin qu'avec le régime propriétaire il puisse diminuer, il est fatal qu'il augmente continuellement. En deux mots, on va le concevoir. D'un côté, l'État restant organisé sur le type de l'administration domestique et féodale; de l'autre, la population, ainsi que la masse des affaires, augmentant toujours, l'impôt, à travers ses oscillations annuelles, doit nécessairement augmenter dans une proportion encore plus forte, par cette raison d'économie politique, que dans tout établissement qui prend de l'extension, les frais généraux croissent toujours plus vite que les bénéfices. A cet égard, on conviendra que l'expérience est parfaitement d'accord avec la théorie.

D'après ce que nous venons de dire sur l'impôt, on conçoit de quelle impuissance sont les réformes politiques contre la misère. Toutes ces réformes, en effet, se réduisent invariablement à l'une ou à l'autre de ces deux choses : diminuer l'impôt, ou le faire tantôt progressif, tantôt proportionnel, selon que le gouvernement mène plus ou moins à la démocratie ou à la propriété. Toutes ces conversions de monarchie en république et de république en monarchie, délices des brouillons et des oisifs, n'ont pas d'autre objet ni d'autre cause. Or, l'impôt ne pouvant être, dans aucun cas, ni dégrevé, ni reporté, sans dommage pour le travail, de la classe ouvrière sur la classe riche, il s'ensuit que toute révolution purement politique est une mystification, un escamotage.

J'en dis autant des œuvres de la charité publique, et de tous les efforts de la philanthropie ; vains palliatifs avec lesquels la conscience générale essaye de réparer les torts de la raison générale.

La réforme économique, la négation de la propriété, de ses corollaires, de ses suppôts, de ses abus, de ses conséquences, est irréalisable, si on veut l'attaquer par le détail. Quoi qu'on fasse, et quelque tempérament qu'on y apporte, le privilége de propriété est invincible par cette voie. Il faut découvrir une autre issue ; il faut, en un mot, généraliser la réforme.

Généraliser, dans l'espèce, c'est employer la méthode révolutionnaire, la méthode du peuple. *Percutiam pastorem, et dispergentur oves*, dit le psalmiste. Frappez le tyran, et le système de la tyrannie est à bas.

Quel est, dans l'ordre des faits anatomiques, tous plus ou moins imprégnés d'appropriation, celui qui exerce à l'égard des autres la dictature ? Quel est le despote de la circulation, le tyran du commerce, le chef de la féodalité mercantile, le pivot du privilége, le symbole matériel de la propriété?

C'est le numéraire, c'est l'argent?

Parmi les marchandises, l'argent et l'or occupent la première place; ils exercent le commandement, ils trônent. L'argent donne aux autres produits leur valeur, comme le monarque distribue les emplois et assigne les traitements; — il sert d'intermédiaire à l'échange, comme le prince intervient dans les transactions, par la justice, les offices ministériels, l'enregistrement, le timbre; il représente la richesse, comme le prince représente la société et l'ordre.

L'argent est le signe, non-seulement, comme on le dit, de la valeur, mais de tous les abus de la propriété, de toutes les servitudes qu'elle impose à la production, à la circulation et à la consommation; de toutes les misères et de tous les crimes que provoque le système de ses extorsions.

C'est donc l'argent que nous allons ruiner; c'est dans la négation de l'argent que nous attaquerons le système des négations économiques. Il s'agit d'abolir la royauté de l'argent, comme nous avons aboli celle de l'homme; de créer l'égalité entre les produits, comme nous l'avons faite entre les citoyens; de donner à chaque marchandise la faculté représentative, comme nous avons donné à tous le droit de suffrage; d'organiser la permutabilité des valeurs, sans l'intermédiaire de l'argent, comme nous aurons à organiser le gouvernement de la société par tous les citoyens, sans l'intermédiaire de royauté, présidence ou directoire. En un mot, il s'agit de faire, pour l'ordre économique, ce que nous voulons pour l'ordre politique; sans cela la révolution serait tronquée et boiteuse.

Ces deux réformes, la réforme économique et la réforme politique, sont donc liées intimement elles ne peuvent l'une sans l'autre se réaliser. Séparer l'organisation politique de l'organisation économique, c'est rétrograder vers l'absolutisme, c'est prendre toujours l'opinion pour loi au lieu de la réalité; c'est enrayer le progrès.

Pour être vraiment révolutionnaire, il faut que la nouvelle constitution soit, qu'on me pardonne ces termes d'école, à la fois subjective et objective, qu'elle soit une organisation de l'égalité entre les choses comme entre les personnes. La balance des produits est la même chose que la justice entre les citoyens ; la justice devient ainsi, pour nous, chose concrète et chose idéale. Et comme la révolution de 1848 est, avant tout, une révolution économique, c'est à la science économique que nous devons demander le nouveau principe républicain.

Organiser le crédit et la circulation, créer une banque, en un mot, voilà le point de départ de la constitution politique, aussi bien que de la constitution économique. La même équation sert à résoudre la question sociale et la question d'État; la même formule exprime cette double solution.

Nous allons exposer le plan de cette réforme.

IV

BANQUE D'ÉCHANGE.

10 mai.

Il y a deux espèces de contre-révolutionnaires, suivant que nous jugeons la contre-révolution au point de vue politique ou au point de vue économique.

La première espèce comprend tous ceux qui se sont désignés eux-mêmes sous le nom de républicains-*démocrates*, par un semblant d'opposition avec les républicains-*monarchistes*, leurs compétiteurs et leurs compères.

Entre les uns et les autres, il y a autant de différence qu'entre jaune et safran. Ce sont ces démocrates qui travaillent à concentrer et personnaliser le pouvoir, quand il faudrait disséminer et dépersonnaliser le pouvoir ; qui appellent les écus au secours de la République, quand il faudrait apprendre aux républicains à se passer des écus ; qui veulent que le travail soit commandité (exploité) par le capital, tandis que le travail doit créer le capital de rien, et se commanditer lui-même par la réciprocité de l'échange.

La seconde espèce de contre-révolutionnaires se compose de tous les prêteurs d'argent et d'instruments de travail, représentants de la féodalité mercantile, agricole, industrielle, financière ; suppôts de la royauté *in utroque jure*, politique et économique ; auteurs de toutes les restaurations, fauteurs de toutes les tyrannies, et qui reconnaissent pour chefs les juifs.

Quant à nous, nous sommes purement et simplement républicains, sans augmentatif ni diminutif. — Nous ne sommes ni royalistes, ni démocrates, ni juifs ; nous nions le pouvoir et le numéraire ; nous soutenons que le crédit, pour s'exercer, n'a pas plus besoin de la garantie des pièces de cent sous que la liberté n'a besoin, pour faire route, du laisser-passer d'un citoyen monarque ou d'un citoyen-président.

Aussi pouvons-nous dire avec vérité que nous sommes de la Révolution, et que nous poursuivons l'œuvre de la Révolution. Nous protestons contre le retour des juifs et la restauration monarchique ; nous sommes en permanence d'insurrection contre le capital et contre le pouvoir.

Nous avons dit précédemment que toutes les négations économiques rentrent les unes dans les autres, et se généralisent notamment dans la négation de l'argent, considéré comme signe représentatif des valeurs et instrument d'échange. Il est peu d'économistes, aujourd'hui, qui, après réflexion, ne conviennent de la possibilité d'une telle réforme ; mais il n'est pas moins vrai que dans les idées de la vieille économie politique, de cette économie politique anglaise tant vantée, que l'on s'efforce d'implanter parmi nous comme on y a implanté déjà la monarchie constitutionnelle, la pensée de supprimer le numéraire est souverainement absurde, aussi absurde que la pensée de supprimer la propriété.

Car enfin, objecte-t-on, tout papier de banque est nécessairement gagé, soit sur du numéraire ou des lingots, soit sur des valeurs mobilières ou immobilières, réalisables en numéraire. Hors de là, il n'y a que collusion et fraude. Déjà même on voit le papier de banque diminuer de valeur, perdre de la confiance et subir un agio dans les transactions, à mesure qu'il a pour gage des immeubles d'une réalisation plus difficile, ou sujets à une dépréciation plus éventuelle. C'est donc toujours l'argent qui fait la valeur des billets; conséquemment l'axiôme : point d'argent, point de crédit; point de crédit, point de circulation; point de circulation, point de travail, est vrai d'une vérité absolue.

Nous avons donné ailleurs (1) la théorie d'une institution de crédit et de circulation, que nous avons appelée *Banque d'échange*, et que nous considérons comme l'acte le plus révolutionnaire qui soit sorti d'une pensée réformiste, comme l'application la plus décisive que nous puissions faire de nos principes. Cette théorie, nous en reproduirons tout à l'heure les principes fondamentaux. Quelques réflexions seulement sur la manière dont le problème a été résolu, et sur les circonstances qui seules pouvaient amener la solution.

Les produits ne s'échangent que contre des produits : cet aphorisme de l'économie politique ne rencontre plus, aujourd'hui, de contradicteurs. Socialistes et économistes sont d'accord du fait et de la loi : c'est le terrain commun où devront se concilier les théories, et les opinions se réunir dans une même doctrine.

L'échange est direct ou indirect.

Un fabricant de fauteuils, demeurant à Paris, a besoin

---

(1) *Organisation du crédit et de la circulation, et Solution du problème social.* Paris, Garnier frères, Palais-National.

d'une pièce de vin, en même temps qu'un marchand de vins, demeurant à Bordeaux, a besoin de fauteuils. Les deux producteurs peuvent échanger leurs produits respectifs en se les envoyant mutuellement. Voilà l'échange direct.

Mais supposez, ce qui est le cas le plus ordinaire, que l'un des deux échangistes n'ait pas besoin du produit de l'autre ; que, par exemple, le marchand de vins de Bordeaux, au lieu de fauteuils, demande du calicot : l'échange n'est plus possible. Le Parisien payera son vin en argent, et, avec cet argent, le Bordelais fera venir de Mulhouse l'étoffe qui lui est nécessaire. Voilà l'échange indirect.

Or, cet échange, que le défaut d'un commun lien de crédit rend nécessairement indirect, s'opérerait directement, et sans intermédiaire, s'il était possible à tous les échangistes d'un même pays, à tous ceux qui ont besoin d'acheter et de vendre, de se connaître. Supposons, par exemple, que le Parisien, le Mulhousien et le Bordelais aient connaissance, au même instant, qu'ils ont chacun besoin, le premier d'une pièce de vin, le second de fauteuils, le troisième d'une certaine quantité de calicot : il est clair que l'échange se pourra faire entre eux, sans aucune intervention de l'argent. Le fabricant de Paris enverra ses fauteuils au fabricant de Mulhouse, qui, de son côté, enverra son calicot au fabricant de Bordeaux, lequel, à son tour, expédiera son vin à Paris. Au lieu de trois échangistes, mettez-en cent mille, et ce sera la même chose : l'échange ne cessera pas d'être direct.

Que faut-il donc pour rendre possible l'échange direct, non pas seulement entre trois, quatre, six, dix ou cent échangistes, mais entre cent mille, mais entre tous les producteurs et consommateurs de l'univers ?

Une chose très-simple : centraliser toutes les opérations de commerce au moyen d'une banque dans laquelle seront reçus toutes les lettres de change, mandats et billets à ordre, représentant les factures des négociants ; puis généraliser ou convertir ces obligations en un papier qui en serait l'équivalent, qui, par conséquent, aurait lui-même pour gage les produits ou valeurs réelles que ces obligations représentent.

Le papier de banque, ainsi formé, aurait toutes les qualités du papier le plus solide.

Il ne serait point sujet à dépréciation, puisqu'il ne serait délivré que contre bonnes valeurs et lettres de change acceptables, et qu'il reposerait ainsi, non pas sur des produits fabriqués, mais sur des produits vendus et livrés, dont, par conséquent, le remboursement serait exigible.

Il n'aurait rien à redouter de l'excès d'émission, puisqu'il ne serait délivré que contre papier de commerce de première qualité, c'est-à-dire contre promesse certaine et authentique de remboursement.

Il ne serait refusé par personne, puisque, par le fait de la centralisation des échanges, par l'adhésion de tous les citoyens à la banque, il représenterait pour chacun une valeur égale à celle qu'il aurait à payer bientôt lui-même en papier de banque.

Le fait le plus remarquable à noter dans cette constitution de la banque, ce n'est pas tant l'idée en elle-même, idée aussi simple, plus simple peut-être que celle qui a donné naissance à la monnaie, que la coïncidence de l'emploi du numéraire avec le règne de la propriété féodale et avec l'organisation monarchique des sociétés.

Nous l'avons fait observer déjà plusieurs fois, et nous ne saurions trop le redire : tant que la famille a dû vivre, par son activité propre et comme un petit monde clos, sur la propriété, la propriété a été le principe et la pierre angulaire de l'ordre social. Alors la rareté des échanges, la pauvreté des transactions nécessitèrent l'emploi exclusif du numéraire. L'agent circulatoire devait porter avec soi sa garantie et répondre de son acceptation. Ce fut l'âge de l'or, comme c'était l'âge des royautés.

Mais quand, par la multiplicité du travail, par la séparation des industries, par la fréquence des échanges, la circulation fût devenue le fait capital de l'économie des nations, la propriété individuelle devint, comme nous l'avons dit, un obstacle à la vie collective, et l'emploi du numéraire ne fut plus, dans la circulation, que le signe du privilége et du despotisme, de même que la prérogative royale fut le signe de la corruption et de l'arbitraire.

Ainsi, la société, en se développant, détruit ou transforme ses créations antérieures : c'est quand nous aurons acquis la pleine intelligence de cette loi que les révolutions pourront s'opérer pacifiquement.

La royauté, la propriété, le numéraire, voilà la trinité monarchique que nous avons à démolir ; voilà la triple négation dans laquelle se résume pour nous, tout entière, l'œuvre révolutionnaire commencée en février.

Car, ainsi que nous aurons lieu de le démontrer par la suite, toute négation, c'est-à-dire toute réforme dans la religion, la philosophie, le droit, la littérature, l'art, se ramènent à la négation de l'idée purement subjective, à la négation de la propriété. Et la propriété abolie, on verra, pour employer le langage vulgaire, ce que nous entendons mettre à la place de la propriété, à la place de l'autorité, à la place de Dieu.

Tout cela posé, et pour l'intelligence de ce qui va suivre, nous mettons sous les yeux de nos lecteurs, le projet de constitution, tel que nous l'avions d'abord conçu, d'une Banque d'échange.

PROJET

DE

Constitution de la Banque d'Échange.

SOCIÉTÉ NATIONALE DE LA BANQUE D'ÉCHANGE

STATUTS FONDAMENTAUX

Entre les soussignés, négociants, artisans, entrepreneurs, industriels, propriétaires, économistes, jerisconsultes, professeurs, écrivains, artistes, ouvriers, producteurs de toute espèce, de tout état et profession,

Il a été convenu et arrêté ce qui suit :

TITRE PREMIER

DISPOSITIONS GÉNÉRALES

Article premier. Les soussignés, et tous ceux qui adhéreront aux présents statuts, se constituent en société de commerce, sous le nom de SOCIÉTÉ NATIONALE DE LA BANQUE D'ÉCHANGE.

Art. 2. L'objet de la Société est :

1º Spécialement et immédiatement, par l'institution de la Banque d'échange, de procurer à chaque membre de la Société, sans le secours du numéraire, tous les pr 'uits, denrées, marchandises, services ou travaux ;

2º Ultérieurement, de procurer la réorganisation du travail agricole et industriel, en changeant la condition du producteur.

Art. 3. La Société est universelle.

Tous les citoyens, sans exception, sont appelés à en faire partie. Pour être sociétaire, il ne faut aucune mise de fonds ; il suffit d'adhérer aux présents statuts, et de s'engager à accepter, en tout payement, le papier de crédit de la Banque d'échange.

Art. 4. La Société n'a pas de capital.

Art. 5. Sa durée est perpétuelle.

Art. 6. Son siège est à Paris.

Art. 7. La banque d'échange est une institution essentiellement républicaine ; elle est le type du gouvernement du Peuple par le Peuple. C'est une protestation vivante contre tout rétablissement du principe hiérarchique et féodal ; c'est l'abrogation de fait de toute inégalité civile et politique. Le privilége de l'or aboli, tout privilége disparaît. L'égalité dans l'échange, résultat nécessaire de la mutualité de l'échange, devient à son tour la base de l'égalité dans le travail, de la solidarité réelle, de la responsabilité personnelle, de la liberté absolue. La Banque d'échange, enfin, est le principe, l'instrument et le gage d'une richesse indéfinie, *d'une paix générale et perpétuelle.*

Principes constitutifs de la Banque d'échange.

Art. 8. La Société nationale de la Banque d'échange pose pour principes :

Travailler, c'est produire de rien ;

Créditer, c'est échanger ;

Échanger, c'est capitaliser.

Elle a pour formule la réciprocité.

Art. 9. La Banque d'échange est donc une institution de crédit destinée à opérer l'échange de tous les produits sans le secours du numéraire, et par suite la multiplication indéfinie des produits sans la commandite du numéraire.

Art. 10. Au lieu de numéraire, la Banque d'échange se sert d'un papier social.

Art. 11. Ce papier ne représente pas le numéraire, comme les billets de banque ordinaires ; il représente les diverses obligations particulières des membres de la Société et les divers produits qui y ont donné lieu.

Art. 12. Le papier de la Banque d'échange, accepté préalablement par tous les sociétaires, circule de main en main, sert à obtenir les produits des divers sociétaires, en un mot, remplace la monnaie comme moyen d'échange.

Il y a contradiction entre la qualité de sociétaire et le refus du papier d'échange.

Art. 13. L'émission ne peut jamais être exagérée, puisqu'elle se fait au fur et à mesure de la LIVRAISON des produits et en échange des factures acceptées ou obligations qui résultent de la livraison.

Art. 14. La dépréciation, enfin, est impossible, puisque le papier est toujours gagé par le produit qui a provoqué son émission, par la responsabilité du producteur et des endosseurs.

Art. 15. La Banque d'échange ne fait pas de bénéfices.

Des Bons d'échange.

Art. 16. Le papier de la Banque s'appelle *bons d'échange*.

Les diverses coupures des bons d'échange sont de 20, 100, 500 et 1000 fr.

Art. 17. Les bons d'échange sont perpétuellement échangeables à vue à la Banque et chez tous les sociétaires contre des marchandises ou services de toute nature.

Réciproquement, les marchandises ou services de toute nature sont perpétuellement échangeables à la Banque contre des bons d'échange.

Art. 18. Les bons d'échange ne sont pas remboursables en espèces.

Les appoints seuls seront acquittés en numéraire.

Opérations de la Banque d'échange.

Art. 19. Les principales opérations de la Banque d'échange sont :

1º L'émission du papier social, appelé *bons d'échanges;*

2º L'escompte du papier de commerce à deux signatures et de toute échéance ;

3º L'escompte des commandes et factures acceptées ;

4º Les ventes et achats de consignations ;

5º Les crédits à découvert sur caution ;

6º Les crédits sur hypothèque aux propriétaires et cultivateurs ;

7º Les payements et recouvrements gratuits;

8º La commandite.

Art. 20. Les sociétaires de la Banque d'échange sont seuls admis à ces divers avantages.

De l'Escompte.

Art. 21. L'escompte consiste à échanger le papier particulier des sociétaires, qui n'a qu'un caractère individuel, contre le papier de la Société, revêtu d'un caractère général.

Art. 22. Dans les banques ordinaires, ou l'escompte se fait en espèces ou en billets de banque représentant des espèces, il est prélevé sur la circulation, un droit de péage, un droit du seigneur au nom de ce suzerain appelé le numéraire.

Dans la Banque d'échange, où la circulation s'accomplit sans intermédiaire; ou la seule monnaie est un signe représentatif, non plus du numéraire, mais de produits facturés, livrés, acceptés, et dont le payement est garanti par le producteur, le consommateur et tous les endosseurs; ou enfin par la mutualité de l'acceptation, chaque échangiste joue vis-à-vis de la Banque le rôle d'actionnaire et de capitaliste, il n'est prélevé aucun escompte, mais seulement une commission pour les frais d'administration de la Banque.

Art. 23. Cette commission est fixée provisoirement à UN POUR CENT l'an.

Art. 24. La Banque n'escompte que des effets ou obligations représentant des produits acceptés ou vendus, livrés ou prochainement livrables.

Art. 25. Elle escompte à deux signatures et à toute échéance.

Art. 26. Le crédit d'escompte est illimité pour les affaires réelles, c'est-a-dire pour celles où il y a acceptation préalable des produits par un acheteur sérieux.

Art. 27. Les effets ou obligations à deux signatures devront toujours spécifier la nature ou la quantité de marchandises qui y auront donné lieu.

Art. 28. Toute fraude et dissimulation commise à cet égard sera poursuivie comme faux.

Art. 29. La Banque reçoit à l'escompte, précisément par cette considération, les commandes et factures acceptées.

Des Ventes et achats de consignations.

Art. 30. L'opération des ventes et achats de consignations est un moyen de faire cesser l'encombrement des magasins, et de venir au secours du commerce et de l'industrie, regorgeant de produits sans débouchés.

Art. 31. La Banque achète a 1/2, à 2/3, à 3/4, à 4/5 du prix de revient, selon les circonstances et la nature des marchandises des sociétaires, et les leur consigne par un acte de dépôt privilégié. (Art. 1932 du Code civil.)

Art. 32. Jusqu'au terme fixé par la lettre de consignation, le consignataire a la faculté de vendre aux meilleures conditions possibles, et n'est tenu de rembourser que la somme avancée par la Banque.

Art. 33. Passé le terme, la Banque fait adjuger, aux enchères publiques, la consignation, à tous citoyens, sociétaires ou non sociétaires, qui veulent profiter du bon marché.

Art. 34. L'excédant de prix obtenu par la vente sur le prix fixé par la consignation, appartiendra au propriétaire de la marchandise, sous déduction d'une commission, au profit de la Banque, de 5 pour 100 sur ledit excédant.

Art. 35. La vente faite, le porteur de la consignation se fait délivrer la marchandise consignée.

Art. 36. L'État pour ses titres d'emprunt, les manufacturiers pour leurs produits, les marchands pour leurs marchandises, les ouvriers pour leurs bras, les artistes pour leurs œuvres, les propriétaires pour leurs locations d'appartements, de maisons, de terres, de machines; les porteurs de titres de rentes, tous les citoyens, en un mot, peuvent profiter de cette combinaison pour obtenir des avances; et réciproquement tous peuvent en profiter pour en obtenir une forte réduction sur le prix des matières premières, comme sur la location des machines et services, dont ils ont besoin pour produire avec économie.

Des Crédits à découvert sur caution.

Art. 37. La Banque ouvre des crédits à découvert.

Art. 38. La seule garantie exigée consiste dans la présentation de deux ou plusieurs cautions, suivant que la Banque le juge prudent et utile.

Art. 39. Les cautions sont solidaires, et chacune d'elles répond pour le tout.

Art. 40. La Banque n'accepte pour caution que des membres de la Société.

Art. 41. En cas de non payement de la part du sociétaire crédité, la Banque traitera avec les cautions, à l'amiable, pour le remboursement.

Crédits sur hypothèque

Art. 42. La Banque fait des avances aux propriétaires et cultivateurs, sur promesses à longs termes et annuités.

Art. 43. Ces promesses a longs termes et ces annuités sont garanties par une hypothèque, soit une obligation analogue à celles des ventes et achats sur consignations de marchandises.

Art. 44. La Banque achète à terme la propriété aux 3/4 de sa valeur, et la consigne au propriétaire, qui en devient gérant et administrateur responsable, bien qu'il fasse tous les fruits siens.

Art. 45. Si au terme fixé, le propriétaire n'a pas remboursé les avances à lui faites, la Banque prendra livraison de la propriété, et pourvoira à son exploitation.

Art. 46. Le propriétaire déchu aura privilége d'habitation et d'exploitation de sa propriété, pour lui et les siens, à titre de fermier ou gérant, aux conditions établies par la banque.

Des Crédits en comptes courants, et des payements et recouvrements gratuits.

Art. 47. La Banque fait gratuitement, pour tous les sociétaires, les payements et recouvrements sur Paris et la province.

Art. 48. Elle ouvre pour cela à chacun d'eux un compte courant. Un simple transfert du compte de l'un au compte de l'autre suffit pour régler la plupart des payements.

De la Commandite.

Art. 49. La Banque d'échange provoque, suscite, conseille, encourage, patronne et commandite, de son influence, de l'autorité de ses lumières, de ses avances, toute entreprise agricole, industrielle, commerciale, scientifique, etc.; tout essai d'association ouvrière et d'organisation des travailleurs, qui, dans les données de la pratique la plus ordinaire, présentera des garanties suffisantes de succès.

Art. 50. La Banque d'échange, représentant les intérêts les plus généraux du pays, étant par conséquent l'expression de la raison collective, est affranchie de toute préoccupation de système. Elle n'a de sympathie ni d'antipathie pour aucune idée, pour aucune école; elle ne se fait juge d'aucune doctrine.

Art. 51. Du reste, la Banque d'échange, organe spécial de la circulation et du crédit, point de convergence de toutes les forces productives, ne se livre elle-même à aucune entreprise; elle ne s'immisce, ni directement, ni indirectement, dans aucun négoce, dans aucune affaire, de quelque espèce que ce soit.

Elle n'accepte et ne subit de responsabilité que celles de ses propres opérations.

Art. 52. Elle se borne à juger les projets qui lui sont soumis sur les principes élémentaires de la production, de la distribution et de la consommation des richesses, se posant elle-même comme type d'une organisation où la liberté, l'égalité, la réciprocité, l'impersonnalité, se trouvent au plus haut degré réunies.

TITRE DEUXIÈME

ORGANISATION ET ADMINISTRATION DE LA BANQUE

Art. 53. La Banque d'échange a à Paris son principal établissement.

Elle a dans chaque arrondissement un comptoir, et dans chaque percepteur un correspondant.

Art. 54. La Banque d'échange est une institution d'intérêt public; comme telle, elle est sous la surveillance de l'État, mais indépendante de l'État.

Art. 55. L'État est sociétaire au même titre que tous les citoyens. Il ne fait aucun acte de gestion; n'intervient dans l'administration ni directement, ni indirectement.

Art. 56. Il s'engage à recevoir et faire recevoir le papier de la Banque dans toutes les caisses publiques.

Art. 57. Par compensation, la Banque fait à l'État, SANS INTÉRÊT, sous condition seulement de remboursement par vingtièmes, les avances dont il aura besoin.

Art. 58. Le chiffre de ces avances est toutefois limité provisoirement à 500 millions.

Art. 59. L'administration de la Banque est confiée à un conseil d'administration, contrôlé par un conseil de surveillance.

Du Conseil d'administration.

Art. 60. Le conseil d'administration se composera, au début, des quatre principaux fondateurs de la Banque d'échange.

L'État est considéré comme fondateur honoraire; il ne peut faire partie du conseil d'administration.

Art. 61. Le conseil d'administration dirige toutes les opérations de la Banque. Il peut acheter, vendre, échanger, louer et affermer, recevoir et payer, donner bonnes et valables quittances, consentir toutes subrogations et concordats, renoncer à tous priviléges, donner mainlevée de toutes inscriptions, saisies et opérations; faire toutes affirmations de créances, poursuivre, compromettre et transiger au nom de la Société, et généralement faire tous actes et prendre toutes mesures que l'administration de la Banque rendra nécessaires.

Un règlement spécial définira et limitera les attributions des administrateurs.

Art. 62. Le conseil d'administration fait les règlements pour les comptoirs d'arrondissements, et dirige, par ses instructions et circulaires, les opérations de ce ce comptoir.

Art. 63. Il nomme et révoque les employés et agents de la Banque, fixe leurs appointements, remises et gratifications.

Art. 64. Les membres du conseil d'administration se distribuent librement les fonctions administratives, divisees comme suit :

1° Direction générale;
2° Signature et correspondance;
3° Escompte;
4° Comptabilité et contentieux.

Art. 65. Les membres du conseil d'administration sont nommés pour cinq ans en assemblée generale, et rééligibles.

Art. 66. Provisoirement, ils ne recevront point de trai-

tement. Ils ne toucheront qu'une prime, à titre rémuné-
ratoire, sur le produit net de la commission. Cette prime
sera fixée par le comité de constitution définitive, qui sta-
tuera en même temps sur les gratifications à allouer à
tous employés et agents de la Banque, en sus de leurs
appointements, et sur la destination des sommes trouvées
en excédant.

Art. 67. Tout membre du conseil d'administration pourra
être suspendu de ses fonctions par le conseil de surveillance, et révoqué par l'assemblée générale votant à la majorité des deux tiers.

Du Comité de surveillance.

Art. 68. Le conseil de surveillance est nommé, tous les
ans, par l'assemblée générale.

Art. 69. Il se compose. comme l'assemblée générale
elle-même, de délégués choisis dans toutes les branches de
la production et des services publics.

Le nombre de ces délégués ne pourra pas toutefois ex-
céder 30.

Art. 70. L'État, représenté par le ministre de la justice
en est président naturel et de droit.

Art. 71. Le conseil de surveillance a le droit absolu de
contrôle.

Art. 72. Ce droit peut être exercé individuellement par
chacun des membres du conseil, qui pourra ainsi vérifier
à volonté toutes les caisses, les registres, la correspondance, les traités et les portefeuilles, à Paris et dans les
départements.

Art. 73. La plus grande publicité sera donnée par le
conseil de surveillance à la situation de la Banque.

Art. 74. Le conseil de surveillance, borné au droit de
contrôle, n'intervient aucunement dans l'administration,
ne participe a aucun acte de gérance.

Il a le droit de convoquer extraordinairement l'assemblée générale, pour demander la révocation de tout ou partie du conseil d'administration.

De l'Assemblée générale

Art. 75. L'assemblée générale se compose de l'universalité des sociétaires.

Tous ayant droit égal à en faire partie, tous sont convoqués. Ils peuvent déléguer leurs pouvoirs, et se faire représenter par des mandataires.

Art. 76. Lorsque, par adhésion de tous les producteurs à la Banque d'échange, l'assemblée générale se trouvera égale et identique à la totalité des citoyens, elle ne se composera plus que des délégués de la production, nommés par chaque industrie, proportionnellement à son importance.

L'assemblée générale, ainsi composée, représentant les intérêts généraux et non plus les égoïsmes, sera la représentation vraie de la société.

Art. 77. La convocation de l'assemblée générale aura lieu de plein droit le 1er mai de chaque année.

Elle aura pour objet :

1° D'entendre l'exposé du conseil d'administration ;

2° D'entendre le rapport du conseil de surveillance ;

3° D'adopter, rejeter ou modifier les conclusions de ce rapport ;

4° De procéder, s'il y a lieu, à la nomination des membres du conseil d'administration ;

5° De nommer de nouveaux délégués pour faire partie du conseil de surveillance ;

6° De ratifier les demandes de commandite et d'emprunt adressées à la Société, soit par les particuliers et compagnies agricoles et industrielles, soit par l'État ;

8° De régler le taux des escomptes pour l'année nouvelle.

Art. 78. La convocation et la tenue de l'assemblée générale se feront suivant les règles ordinaires des assemblées commerciales.

Les décisions seront prises à la majorité des deux tiers.

Art. 79. Indépendamment de l'assemblée générale annuelle, il pourra y avoir des assemblées générales extraordinaires, convoquées, soit par le conseil d'administration, soit par le conseil de surveillance.

Modification des statuts.

Art. 80. Sur la proposition du conseil d'administration, comme sur la demande du conseil de surveillance, tous changements pourront être faits aux présents statuts par l'assemblée générale, afin que la Société ait en elle-même, et que toutes compagnies, corporations et associations agricoles, industrielles, commerciales, etc., placées sous le patronage et la commandite de la Société, y puisent leur principe de durée, de progrès et d'incessante régénération.

V

BILAN DE LA BANQUE D'ÉCHANGE.

20 mai.

Nous allons faire le compte des prélèvements et des pertes que le capital métallique fait supporter injustement aux travailleurs.

Dans nos articles précédents, nous avons établi que toute méthode d'investigation philosophique, nous pouvions ajouter, et mathématique, allant du connu à l'inconnu, procède nécessairement par élimination ou négation; que telle est la méthode révolutionnaire, par laquelle la société réforme, abolit incessamment ses propres institutions, et procure l'affranchissement indéfini de la liberté.

D'après cette conception du progrès, le dernier terme de la civilisation serait celui où, la société subsistant sans gouvernement, sans police, sans lois, l'activité collective s'exercerait par une sorte de réflexion immanente, l'exploitation du globe se ferait unitairement et avec une parfaite harmonie, et l'individu, en ne faisant toujours que sa volonté, s'élèverait au comble de la richesse, de la science et de la vertu.

Certains socialistes, et je dois noter au premier rang ceux de l'école phalanstérienne, ne conçoivent rien à ce progrès du bien-être et de la liberté par la négation. La sublimité des théories fouriéristes leur a rendu inintelligibles les éléments du sens commun. Eux qui depuis dix ans ne vivent que de subventions, comme faisait la République sous le gouvernement provisoire; eux qui ont dévoré des millions à étaler leur impuissance, et qui en sollicitent de nouveaux d'un pouvoir aux abois; eux qui restent muets quand la patrie demande à ses enfants conseil et assistance, ils ont le courage de dénigrer comme impuissants, comme nuls, comme n'ayant qu'une valeur négative, les moyens économiques indiqués par le besoin universel, par l'esprit du siècle et le progrès du temps !

Nous montrerons tout à l'heure aux fouriéristes ce qu'il y a de positif dans une négation, ce que renferme de réalité le néant.

Commençons par le bilan de la Banque d'échange.

Tout le monde convient que, si trois ou un plus grand nombre d'échangistes, habitant des lieux différents, avaient connaissance, au même instant, du besoin que chacun d'eux éprouve du produit de l'autre, ils pourraient se concerter de manière à échanger leurs produits et services, directement et sans le secours du numéraire.

Cela est évident de soi, incontestable en théorie, puisque l'échange à trois ou un plus grand nombre est la même chose que l'échange à deux; incontestable en pratique, puisque, par les virements de compte, cela se fait tous les jours. Sur ce point donc, pas la moindre difficulté.

D'après ce principe, dont le seul énoncé implique la suppression du numéraire, on peut se faire une idée de la Banque d'échange.

La Banque d'échange se présente aux échangistes comme connaissant individuellement tous les producteurs et consommateurs du pays, l'état de leurs affaires, leur capacité, leur solvabilité, l'importance de leur production, et, ce qui importe surtout ici, leurs besoins à chaque instant.

C'est à l'aide de cette connaissance qu'elle a de la production et du débouché que la Banque d'échange offre à tous producteurs et consommateurs de les mettre à chaque minute en rapport les uns avec les autres, de manière à opérer gratuitement, et sans qu'aucune commotion politique puisse jamais interrompre leurs relations, l'échange de leurs produits.

Telle est, par son organisation, la Banque d'échange. Présente partout, renseignée sur tout, elle dit à chaque échangiste : Donnez-moi vos factures, vos lettres de change, vos billets à ordre ; consignez-moi vos marchandises, et, par mes innombrables relations, je me charge de toutes vos négociations, sans le secours de la monnaie, partant sans escompte, SANS INTÉRÊT !...

Voici donc la Banque d'argent convertie en Banque d'échange, l'échange indirect remplacé par l'échange direct le rôle du métal supprimé et remplacé par une sorte de virement, la négation convertie en affirmation.

Eh bien ! quel profit pouvons-nous tirer de cette réforme ? Qu'est-ce que cela fait à l'ouvrier ? Qu'est-ce que l'État, le Peuple, la société, la liberté, la morale, peuvent gagner à ce qu'il n'y ait plus de capitalistes ?

Que nos adversaires de *la Démocratie pacifique* suivent bien nos calculs.

1° *Circulation*. — D'après les documents les moins exagérés et les plus authentiques, la circulation totale de la France, c'est-à-dire la masse des effets de commerce présentés à l'escompte, soit à la banque de France et aux

banques de département, soit aux banques particulières,
est de 20 milliards.

Pour cette circulation, ce qui veut dire pour l'échange
de leurs produits, les producteurs paient aux capitalistes,
à titres d'intérêts, commissions, frais de protêts, pertes à
la retraite, etc. etc., un intérêt moyen de 8 pour 100, soit,
au total, 400 millions.

Si donc l'échange s'opérait d'une manière directe, sans
l'intermédiaire de l'argent, au moyen d'un papier de banque
qui serait l'équivalent des lettres de change et billets à
ordre de tous les échangistes, il en résulterait pour eux une
économie de 400 millions.

Un prélèvement de 400 millions au profit des capitalistes : voilà le côté négatif de l'idée.

Une économie de 400 millions au profit des consommateurs : voilà le côté positif.

Il n'y a dans tout ceci qu'un chiffre, le chiffre de 400
millions, à transporter du débit de la Société à son crédit.
Et voilà ce que je réponds aux honnêtes gens qui me
demandent ce que je mettrai à la place des capitalistes. Ce
que je mettrai à la place des capitalistes, qui vous prennent
400 millions, c'est vous-mêmes, citoyens, à qui je conserve
400 millions !

2° *Créances hypothécaires.* — Le montant des dettes
contractées par les producteurs agricoles, industriels et
autres, sur hypothèques, est, suivant les uns, de 12 milliards, suivant les autres de 14. La dette rurale forme la
plus grande partie de cet énorme budget. Les débiteurs
sont généralement des paysans. Le taux moyen des intérêts
et frais annuels, pour ces sortes d'emprunts, est de 10 pour
100. En voici le compte :

1° Frais d'acte.	3	p. 100
2° Commission à l'entremetteur	1/4	p. 100
3° Intérêt annuel.	5	p. 100
4° Frais éventuels de mutation, etc., etc. de		
1/4 à 6 p. 100, soit en moyenne	2	p. 100
	10 1/4	p. 100

Le débiteur emprunte pour trois ou quatre ans au plus, mais la stipulation du terme est illusoire, parce que le contrat dit toujours que le bénéfice du terme est anéanti, sous mise en demeure 30 jours ap's le terme d'intérêts non payés. Or, jamais le paysan ne paie au terme.

La moyenne des intérêts et frais pour créances hypothécaires étant donc évaluée à 10 p. 100, et la masse des créances à 12 milliards, c'est un nouveau tribut de 1,200 millions que le pays paie au parasitisme monétaire.

Mais pourquoi cet impôt ?

Parce que le paysan a besoin, pour son industrie, d'une foule de produits et de services, qu'il ne peut pas obtenir en échange de ses produits existants ou à venir, et qu'il est forcé d'acquérir à prix d'argent. Le paysan bâtit, augmente son matériel, achète des chevaux, du bétail, plaide, paie le centième denier, achète du drap, de la toile, etc., surtout depuis que la division du travail et la séparation des industries s'est étendue de la ville à la campagne. Pour tout cela il faut de l'argent. Les produits seuls ne servent de rien, puisqu'ils n'ont cours qu'avec la permission de l'argent.

Avec la Banque d'échange, au contraire, le paysan emprunte au même taux que le négociant escompte, c'est-à-dire gratis. Avec une annuité moindre de moitié que les intérêts et frais qu'il paie au capitaliste, au notaire, etc., le paysan obtiendra de la Banque d'échange le même crédit, et la vingt-et-unième année, il ne devra plus rien, il sera libéré.

Ainsi le crédit hypothécaire, organisé sur les principes de la Banque d'échange, produirait au pays une seconde économie de 1200 millions. C'est encore une négative changée en affirmative : 1200 millions qui restent dans nos poches, au lieu d'aller dans celles des capitalistes. Qu'en pensent les comptables de *la Démocratie pacifique ?*

3° *Monts-de-Piété.* — Voici encore une abolition capable de faire saigner le cœur de tous les philanthropes. Le produit des prêts faits sur gage dans les monts-de-piété a été, en 1847, pour toute la France, de 42 millions. Je fais *deleàtur* sur les Monts-de-piété, et je restitue aux travail-leurs, qui les leur payaient, 42 millions.

Mais, me dira l'ouvrier exercé a l'argumentation pha-lanstérienne, quand je suis en grève et que je n'ai plus d'argent, je porte ma montre en gage; le mont-de-piété me donne 10 fr., avec une reconnaissance. Si, au terme, je ne suis pas en fonds, je vais rafraîchir ma reconnais-sance, et l'on m'accorde une prolongation; convenez que cela est commode. Que mettez-vous à la place du mont-de-piété?

Citoyen, je n'y mets rien du tout. Loin de là, je prétends suprimer encore quelque chose dans vos habitudes, c'est le chômage. Et comme deux négations valent une affirma-tion, il résultera pour vous, de l'abolition du mont-de-piété et de l'abolition du chômage, que vous travaillerez toujours et que vous ne ferez plus de dettes. Cela vous va-t-il?

4° *Dette publique.* — Quand l'État veut faire la guerre, construire des canaux, des chemins de fer, etc., etc., il arrive fréquemment que l'impôt ne lui suffit plus. Alors, il se trouve dans la même situation que le paysan qui a besoin de bâtir, d'accroître son matériel, de réparer les désastres de l'année précédente : il a besoin d'avance; il emprunte alors, et qu'est-ce qu'il emprunte? de l'argent.

L'État emprunte de l'argent pour payer ses entrepre-neurs, ses fournisseurs, ses ingénieurs, ses ouvriers, ses soldats, pour acheter des chevaux, des voitures, des harnais du plomb, du fer, du cuivre, du bois, du chanvre, de la toile, du drap, des fourrages, etc., etc., toutes choses que les citoyens lui fournissent.

Pourquoi donc l'État, au lieu de s'adresser directement aux citoyens, s'adresse-t-il aux hommes d'argent?

Parce qu'il n'y a pas d'autres moyens de transaction vis-à-vis des producteurs. Avec la Banque d'échange, au contraire, l'État obtient directement, de chaque citoyen devenu créancier de l'État, sous la forme d'annuités, et sans intérêt, toutes les avances qu'il demande. L'État, par ce mécanisme non-seulement ne contracte plus de dettes nouvelles, il paie les anciennes. D'après le dernier budget présenté par le gouvernement de Louis-Philippe, l'intérêt de la dette publique est de 330 millions. C'est donc 330 millions de moins qu'auront à payer les citoyens. Il est vrai qu'avec ces 330 millions de la dette publique comme avec les 1200 millions payés pour les créances hypothécaires, disparaîtront encore le grand-livre, la caisse des consignations, l'administration des hypothèques, une bonne partie des banquiers, notaires, courtiers et agents de change, etc. Que deviendrons-nous, quand il n'y aura plus de grand-livre, plus de bureaux des hypothèques, plus d'agiotage?

5° *Douanes.* — Dans ce projet destructeur, antimonarchique et antifinancier, que nous avons publié sous le titre d'*Organisation du crédit et de la circulation*, et dont les articles préliminaires ont paru sous le nom de *Statuts de la Banque d'échange*, nous disions que le principe : *Les produits s'échangent contre les produits*, devenant, par l'usage du billet d'échange, une vérité, aussi bien pour les peuples que pour les individus, la balance se trouverait toujours juste entre l'importation et l'exportation; que la véritable manière de protéger l'industrie nationale consistait à démonétiser l'or et l'argent, et qu'ainsi la douane devenait, de fait comme de droit, inutile; ajoutons que l'économie obtenue sur toutes les productions par l'établissement de la Banque d'échange entraînant une réduction considérable sur le prix de revient de tous les produits, nous serions immédiatement en mesure de soutenir la concurrence de l'étranger, sans danger pour notre capital, et avec un immense avantage pour notre commerce. La raison de tout cela est facile à saisir. Du moment que l'or et l'argent ne valent plus que comme marchandises, que comme produits tirant tout leur prix des frais d'extraction et du travail qui s'y incorpore ; du moment où par conséquent les écus perdraient tous les jours de leur valeur comparativement aux billets d'échange, il est évident, d'un côté, que nous n'aurions plus rien à craindre de la sortie des métaux précieux, de l'autre, que l'étranger aurait tout avantage à payer nos produits avec nos propres billets, au lieu de nous les payer en argent.

Or, les billets ne représentant que des produits, le commerce du dehors se trouve affranchi, comme celui du dedans, de la suzeraineté du numéraire; l'échange s'effectue directement de nos produits contre les produits de l'étranger, de notre travail contre le travail des autres peuples.

Le budget de la douane est d'environ 30 millions.

La différence de nos importations sur nos exportations, évaluée en francs, est de 70 millions par an en faveur de l'étranger.

Donc au total, économie pour nous de 100 millions de ce seul chef par l'établissement de la Banque d'échange. Il est vrai que nous aurons perdu encore une de nos plus intéressantes institutions; nous aurons perdu la douane!

6° *Conversion de l'impôt*. — Il a été prouvé ailleurs que rien n'était plus facile, en élevant le taux de la commission sur les escomptes, ventes et achats de consignation, crédits à découvert sur hypothèques, etc., que de servir à l'État, sans aucun frais de perception, la majeure partie, sinon la totalité de l'impôt.

Il résulterait de cette conversion, comme de la suppression des douanes, de la dette publique et des hypothèques, comme plus tard de l'organisation fédérative et solidaire de toutes les branches de la production, qu'une large brèche serait faite dans les fonctions gouvernementales; que, parmi les ministères, on verrait successivement celui des finances devenir inutile; celui des affaires étrangères, inutile; celui du commerce et de l'agriculture, inutile; ceux de la guerre et de la marine, inutiles. Le ministère de l'intérieur se simplifierait, et celui de la justice se réduirait continuellement.

Ainsi, la destitution du numéraire entraîne la destitution de l'État : il est étrange que l'Assemblée nationale, avec sa haute intelligence de la situation, choisisse juste

un pareil moment pour s'occuper de CONSTITUTION !
Constitution, ô citoyens! c'est-à-dire restauration de la
monarchie, consécration de la propriété, confirmation de
l'argent, recrudescence de la tyrannie administrative :
voilà tout ce que vos méditations publiques vous ont découvert pour le bonheur du peuple ! Attendez-moi donc,
s'il vous plait.

Je commence par rayer de votre constitution le ministère
des finances, la Cour des comptes, le grand-livre, la caisse
des consignations, l'amortissement, les hypothèques, la
régie, les octrois : ensemble 200 millions.

Plus,

7° *Simplification administrative.* — Je supprime de
votre constitution le ministère des affaires étrangères,
avantageusement remplacé par la Banque d'échange et
par ses correspondants ; le ministère de l'agriculture et du
commerce, parfaitement inutile au commerce et à l'agriculture, commandités et centralisés par la Banque. Je
supprime tous vos états-majors préfectoraux et ministériels; je fais travailler dix heures vos employés, qui ne
travaillent que quatre ; je déduis des attributions de vos
fonctionnaires une foule de soins superflus : économie
200 millions.

Que pensez-vous qu'avec ce régime il reste, dans cinquante ans, de votre constitution? Ce qu'il en restera, je
m'en vais vous le dire : une ombre de substitut, assistée
d'une ombre de sergent de ville !

8° *Réduction de l'effectif de l'armée.* — Le billet
d'échange rend la paix éternelle et la guerre impossible,
puisque — créant l'égalité partout, au dedans et au dehors, — il ne laisse au despotisme et aux aristocraties que
la misère.

D'après le budget proposé par l'ex-ministre Dumon,
pour 1848, et considérablement augmenté par ses suc-
cesseurs, les dépenses pour les armées de terre et de mer
dépassent 450 millions.

Avec l'organisation de l'échange, la réduction sur cet

article pourrait être immédiatement, sans danger pour notre sécurité, de 100 millions.

Mais comment une nation guerrière et chevaleresque pourrait-elle se passer de soldats? Que faire quand nos démonstrations belliqueuses auront cessé d'inquiéter le monde? Quelle compensation à ces promenades militaires, au plaisir de monter la garde et de coucher, en pleine capitale, à deux pas de son domicile, au bivouac?

A cela, je n'ai d'autre réponse à faire que celle du roi Henri, le Diable à quatre et le Vert-Galant : 400 millions, divisés entre 1 million de familles françaises, donneraient pour chacune 40 francs. Avec 40 francs, chaque famille pourra se donner la poule au pot tous les dimanches : c'est tout ce que je puis offrir aux braves gardes nationaux, en échange de leurs fusils et mousquetons.

9° *Conversion des improductifs en producteurs.* — Récapitulation. Sous la monarchie du numéraire, la circulation nous coûte, ci........................   400,000,000
Les créances hypothécaires............ 1,200,000,000
Les monts-de-piété.....................   42,000,000
La dette publique......................   330,000,000
La douane et la balance défavorable....   100,000,000
La perception de l'impôt...............   200,000,000
La complication administrative........   200,000,000
L'armée de terre et de mer............   400,000,000

                Ensemble............... 2,872,000,000

Je dis *deux milliards huit cent soixante et douze millions* de services improductifs, que le travailleur supporte, qu'il produit à la sueur de son visage, qu'il prélève sur son pain quotidien. Or, si ce parasitisme dévorant était supprimé, si la Banque d'échange venait lui couper les vivres, les oisifs seraient d'une part forcés de se mettre à l'œuvre; et ceux qui ne rendent qu'un service improductif deviendraient producteurs.

Et le produit de ces nouveaux industriels étant égal à

leur consommation, soit................... 2,872,000,000

Le revenu du pays s'accroîtrait de somme
pareille.......................... 2,872,000,000

Ajoutez encore :

10° *Plus de grève, plus de chômage.* — La
perte provenant de cette cause, calculée à
raison de trente jours de chômage par an,
sur 10 millions de travailleurs, au salaire
moyen de 2 fr. par jour, est de.......... 900,000,000

11° *Baisse de prix des matières d'or et
d'argent par la démonétisation.* — On ne
peut la porter à moins de 20, pour 100, sur
une valeur de 2 milliards, soit........... 400,000,000

Total général......... 7,044,000,000

Je ne parle pas de la plus-value donnée au travail par
la réorganisation agricole et industrielle, et de l'augmentation du produit qui en résulte nécessairement. Nous
n'avons rien dit encore de cette organisation, dont la
Banque d'échange n'est que le préliminaire : nous n'avons
par conséquent pas à en apprécier le mérite, et nous ne
pouvons en porter en ligne de compte le résultat.

7 milliards 44 millions, voilà par premier aperçu, en
comptant tout au plus bas, le résultat positif de l'abolition
du numéraire ; voilà le bénéfice spécial qu'assure au peuple
aussitôt après son institution générale et définitive, la
Banque d'échange.

7 milliards 44 millions, répartis entre 35 millions
500,000 personnes, donneraient, par tête, 198 fr. et par
famille de quatre personnes en moyenne, 792 fr.

Pour la grande majorité du peuple, c'est plus que le dou-
blement du revenu.

Eh bien ! me demanderez-vous encore ce que vous ferez
de ces 7 milliards 44 millions? ce que vous ferez quand
vous n'aurez plus ni parasites, ni armées, ni généraux, ni
amiraux, ni agioteurs, ni capitalistes ni prostituées, ni

douaniers, ni gendarmes, ni gabelous ? ce que vous ferez quand vous serez riches et libres ?

Citoyens, je vous prie de vérifier les divers articles de mon bilan. Vous trouverez, je m'en assure, que loin d'avoir exagéré les chiffres, je suis resté partout fort au-dessous du vrai. Quand vous aurez ruminé sur ce compte, je vous prouverai, en établissant la balance, que la somme de votre misère actuelle est précisément égale à la somme de bien-être que vous prend le capital, et qu'il y a pour vous nécessité invincible ou de renoncer à la richesse par dévouement au capitaliste qui vous gruge, ou de ressaisir votre bien en faisant rendre gorge à ceux qui s'en emparent.

VI

LOIS DE L'ÉCHANGE. — COMPTABILITÉ MUTUELLISTE. — BANQUE HYPOTHÉCAIRE.

23 mai.

La Démocratie pacifique a juré de faire manger du foin aux ouvriers.

Les honnêtes gens qui subventionnent ce journal et qui le lisent s'imaginent qu'il a été créé pour la propagation et la réalisation des idées de Fourier, soit pour l'amélioration de la classe la plus nombreuse et la plus pauvre, pour l'émancipation du prolétariat.

Il n'en est rien, *la Démocratie pacifique* n'existe, ne vit que pour la défense, le développement et la consécration des idées civilisées, pour l'amélioration du sort des capitalistes et des propriétaires.

Si *la Démocratie pacifique* ne s'occupait que d'embrigader ses *bonnins* et ses *bonnines*, ses *patriarches* et ses *bayadères*, nous laisserions en paix *la Démocratie pacifique*; nous

dirions comme elle : Toutes les fantaisies sont libres, tous
les goûts sont dans la nature... Que les fouriéristes raison-
nent et fassent l'amour *in baroco* et *barbara*, qu'est-ce que
cela nous fait? et qu'est-ce que cela fait à la République?
Mais *la Démocratie pacifique* débitant, sous le manteau de
Fourier, les plus détestables drogues de l'économie politique; rivant les chaines du prolétariat en faisant mine
de l'affranchir; conspirant avec le capital et la propriété
l'éternelle exploitation du travailleur, c'est quelque chose
qui ne se souffre plus, et qui doit soulever sous leur pierre
les os du bon Fourier. Pauvre vieux! tu ne l'eusses jamais
cru que, sous la main de tes fidèles disciples, tes innocentes
rêveries serviraient un jour de passe-port à tout ce que la
politique bavarde, la philanthropie hypocondre, l'économisme hableur, jongleur et voleur, inventèrent jamais de
plus fort pour l'oppression des humains et la désharmonie
des sociétés!...

On lit dans les journaux (séance de l'Assemblée nationale
du 22 mai 1848) :

« M. TURCK. — Vous savez tous, citoyens représentants, quelle crise pèse sur les affaires et quel est le péril
de la situation. Partout les travaux sont suspendus, et les
transactions sont arrêtées. Je n'exagère pas en disant que
la fortune publique est diminuée de moitié. — Dans des
conjonctures aussi graves, que faire? Nous avons pensé,
quelques-uns de mes collègues et moi, que ce qu'il y avait
a faire était de fonder une banque hypothécaire. *L'école
phalanstérienne, à laquelle on doit l'étude et la solution
d'un grand nombre de questions sociales, a élaboré ce
projet.* »

M. CONSIDÉRANT monte à la tribune, comme pour
confirmer la révélation faite par M. Turck de l'idée phalanstérienne, et revendiquer, au nom de l'école dont il est
le chef, le bénéfice de cette réclame.

Une banque hypothécaire! c'est presque aussi banal, en

économie politique, que les monts-de-piété. Tous les économistes qui, depuis cinquante ans, s'occupent de crédit,
ont tour à tour enfourché ce dada. De l'aveu de M. Turck,
la plupart des journaux et de nombreux mémoires s'en sont
occupés dans ces derniers temps, et, s'il faut en croire le
citoyen ministre des finances Duclerc, il existe, sur la
banque hypothécaire, plus de deux cents projets au
ministère !

Voilà l'idée neuve dont, pour le salut du peuple et la
réforme du monde, est venue accoucher hier, a quatre
heures de relevée, en pleine tribune, *la Démocratie pacifique !*

La Banque d'échange ne passera pas; ce serait la mort
du capitaliste.

Mais la banque hypothécaire passera : c'est la mort du
travailleur !

Comprenez-vous, citoyen lecteur, pourquoi *la Démocratie
pacifique* demande la banque hypothécaire et repousse la
Banque d'échange?

Nous comparerons la Banque d'échange à la banque hypothécaire, sous le rapport tout à fait spécial du crédit
agricole. Ce sera faire d'une pierre trois coups : traiter la
question du jour, développer notre théorie, et réfuter nos
adversaires.

Rappelons d'abord les lois du crédit, les lois de l'é-
change.

La Banque d'échange pose comme axiomes de l'économie
sociale ces propositions révolutionnaires, qu'aucune bouche
humaine, ni dans le phalanstère, ni hors du phalanstère,
n'avait encore articulées :

1. *Travailler, c'est produire de rien.* (Art. 8 des statuts.)

L'homme, par cette proposition, est fait aussi grand que
Dieu. Comme Dieu, il tire toutes choses du néant. Jeté nu
sur la terre, parmi les ronces et les épines, en compagnie
des tigres et des serpents, trouvant à peine de quoi vivre
sur la superficie de chaque lieue carrée de terrain, sans ou-
tils, sans modèles, sans provisions, sans expérience acquise,

il a défriché, aligné, expurgé, cultivé son domaine ; il a embelli la nature même ; il s'est entouré de merveilles inconnues à l'ancien auteur des choses, et a fait naître le luxe là où le Créateur n'avait donné que la profusion. A l'origine des sociétés, il n'y avait que la matière, il n'y avait point de capital. C'est le travail qui a créé le capital ; c'est le travailleur qui est le vrai capitaliste. Car, travailler, c'est produire de rien ; et consommer sans travailler, ce n'est pas exploiter le capital, c'est perdre le capital.

Tel est donc le premier principe de la nouvelle économie ; principe plein d'espérance et de consolation pour le travailleur déshérité de son capital ; mais principe plein de terreur pour le parasite et pour les suppôts du parasitisme, qui voient réduire à néant leur célèbre formule : *Capital, travail, talent !*

La production du rien est le premier terme d'une équation merveilleuse, que nous allons voir se dérouler, dans ses propositions fondamentales, et donner pour résultat et pour conclusion : la richesse.

2. *Faire crédit, c'est faire échange*. (Art. 8.). — Cet axiome est, comme le premier, le renversement de toutes les idées économiques et phalanstériennes.

Dans le système de la propriété usurière, où le capital, par une fiction purement grammaticale, passe des mains du travailleur à celles d'un parasite appelé, pour cette raison, capitaliste, le crédit est *unilatéral*, procédant du parasite qui possède sans produire, au travailleur qui produit sans posséder. Ainsi établi, le crédit a pour condition une redevance payée par le débiteur, en échange de la permission que lui accorde le parasite de se servir du capital.

Dans le système de la Banque d'échange, au contraire, le crédit est *bilatéral :* il procède de chaque travailleur et s'adresse à tous les autres, de telle sorte qu'au lieu de capital prêté moyennant redevance, les travailleurs se garantissent mutuellement leur produit respectif, sous la seule condition d'égalité dans l'échange.

Ainsi, dans ce système de crédit, chaque créditeur ou créancier devient débiteur à son tour; quelque chose est échangé contre quelque chose. Dans l'autre système, qui est celui de *la Démocratie pacifique*, il n'y a qu'un créancier et qu'un débiteur, et quelque chose est donné en échange de rien. Celui des deux contractants qui donne sans recevoir est le travailleur; celui qui reçoit sans donner est le capitaliste. Donner, et ne pas recevoir; recevoir, et ne pas donner : quoi de plus déraisonnable et de plus injuste? Pourtant cela nous vient de plus loin que le Code; cela remonte plus haut que Justinien, que Numa, que Moïse même : c'est la vieille iniquité de Caïn, premier propriétaire et premier homicide. C'est pour cela aussi que *la Démocratie pacifique*, qui, selon le précepte de Fourier, devait procéder en réforme par *grand écart*, s'est rattachée au droit capitaliste, à la tradition de Caïn. La mutualité du crédit, fi donc ! c'est de l'égoïsme. Mais la non-réciprocité du crédit, à la bonne heure! c'est de la fraternité.

3. *Échanger, c'est capitaliser.*

Dans l'ancienne économie politique, dans l'économie politique de J.-B. Say, qui est aujourd'hui celle de M. Considérant, cela n'a pas le sens commun. Dans le système mutuelliste, rien de plus rationnel.

En effet, si, comme nous venons de l'établir, faire crédit est la même chose que faire échange; si rien ne se doit donner pour rien, si le produit ne peut être délivré que contre un produit équivalent, et non pas contre une autorisation de produire; du moment que l'échange direct ne rencontre plus d'obstacle, il est évident que le moyen de s'enrichir, pour chaque travailleur spécial, est d'acquérir le plus possible de produits différents, en échange d'un produit toujours le même.

Le contraire arrive, lorsque l'échange ne peut plus se faire que par l'intermédiaire de la monnaie et sous bénéfice d'escompte pour le détenteur du numéraire, comme sous bénéfice d'aubaine pour le détenteur des instruments de production. Là, il est clair que le travail et l'échange sont rares et coûteux parce qu'ils sont grevés, le produit est de conversion difficile, le débouché toujours restreint, la demande toujours timide, la capitalisation ne se fait plus que sous la forme de numéraire, conséquemment, au lieu d'avoir pour mobile la consommation, elle n'a pour principe que l'épargne, et, comme l'épargne, elle est pauvre et indigente.

Suivant qu'on se place à l'un ou à l'autre point de vue, la caisse d'épargne est une institution philanthropique, ou une absurdité économique.

4. *La consommation, c'est la commandite.* (Art. 22).

Cet axiome est la conséquence du 3e : *L'échange, c'est la capitalisation,* comme celui-ci est la conséquence du second : *Le crédit, c'est l'échange.* — En effet, là où, par l'échange direct des produits, tout échangiste est réputé créditeur, le consommateur devient le commanditaire de quiconque n'ayant rien à offrir à l'échange demande soit du travail, soit des instruments de travail. — Que pouvez-vous nous offrir? dit-on à ce producteur sans travail. — Des feutres, des châles, des bijoux, etc., répond-il. — Très-bien; prenez note de nos commandes; portez-les à la Banque, et sur la garantie de nos signatures, vous trouverez de l'avance, vous trouverez de quoi travailler, de quoi vivre, de quoi couvrir votre crédit, de quoi enfin vous enrichir.

Telle est la véritable nature de la commandite. Les anciens l'avaient eux-mêmes compris, et c'est pour cela qu'ils l'avaient ainsi nommée, comme s'ils eussent dit : Commander, commanditer, c'est même chose!

La Démocratie pacifique trouve ce système simpliste : elle aime le composite. Entre le producteur et le consommateur, elle place le capitaliste; entre le produit et le produit, elle met le numéraire; entre l'ouvrier et l'entrepreneur, c'est-à-dire entre le travail et le talent, elle met le capital, la propriété. Quelle trinité splendide! comme c'est profond la triade! et combien cette synthèse à triple étage l'emporte sur le dualisme de la réciprocité!

Si maintenant des principes de la société mutuelliste nous passons à ses formes, nous trouvons tout à l'avenant, c'est-à-dire tout à rebours des notions de la vieille jurisprudence comme de la vieille économie politique.

D'après le code et tous les commentateurs, toute société civile ou commerciale, formée pour une exploitation quelconque, suppose :

1. Apport d'un capital,
2. Production en commun d'un objet déterminé,
3. Limitation du nombre des associés,
4. Limitation dans la durée de la société,
5. Solidarité des associés,
6. Partage des bénéfices.

Il n'est jamais venu à l'idée de qui que ce fût qu'une société pût se passer de capital, qu'elle n'eût pas pour but de réaliser des bénéfices, que les associés fussent réciproquement insolidaires, que leur société n'eût aucune spécialité productrice, qu'elle fût indéfinie dans sa durée comme dans le nombre de ses membres. Tous les traités faits sur le contrat de société n'ont d'autre but que de prévoir les circonstances et les accidents auxquels peuvent donner lieu chacune de ces conditions.

La société mutuelliste, dont les statuts de la Banque d'échange offrent le type, renverse tout cela.

Elle n'a pas de capital ;

Son objet est, non plus la production, mais l'échange ;

Elle est universelle, non pas de biens et de gains, mais dans le nombre de ses membres ;

Elle est perpétuelle ;

Elle n'implique aucune solidarité entre ses membres ;

Elle ne fait pas de bénéfices.

La société mutuelliste n'a pas de capital, parce que travailler, pour elle, c'est produire de rien, et que tout consommateur, par sa commande, est commanditaire.

Au lieu de la production en commun, cette société a pour objet la mutualité des services. En effet, toute production résultant de la combinaison de fonctions séparées n'implique, de la part des coproducteurs, rien de plus que la mutualité du travail.

Elle est universelle dans sa tendance : toutes les industries pouvant être considérées comme des démembrements les unes des autres, et la même mutualité qui existe entre les coproducteurs d'un objet spécial existant entre toutes les fonctions industrielles.

Elle est perpétuelle comme l'humanité même, dont elle est l'image et l'organe.

Elle n'entraîne point de solidarité entre ses membres. Contre les accidents provenant de force majeure, elle est protégée par un régime d'assurances générales analogue à celui de la Banque d'échange; contre les erreurs des individus, elle est protégée par la limite des attributions et la mutualité même.

Elle ne fait pas de bénéfices, et pourquoi? Par la même raison qu'elle n'a pas de capital, parce que *le travail produit tout de rien*.

La société mutuelliste est comme la nature, qui est riche, belle et luxuriante, parce qu'elle tire sa richesse et sa beauté de la force créatrice qui est en elle; en un mot, parce qu'elle produit tout du néant, de rien. La nature, en produisant, ne bénéficie pas.

Sur qui, sur quoi bénéficierait la nature? Sur elle-même? Bénéficier serait donc pour la nature synonyme de *se reposer, cesser de produire*, bénéfice serait la même chose qu'appauvrissement.

De même, dans la société, bénéfice est synonyme de misère, car bénéficier ne peut signifier pour elle autre chose que prendre sur son travail, comme pour le commerçant bénéficier est synonyme de prendre sur le travail d'autrui. Bénéfice est donc synonyme ici de vol, et ce qui est vrai de la société le devient ensuite de chaque individu, toujours moins riche, moins heureux, à mesure que ses semblables s'appauvrissent davantage.

Ainsi, production sans capital, échange sans bénéfice, voilà les deux termes entre lesquels se meut l'économie sociale, et dont le résultat positif est la RICHESSE.

Ces deux négations se balancent entre elles : la première indique le *débit* du travailleur vis-à-vis de lui-même; la seconde son *crédit*.

Là est le principe de la comptabilité mutuelliste.

La Banque d'échange, par exemple, ouvre ses écritures par quel compte? Ce n'est point par le compte de *capital*, puisqu'elle n'a pas de capital; ni par le compte de *matériel*, puisqu'elle ne possède rien encore, pas même des billets; ni par *caisse*, puisqu'elle n'a rien en caisse; ni par *marchandises générales* ou *profits et pertes*, puisqu'elle n'a rien produit, et qu'avant toute opération elle ne peut perdre ni bénéficier.

Elle ouvre ses comptes par la catégorie de *traites et remises*, c'est-à-dire qu'aussitôt entrée en fonction, aussitôt saisie par la commandite universelle du travail spécial de la circulation, recevant des uns, fournissant aux autres, retenant à chaque négociation le prix de son travail, elle se produit à elle-même salaire, capital et bénéfice, trois termes devenus dès lors synonymes. Plus elle fait d'opérations, plus elle réalise d'émoluments, soit, pour employer le style vulgaire, de bénéfices. Et comme travailler beaucoup est synonyme encore de travailler au meilleur marché possible, plus la Banque d'échange réduit ses escomptes, plus elle-même et les autres associés, qui, chacun dans sa spécialité propre suivent le même mouvement de réduction, s'enrichissent...

Ainsi, par le seul fait de l'inauguration du principe mutuelliste et de l'abolition du numéraire, les rapports du travail et du capital sont intervertis; les principes du commerce sont renversés; les formes de la société, soit civile, soit commerciale, retournées; les droits et les devoirs des associés changés, la propriété révolutionnée, la comptabilité réformée, le droit, boiteux jusqu'à ce jour, reconstitué sur une base régulière...

Ces principes établis, et nous ne craignons pas qu'on en démontre la fausseté, arrivons au projet de banque hypothécaire, sur laquelle l'Assemblée nationale doit incessamment délibérer.

La production agricole paie à ses commanditaires 10 p. 100 d'intérêt. On trouve avec raison que c'est trop cher, et l'on voudrait réduire cet intérêt au moins de moitié. Pour cela, on n'imagine rien de mieux que de créer une banque agricole ou banque hypothécaire, et de faire l'État chef et entrepreneur de cette banque.

Mais d'abord comment une pareille banque devra-t elle fonctionner?

Ce n'est point avec du numéraire. La somme des créances hypothécaires est aujourd'hui de 14 milliards, soit, à 10 p. 100, 1,400 millions que prélèvent sur la production agricole les capitalistes. Or, non-seulement l'agriculture se plaint que l'argent lui coûte trop cher, elle se plaint de n'en pas trouver assez. Si donc l'État pouvait prêter à 5 p. 100, tous frais compris, au lieu de 10, il est indubitable que la totalité des sommes prêtées monterait bientôt à 20 et peut-être à 30 milliards, les dettes croissant toujours avec la facilité de les contracter. Mais une pareille banque est impossible. Il n'existe certainement pas, dans toute l'Europe, 20 milliards de numéraire; et quand on parviendrait à les rassembler, ces 20 milliards ne représenteraient bientôt plus que la valeur de 3 ou 4 milliards, l'argent, comme toute marchandise, perdant de sa valeur en raison de sa quantité.

On voit déjà, par cette simple observation, que le crédit hypothécaire, entendu dans les conditions habituelles du crédit, tourne dans un cercle vicieux; c'est une idée qui implique dans ses termes contradiction.

Le numéraire ne pouvant donc ni se trouver en quantité suffisante pour commanditer une industrie aussi colossale que l'agriculture, ni, alors même que la quantité voulue existerait, conserver sa valeur d'échange, quel moyen a-t-on imaginé?

C'est de faire de la propriété même une monnaie, de la dégager, mobiliser, et rendre circulable comme l'argent.

Voici, en la débarrassant du jargon technique, en quoi consiste cette opération :

L'emprunteur se présente à la banque, ses titres de propriété à la main.

On fait, sur un registre à souche, la transcription de ces titres ; on détache du registre, suivant le désir de l'emprunteur un ou plusieurs coupons dont la somme totale est égale, soit aux deux tiers, soit aux trois quarts de la valeur de la propriété.

Et ce coupon, cette reconnaissance, ce billet hypothécaire, comme on voudra l'appeler, devient comme le billet de banque : c'est une monnaie. En vertu de la loi, le propriétaire, et après lui tous les porteurs de ce coupon, auront le droit de le faire partout recevoir, pour la somme qui y est portée, en paiement de toute espèce de marchandises, services, solde de comptes, etc.

L'emprunt, et par conséquent la capacité circulatoire du billet, n'est accordée que pour un certain nombre d'années, au bout desquelles l'emprunteur doit rembourser à la banque la somme exprimée dans le billet, faute de quoi le dernier détenteur a le droit de requérir la vente de la propriété.

Pour prix de cette faculté de battre monnaie avec un immeuble, le propriétaire paie à l'État, pendant toute la durée du prêt et nonobstant le remboursement qui y met fin, un intérêt de 3, 4 et 5 p. 100. — Dans d'autres systèmes, l'intérêt, au lieu d'être payé à l'État, appartient aux porteurs, qui se le font servir aux échéances fixées par la Banque.

Quoi qu'il en soit, et de quelque côté que se porte l'intérêt, qu'il aille dans les caisses de l'État ou qu'il s'accumule dans les mains des accapareurs de billets, peu importe : le crédit hypothécaire, établi sur cette base de la mobilisation de la propriété, est un lourd fardeau pour le travailleur, une déception pour le propriétaire, une calamité pour tous.

Remarquons d'abord une chose.

Si l'on en croit les partisans des banques hypothécaires, c'est l'État qui donne crédit aux emprunteurs, d'après la maxime tant vantée et si abominablement fausse de Law, que c'est à l'État de donner crédit, non à le recevoir. Mais il est évident qu'ici l'État ne donne aucune espèce de crédit; car forcer le cours d'un billet, ce n'est pas donner crédit. En toute opération de crédit, de commandite ou de prêt, le créancier, celui qui donne crédit, est l'homme qui livre une valeur réelle et présente, en échange d'une promesse de remboursement, et sous garantie d'hypothèque. Or, quelle est ici la valeur, la réalité livrée par l'État? Il n'y en a point : l'État ne donne rien; il se borne à rendre l'acceptation du billet *obligatoire*, et à encaisser, comme un vrai créancier, l'intérêt annuel du prêt qu'il n'a point fait.

Quel est donc ici le créancier, puisque évidemment ce n'est pas l'État?

Le créancier, l'homme qui donne crédit, c'est vous, c'est moi, ce sont tous les travailleurs, que l'État, sans les en prévenir, oblige à faire l'avance de leurs journées, de leurs produits, de leurs services, à un propriétaire qui ne leur en paiera jamais ni le principal, ni l'intérêt. L'État ne possède rien : il n'a que des dettes et des baïonnettes. Pour acquitter ses dettes, il se fait banquier, mais banquier sans capital. Ses billets de crédit sont des bons qu'il tire à vue sur chacun de nous, comme s'il nous disait : « Moi, l'État, j'ai promis de payer à Jacques Fornachon, propriétaire à Palante, la somme de mille francs, valeur qu'il vous plaira lui payer à vue, en telles marchandises, services ou travaux qu'il requerra, faute de quoi je saurai vous y contraindre. » Voilà ce que c'est que le crédit de l'État.

Que cela donc soit bien entendu. Quand l'État se fait banquier, quand il s'avise de donner crédit, il ne fait autre chose que s'emparer, par la force des baïonnettes, de la brasse des ouvriers, des marchandises des négociants, des denrées des cultivateurs, des produits des industriels, et de les donner à ses emprunteurs, qui lui en fournissent d'abord l'intérêt, et puis le payement. Comment trouvez-vous, citoyen lecteur, cette manière de faire la banque? Prêter le bien d'autrui et s'adjuger ensuite l'intérêt et le remboursement, c'est un métier lucratif, n'est-ce pas? Mais nous aimons tant le pouvoir en France, nous sommes si humbles serviteurs de l'État, si dévoués à l'autorité, que nous lui pardonnons tout, que nous l'adorons même, quand elle nous vole !...

Et quelle compensation espérez-vous de l'État pour ces belles opérations? qu'il réduise ses dépenses? Il les augmentera plutôt, ne fût-ce que des appointements des employés, régisseurs, directeurs et inspecteurs de sa banque. Pour le surplus, il n'y a pas le moindre rapport entre la banque hypothécaire et une réduction des dépenses de l'État. Que dis-je? l'État avait besoin des produits de la banque hypothécaire pour couvrir le déficit que faisait au trésor la réduction de l'impôt sur le sel, les boissons, la viande, etc. La prestation forcée que l'État exige de vous est donc sans compensation.

Espéreriez-vous quelque chose du développement de l'agriculture?

Le montant des créances hypothécaires, avons-nous dit, est aujourd'hui de 12 milliards, soit à 10 p. 100, un tribut de 1,200 millions à payer annuellement aux capitalistes.

Il y a lieu de croire que les débiteurs s'empresseront de se libérer et de courir à la banque de l'État : mais avec la facilité d'emprunter que présente le nouveau système et les immenses besoins de l'agriculture, ce n'est point exagérer de dire que l'emprunt étant fait à moitié prix et à double délai, on empruntera une fois plus. La charge hypothécaire ne sera donc pas diminuée, et les mêmes causes agissant toujours dans le même sens, elle augmentera. Elle augmentera encore par une autre raison : en effet, jusqu'à présent nous avons raisonné dans la supposition que les billets seraient partout acceptés au pair. Or, il n'en peut pas être ainsi : la monnaie métallique aura toujours, quoi qu'on fasse, une préférence marquée. Il y aura donc agio et dépréciation : conséquemment, l'intérêt qu'on suppose aujourd'hui devoir être, par exemple, de 5, sera de 6, 7, 8 : donc, déception pour le propriétaire, qui, croyant emprunter à 5, empruntera en réalité à 6 et au delà.

Ainsi, il y aura tiraillement et répulsion entre les propriétaires, intéressés à faire recevoir leur papier de crédit, et les producteurs, intéressés à le refuser ou à ne le prendre que sous bonification : de là, anarchie, agiotage, décomposition de la moyenne et petite propriété, augmentation progressive des charges de la production ; en fin de compte, banqueroute universelle.

La Banque d'échange procède tout autrement.

D'abord la Banque d'échange ne fonctionne pas de par l'État, qui ne possède rien, qui ne peut faire crédit de rien, qui n'existe que pour dévorer, et que le but de la Révolution est d'abolir. La Banque d'échange représente la totalité des producteurs ; c'est par eux qu'elle existe, c'est pour eux qu'elle travaille.

La Banque d'échange crédite sur hypothèque, SANS INTÉRÊT et moyennant annuités. — Cela signifie que par la Banque d'échange la totalité des producteurs fait volontairement au producteur rural, sur l'hypothèque de sa propriété, l'avance des produits et services dont il a lui-même besoin pour améliorer son exploitation.

En échange de ce crédit, l'emprunteur rembourse chaque année à la Banque, ce qui veut dire à la totalité des producteurs-commanditaires, l'annuité promise, en sorte que le remboursement du créancier est aussi réel que la créance. Là, point d'intermédiaire parasite, usurpant, comme l'État, les droits du travailleur, et absorbant, comme le capitaliste, une part de ses produits.

L'État, aussi bien que le numéraire, étant exclu de ce régime, le crédit se réduit à un simple échange dans lequel l'une des parties livre son produit en une fois, l'autre remet le sien en plusieurs échéances, le tout sans intérêt, sans autres frais que ceux de la comptabilité.

Que, dans ce système, les opérations se multiplient tant qu'on voudra, bien loin que cette multiplication d'affaires indique une aggravation de charges pour le producteur, comme cela a lieu dans la banque hypothécaire, elle sera le signe d'une augmentation de richesse, puisque le crédit n'est pas autre chose ici que l'échange, et que les produits appellent les produits.

L'effet de la Banque d'échange, où le capital ne donne lieu à aucune retenue, sera diamétralement inverse de celui de la banque hypothécaire, où l'État, agissant comme capitaliste, se fait servir une usure par les emprunteurs. Par la Banque d'échange, le crédit rayonne autour de lui l'activité et la richesse; par la banque hypothécaire, il creuse un abîme où viennent s'engloutir fatalement et les producteurs et l'État.

Pour rendre la différence plus sensible, je terminerai par un apologue que j'adresse, en manière d'argument personnel, à *la Démocratie pacifique.*

Un capitaliste philanthrope, ami du progrès, et désireux de contribuer à la solution du problème social, apprend que l'école phalanstérienne s'occupe d'organiser une commune modèle, mais que, faute d'argent, elle ne peut venir à bout de s'établir. Ledit capitaliste offre de souscrire pour 1 million; mais voulant donner aux harmoniens une preuve de sa bonne volonté et réserver en même temps les intérêts des ses descendants, il réserve :

1° Que l'intérêt de la somme prêtée lui sera servi ou à ses ayants-droit au taux modique de 5 p. 100;

2° Que, comme cela se pratique chez les banquiers civilisés, l'intérêt de la somme prêtée sera calculé et capitalisé tous les trois mois;

3° Que, pour la plus grande facilité du phalanstère, le remboursement en capital et intérêts ne sera effectué que 280 ans après le jour du contrat.

Cependant, avant de traiter définitivement, cet honnête capitaliste désire savoir, d'une part, quelle sera, à l'échéance du terme, la somme que le phalanstère aura à payer à ses héritiers; d'autre part, avec quoi et comment le phalanstère entend se libérer.

La Démocratie pacifique accepterait-elle cet engagement?

Tout ce que nous pouvons lui dire à ce sujet, c'est que le capital prêté croît chaque quatorzième année en progression géométrique ; qu'en conséquence, l'accumulation des produits mis en réserve par le phalanstère pour l'acquittement de la dette devrait marcher du même pas, c'est-à-dire que les produits ou écus économisés devraient former à la 281e année une valeur d'un million de fois plus grande que celle du capital primitif (1,050,772,766,720 francs); et néanmoins, pendant tout ce temps, les harmoniens auraient dû vivre, et bien vivre selon la promesse du maître.

Tel est précisément notre état social.

Un écu n'a pas plus tôt été arraché de la paume de la main du travailleur qu'il est placé à intérêt composé sur le peuple. De cet intérêt vivent et pullulent toutes les espèces de parasites qui sucent la sève de l'humanité. De temps en temps, l'arbre épuisé jaunit, s'étiole et cesse de donner des fruits ; alors les parasites crèvent par myriades, et bientôt le géant de la nature reparaît plus vigoureux et plus magnifique. Le peuple n'est jamais plus fécond, plus fort que le lendemain d'une banqueroute.

VII

OBJECTIONS ET RÉPONSES

A la Démocratie pacifique.

27 mai.

Nous prions nos frères de *la Démocratie pacifique* de ne pas juger de nos sentiments pour leurs personnes par la vivacité de nos critiques, surtout de ne point attribuer à orgueil ou intolérance de notre part ce qui provient d'une conviction trop forte pour être toujours contenue.

Nous n'oublions pas qu'en ce moment toutes les écoles socialistes, comme toutes les nuances républicaines, sont solidaires, et nous ne demandons pas mieux que de nous entendre avec ceux qui, par des voies différentes, tendent au même but que nous. Nous voulons la réforme sociale, comme nous voulons la république, sincèrement, énergiquement. Nous fraternisons de cœur, sinon d'idées, avec ceux qui veulent, comme nous, l'une et l'autre. Nous reconnaissons volontiers au surplus, que dans le système infini de la raison universelle, dans le champ d'exercice de l'activité collective, il y a place pour toutes les idées, pour toutes les expériences. Nous convenons, par là même, qu'une place doit être faite, dans la société à venir, aux théories de Fourier, de Saint-Simon, etc., aussi bien qu'aux nôtres; peut-être saurions-nous mieux que personne déterminer la part qui peut revenir à chacune.

Mais ce qui importe par dessus tout aujourd'hui, c'est de réaliser la condition même de toute innovation; c'est de définir la grande négation révolutionnaire qui doit aplanir le terrain et ouvrir la scène aux idées positives; c'est, pour employer le style de l'école sociétaire, de reconnaître l'idée *pivotale* sur laquelle repose le système entier des nouvelles réformes.

Cette idée pivotale, pour nous, est la négation de la propriété. ou plus simplement du capital, représenté lui-même par la monnaie. La négation de la monnaie, dont l'usage nous coûte plus de 5 milliards par année; la négation de la propriété, dont les droits seigneuriaux et les péages, établis partout sur la circulation, représentent une somme au moins double : voilà ce que nous poursuivons depuis dix ans; voilà l'idée mère dans laquelle se résument pour nous toutes les tendances de la Révolution.

Faisons-nous donc œuvre de vanité, quand nous insistons, de toute l'énergie de notre âme, sur cette négation doctrinale, ou sommes-nous franchement révolutionnaires? Sommes-nous les véritables interprètes du Peuple, ou ses calomniateurs? Et quand, par le plus déplorable des contre-sens, nous voyons, au moment décisif, une école s'ôter à elle-même et nous enlever à tous, par ses hésitations et ses ménagements, l'instrument des réformes, sommes-nous excusables de dénoncer cette intempestive politique?

Rappelons encore une fois ce qu'en philosophie, ce qu'en temps révolutionnaire on entend par négation.

L'argent et l'or sont à la fois marchandises et agents de la circulation. Comme marchandises, l'argent et l'or ne peuvent être exclus du marché et supprimés de l'industrie, pas plus qu'ils ne peuvent être anéantis dans les filons où le mineur les fouille. Sous ce rapport, la négation ne compromet pas leur existence.

Comme agents de circulation, ils ne périssent pas davantage, puisque, d'après la théorie de la valeur et de la mutualité de l'échange, toute marchandise, tout produit du travail doit obtenir qualité et puissance de numéraire.

Ce que nous voulons ôter à l'or et à l'argent, c'est le privilége, véritablement régalien, dont ils jouissent de servir d'intermédiaires à tous les échanges, et d'être seuls agents de la circulation. Par cette négation, l'or ne disparaît ni de la production ni de la consommation; il est mis au même rang que tous les produits; la république commerciale est créée.

Il en est ainsi de la négation du capital.

Si l'école phalanstérienne s'imagine que nous ne reconnaissions pas la réalité du capital; si elle croit que nous repoussions la chose et l'idée, elle se trompe grossièrement. Le capital est du travail accumulé, qui devient à son tour, comme la terre d'où il est tiré, matière de production, et, comme la main de l'homme, instrument de production. Ni l'idée ni la chose ne doivent donc périr, puisque supprimer le capital, ce serait interdire le travail; puisque nous disons nous-même, en manière d'axiome, *échanger, c'est capitaliser.*

Ce que nous voulons abolir dans le capital, c'est sa prépondérance à l'égard du travail, c'est la séparation du travailleur et du capitaliste en deux catégories de personnes dont les intérêts sont contradictoires, et dont l'une est nécessairement oppressive de l'autre. Le travailleur et le capitaliste ne font qu'un : ils ne peuvent pas plus être séparés que l'âme du corps. Séparer l'un de l'autre l'âme et le corps, c'est les détruire tous deux en même temps, c'est tuer l'homme ; de même, séparer le travailleur du capitaliste, c'est soumettre le premier à la spoliation et le second à la banqueroute, c'est anéantir la production. Quelque précaution que l'on prenne, quelque combinaison qu'on imagine, du moment que le travailleur et le capitaliste deviennent deux personnages distincts, il est de nécessité absolue, mathématique, ou que le capitaliste pressure le travailleur, ou que le travailleur ruine le capitaliste.

Essayons encore une fois de rendre sensible cette antinomie : ce sera la meilleure réfutation que nous puissions faire de toutes les institutions de crédit conçues d'après l'ancienne économie.

La société, avons-nous dit, se divise, d'après la constitution économique actuelle, en deux classes de citoyens : l'une qui comprend tous les propriétaires, capitalistes et entrepreneurs, l'autre tous les travailleurs salariés.

L'observation que parmi les propriétaires, capitalistes et entrepreneurs, un grand nombre travaille, est parfaitement nulle, puisque le salaire qu'ils reçoivent comme travailleurs est en dehors des rentes, fermages, intérêts ou bénéfices qu'ils prélèvent comme propriétaires, capitalistes et entrepreneurs.

C'est d'après cette division des individus qui, soit à titre de propriétaires, soit à titre de travailleurs, interviennent dans la production, que nous avons dressé le paradigme de la comptabilité sociale ; et nous avons montré par la balance des comptes que, d'une part, la somme des produits ne pouvant être rachetée que par la somme des salaires qu'elle coûte, et, d'autre part, le capital, le talent ou la propriété devant faire un prélèvement sur la production, et par conséquent élever le prix de vente au-dessus du prix de revient, le résultat demandé était impossible, puisque c'était vouloir ou que 10 fût égal à 11, ou que 11 ne fût pas plus que 10.

A cela, on a fait l'objection assez spécieuse que voici :

L'alternative de mort pour le travailleur ou de ruine pour le capitaliste ne résulte pas du tout de ce calcul; toute la difficulté se réduit à faire l'une de ces deux choses : ou que les ouvriers produisent plus qu'ils ne consomment, ou qu'ils ne consomment pas tout ce qu'ils produisent, de telle sorte qu'il y ait un reste pour la part du capital.

Par exemple, A, propriétaire-capitaliste-entrepreneur, achète à B, C, D, E, F, G, H, I, J, K, L, leur produit pour 10,000 fr. Que chacun des travailleurs rachète, avec les 1,000 fr. qu'il a reçus, neuf dixièmes de son produit, et laisse un dixième au propriétaire : alors il y aura balance, et les droits du capital seront respectés. Or, qui doute que l'homme, avec les moyens dont il dispose, ne puisse produire au delà de ses besoins?

L'objection, comme on le voit, ne détruit pas le raisonnement, puisqu'elle consiste uniquement à soutenir que la misère du travailleur n'est pas la conséquence nécessaire du prélèvement que fait sur lui le capitaliste; elle donne même au raisonnement une force toute nouvelle, puisqu'il reste toujours à savoir de quel droit le capitaliste prélève, sans travail, une part du produit; et c'est sur quoi on ne s'explique pas.

Mais est-il vrai, comme on le suppose, que le travailleur puisse jamais produire au-dela de ses besoins? ou, ce qui revient au même, comme l'on verra, est-il vrai que la société, le producteur collectif, puisse jamais se trouver en bénéfice? Nous le nions formellement.

C'est en vain qu'on exagère la puissance des machines, les effets de l'association, tant pour l'économie des frais que pour l'amélioration du travail. L'homme, à quelque degré de civilisation qu'il arrive, ne produit, ne peut jamais produire que son *pain quotidien*. Il faudrait, pour démontrer cette vérité profonde de la Genèse, reprendre une à une toutes les contradictions économiques. Nous tâcherons de la faire sentir en quelques mots.

La nourriture de l'homme, comme le fait remarquer l'Évangile, doit être en même temps corporelle et morale. Il peut arriver même que la nourriture de l'esprit soit prise sous une espèce corporelle : c'est ainsi, par exemple, que la propreté, la commodité, l'élégance des vêtements, des habitations, du mobilier, des aliments, réjouit l'âme et récrée l'esprit autant qu'elle fortifie le corps. Du reste, on avoue que la société, et notamment la dernière révolution, a pour but l'amélioration non-seulement physique, mais intellectuelle de tous.

En quelle proportion, en quelle mesure se réalise cette augmentation de bien-être?

Elle se réalise, pour la société, dans la mesure du travail collectif; pour l'individu, dans la mesure du travail de chaque individu.

Cela signifie que si, dans l'individu comme dans la société, le développement de l'intelligence n'est pas en raison directe du travail, l'individu et la société s'abrutissent, s'épuisent, se corrompent par le travail; tout comme un homme qui, travaillant beaucoup des membres et ne prenant pas plus de nourriture qu'un convalescent, s'exténuerait. Tel est l'effet bien connu du service des machines et de la division du travail.

Quel est donc le but de l'aristocratie soit féodale, soit financière ou mercantile?

C'est de résoudre ce problème antiprogressiste, antisocial : assurer, par une balance de comptes analogue à celle qu'on nous propose, la subsistance à l'ouvrier, de manière à ce qu'il ne soit plus exposé, dans son corps, à périr de famine et de misère; mais de telle sorte aussi que, dans son âme, il ne s'élève jamais au-dessus de la condition où le doit éternellement retenir l'infériorité de ses lumières, de ses talents, de ses habitudes; de manière enfin à réserver à la bourgeoisie, aux dépens du prolétariat, les jouissances privilégiées de l'esprit, du luxe, du pouvoir et des arts.

Ce que l'on demande, en un mot, par l'intérêt du capital, c'est d'*énerver* dans son esprit le travailleur.

C'est donc encore cette vieille question de caste qui se reproduit sous les objections de *la Démocratie pacifique*, et qui vient livrer une dernière bataille a l'égalité; c'est toujours le *statu quo* qui est aux prises avec la révolution. Certes, il ne nous suffit plus aujourd'hui que la révolution de Février assure au travailleur le pain et la pitance : ce que nous poursuivons est le nivellement complet des fortunes; c'est la destruction des castes jusque dans leurs racines, jusque dans l'élément métaphysique de leur existence. Nous n'entendons pas qu'à l'avenir la gloire des uns ait pour condition la médiocrité des autres; comme da s la période mercantile dont nous sortons, l'aisance du capitaliste avait pour condition la misère de l'ouvrier; comme autrefois la liberté eut pour condition l'esclavage. Nous voulons en tout l'égalité des biens, suivant que l'équivalence des fonctions, l'égalité des échanges, la mutualité des services, la solidarité des intérêts, la commune bienfaisance des institutions, et le travail de chacun, la peuvent donner.

Voici donc comment, selon nous, au point de vue de la production et de la distribution des richesses, il faut concevoir l'économie journalière de la société.

L'homme ne peut vivre qu'en travaillant.

Le Créateur, en le jetant sur la terre, lui assure pour chaque jour, à la condition qu'il travaillera, sa subsistance. La mesure de cette subsistance est égale à la dépense de force physique et intellectuelle que fait le travailleur. Dans une condition pareille, on ne peut enlever à l'homme de labeur la moindre parcelle de son salaire journalier, sans l'épuiser et le faire périr.

Représentons-nous la société par 100 travailleurs.

L'auteur de la nature leur garantit chaque jour, s'ils travaillent, et proportionnellement à leur travail :

Ou 100 rations de pain,
Ou 100 — de viande,
Ou 100 — de vin,
Ou 100 — de linge, vêtements, chaussure, etc.

Mais, chaque individu ne pouvant se procurer qu'une seule ration à la fois, les 100 travailleurs conviennent de se répartir entre eux le travail de la manière suivante :

60 d'entre eux produiront 60 rations de pain;
15 — 15 — de viande;
15 — 15 — de vin;
10 — 10 — de vêtements et chaussure.
_____   _____
100 ensemble   100

Par cette combinaison, chaque consommateur obtient un peu moins de pain, mais il reçoit l'équivalent de ce qui lui manque en viande, vin et vêtements, ce qui rend sa subsistance plus variée, partant meilleure et plus confortable. Mais n'est-il pas évident aussi que, dans ce cas comme dans l'autre, soustraire aux travailleurs la moindre part de leur produit, c'est les constituer en perte sur eux-mêmes; c'est, ou les exténuer dans leur corps, ou les abrutir dans leur intelligence?

Travailler, avons-nous dit, *c'est produire de rien*. Cela est vrai, dans le sens que le produit ne vient point d'une nature étrangère; cela est vrai, en un mot, objectivement. Mais travailler, c'est vivre du plus pur de notre être, c'est produire au dehors notre propre subsistance. C'est pour cela que le travailleur, s'il ne répare les forces de son âme et de son corps par la nourriture et par la méditation, dépérit rapidement.

AU RÉDACTEUR DU NATIONAL.

(Voir *le National* du 1er juin)

2 juin.

Citoyen rédacteur

Depuis quelque temps, vous avez reconnu tant de fois le caractère social de la révolution de Février ; aujourd'hui même vous abordez si résolûment et avec tant de franchise la grande question du crédit, que vous n'hésiterez pas, je l'espère, à insérer dans vos colonnes, une réponse à votre article de ce matin sur la Banque d'échange. La question est trop grave pour que vous vouliez, après un premier article, couper court à la discussion ; et j'ose dire qu'en publiant ma lettre vous aurez bien merité de vos lecteurs, soit en contribuant à la manifestation d'une idée vraie, soit en débarrassant l'opinion d'une dangereuse erreur.

Je commence par vous remercier, citoyen rédacteur, de la manière honorable dont vous avez bien voulu parler de ma personne ; mais ce dont je vous sais le plus de gré, c'est d'avoir répondu vous-même par avance aux doutes que vous a suggérés mon projet. En sorte que je serais en droit, dès aujourd'hui, de prendre acte de votre adhésion et de vous compter parmi les partisans déjà fort nombreux de la Banque d'échange.

« Qui ne voit, dites-vous, que la Banque d'échange de M. Proudhon n'est autre chose que la Banque actuelle, moins le capital métallique, qui lui permet de faire l'escompte des effets de commerce, et qui donne à son papier le crédit dont il jouit sur place ? Qu'on supprime le capital de la Banque de France, et qu'il ne reste plus pour garantie aux détenteurs des billets que les valeurs commerciales escomptées par cet établissement, ces valeurs se trouvent certainement dans les conditions exigées par M. Proudhon, car la Banque n'a jamais eu la prétention d'être trop audacieuse dans ses opérations, et de charger son portefeuille d'effets ne présentant pas de suffisantes garanties. »

Eh! sans doute, citoyen rédacteur, la Banque d'échange n'est pas autre chose que la Banque de France moins le capital en espèces, rendu inutile par la mutualité de l'acceptation.

Toute la différence est là, et je vous avoue que, bien loin d'y voir une preuve de la pauvreté de l'idée, j'y trouve le gage de sa certitude, de son incalculable fécondité. L'art de faire manœuvrer avec économie le numéraire devait aboutir à la suppression même du numéraire. Que faut-il pour cela? Fort peu de chose, en vérité. C'est que les escompteurs, maintenant en pleine anarchie, je devrais dire sauvagerie, au lieu de s'ISOLER toujours comme ils font, en subordonnant tout à la monnaie, *conviennent* de SOLIDARISER leurs opérations en s'affranchissant de la monnaie.

Le rapport qui lie jusqu'à présent les producteurs entre eux, ce n'est point, comme le veut et l'enseigne la science économique, l'échange des produits contre les produits; c'est l'échange des produits contre l'argent et de l'argent contre des produits. C'est comme le commerce du tabac, qui, au lieu de parvenir directement de la compagnie exploitante au citoyen consommateur, passe par l'entremise du fisc, qui nous renvoie du tabac augmenté de 60 ou 80 p. 100 sur le prix réel de fabrication. Pour le dire en passant, c'est ainsi qu'il en arriverait de toute industrie exploitée ou protégée par l'État.

Ce qui manque à la Banque de France est donc le renoncement au numéraire, c'est-à-dire l'acceptation mutuelle du papier par les échangistes. Obtenez cette acceptation (le gouvernement l'aurait en huit jours), et la Banque de France devient Banque d'échange : c'est le mérite de l'idée, qu'elle consiste en si peu de chose.

Certes, une convention mutualliste, une promesse d'acceptation réciproque, cela ne se touche, ne se pèse pas comme l'or, le plus massif des métaux. Ce n'est qu'une valeur abstraite, un gage tout métaphysique, une IDÉE. Mais qui ne voit que cette idée, cette abstraction, a incomparablement plus de poids, plus de réalité, plus de valeur que l'or, puisque l'or, comme toute marchandise, diminue de prix par l'abondance, tandis que la garantie mutuelle croît en progression géométrique avec le nombre des adhérents.

« Mais, observez-vous, dans ce système d'assurance mutuelle, il arriverait que tous endosseraient la responsabilité des fautes et des malheurs de chacun. En effet, qu'un des billets de commerce contre lesquels il est fait livraison de billets de la Banque vienne à être protesté, et que le commerçant ou industriel qui, à une échéance déterminée, devait remettre contre cet effet sa valeur en billets de la Banque, ne puisse faire ce remboursement, il faudra anéantir une valeur nominale en billets correspondante à celle de l'effet protesté, sinon il resterait dans la circulation des billets qui n'auraient plus aucune espèce de gage ; d'où résulterait la dépréciation forcée de la nouvelle monnaie. Or, la suppression de ces billets de banque n'est autre chose que la répartition, sur la masse des souscripteurs, de la perte subie par l'un d'eux, perte qui peut avoir lieu entièrement au bénéfice d'un négociant ne faisant pas partie de l'association, et, dans le cas contraire, au bénéfice de quelques-uns d'entre eux seulement. Quel est le négociant qui voudra faire partie d'une semblable association, où il n'y a solidarité que dans les pertes, et nullement dans les bénéfices ?

Pour toute réponse, je pourrais me contenter de vous renvoyer, monsieur le rédacteur, aux articles 30 à 46 de mon *Projet de Constitution de la Banque d'échange*, articles relatifs aux *achats et ventes sur consignations, crédits à découvert sur caution*, et *crédits sur hypothèques*, et dans lesquels le cas de non-paiement à l'échéance a été prévu, et la marche à suivre déterminée. Or, ce qui se fait pour les crédits sur caution ou hypothèque se fera sur les escomptes : le débiteur sera poursuivi et exproprié ; cela va de soi. Je pourrais ajouter que la commission de 1 pour 100, perçue sur les escomptes, suffirait largement à couvrir ces pertes, si tant est qu'il y en eût; quelle maison de banque perd en non-remboursements 1 pour 100 sur le montant de ses escomptes? Mais je préfère vous renvoyer à vous-même, monsieur le rédacteur, car vous parlez déjà de toutes ces choses mieux que moi :

« Il y aurait un moyen de rendre applicable le système dont nous venons d'exposer le mécanisme : ce serait de donner aux directeurs de la Banque, représentants des. intérêts collectifs de tous les associés, le droit de poursuivre dans leurs meubles et immeubles les négocians endosseurs des effets protestés. Mais cette modification ne détruit-elle pas le principe même qui sert de base au système de M. Proudhon, en substituant aux produits, seuls gages, suivant lui, des billets de banque, le capital mobilier et immobilier des souscripteurs associés? »

En quoi donc, s'il vous plaît, cette modification détruira-t-elle mon principe, puisqu'elle n'est autre chose que mon principe? Vous ne vous êtes point aperçu, monsieur le rédacteur, en m'adressant ce reproche, que vous veniez d'inventer vous-même la Banque d'échange, dont l'idée, au surplus, n'est· pas aussi neuve que vous le paraissez croire.

Il faut distinguer, dans un papier de crédit, trois choses :

1° Le *gage* ou l'*hypothèque*, c'est-à-dire la valeur (en capital, produit ou monnaie) représentée par le billet;

2° La *garantie* ou *caution*, c'est-à-dire l'ensemble d'intérêts qui donne cours au gage, qui le soutiennent lui-même;

3° L'*acceptation*, c'est-à-dire la faculté d'être reçue en tout paiement, en tout échange de produit.

Dans le billet d'échange, le gage, nous le connaissons : c'est le produit qui a donné lieu aux lettres de change et billets à ordre, contre lesquels la Banque livre ses billets. C'est un produit non pas seulement créé et mis en magasin, mais facturé et livré, ayant promesse de paiement un produit, par conséquent, dont la valeur, fixée par le contrat de vente, est devenue positive et authentique. .

Mais cette authenticité de la valeur du produit vendu a besoin, à son tour, d'une garantie pour que le signe en soit admis à l'escompte, et cette garantie, nous la trouvons, comme la Banque actuelle, dans les biens meubles et immeubles du tireur, du tiré et des endosseurs du papier de commerce. Elle existe en dehors du gage, qui peut périr et entrainer la faillite du débiteur, sans que la Banque soit à découvert. La garantie, en un mot, est la sanction donnée au papier de crédit, en sus du gage, par la responsabilité d'intérêts qui s'y rattachent.

Quant à l'acceptation, il est inutile de répéter que la qualité d'adhérent à la Banque d'échange, l'implique essentiellement : vous l'avez, monsieur le rédacteur, parfaitement compris.

Mais ce que je ne conçois pas, c'est que vous disiez, après cela, que la *solidarité*, dans la Banque d'échange. *n'existe que pour les pertes, et nullement pour les bénéfices.* Qu'est-ce donc que cette économie de 7 pour 100, en moyenne, dont les échangistes jouissent sur leurs escomptes par le seul fait de l'acceptation mutuelle de leur papier?...

Permettez donc que, pour toute conclusion, je prenne acte de vos paroles, et que je vous les propose à vousmêmes comme objet et point de départ de la réforme économique :

« Nous croyons, en effet, que dans cette voie il y a quelque chose à faire, et qu'il serait possible à une association de commerçants et d'industriels d'émettre, contre des effets de commerce dûment souscrits par chacun d'eux, les billets de Banque qui auraient pour gage, outre les effets de commerce, soit des immeubles appartenant aux membres de l'association, soit même une partie du matériel servant à l'exploitation de leurs diverses industries. »

Cela est de plein droit et n'a besoin d'être dit dans les statuts d'une banque. Tout négociant répond, par biens, et corps de la réalité et du payement des valeurs qu'il apporte à l'escompte. .

Il est inutile, il serait même imprudent, de considérer les biens des associés comme supplément de gage, puisque ce serait donner à entendre que le gage est fictif ou insuffisant. Ce qu'il faut, en sus du gage, c'est la garantie de sa réalité, c'est la responsabilité de l'escompteur.

Sous cette responsabilité et avec le consentement préalable des échangistes, l'or et l'argent restent simples marchandises, et deviennent, en tant que monnaie, superflus; l'échange étant direct ét l'escompte sans intérêts, 400 millions sont d'abord épargnés, chaque année, au commerce; les rentes sont convertice de 5, 4, 3 pour 100, en rentes 1 pour 100, et puis finalement remboursées; la réforme hypothécaire suit de près; — bref, de simplification en simplification, d'économie en économie, la production nationale est doublée, la répartition faite avec égalité, et la république n'est plus autre chose que le gouvernement de la Providence, sans intervention de l'arbitraire de l'homme.

A ce propos, permettez-moi, monsieur le rédacteur, une dernière analogie.

Qu'est-ce que la République? — L'organisation de la cité sans l'intermédiaire de ce tuteur parasite qu'on appelle loi ou gendarme.

Qu'est-ce que le crédit? — L'organisation de l'échange sans l'intervention de ce gage inactif qu'on appelle le numéraire.

Mutuellisme des deux parts, dans la politique et dans l'économie politique.·

La liberté ne veut plus rester en tutelle, à peine même si elle peut souffrir des représentants. Elle entend faire elle-même de l'ordre par le concours de tous les citoyens, concours dont la forme rudimentaire est le suffrage universel.

De même, le crédit veut exister sans la production du métal, et réaliser l'axiome économique : *Les produits s'échangent contre les produits.*

Eh bien! monsieur le rédacteur, vous l'avez dit vous-même : « Il y a quelque chose à faire avec la Banque d'échange. » Ce quelque chose n'est pas une utopie; il existe, il fonctionne, notamment en Belgique, où, avec quelques mille francs d'espèces, une compagnie mutuelliste opère des échanges pour plusieurs centaines de mille francs. Avec 1 million d'écus, la Banque de France fera 800 millions d'escomptes.

Faites ce quelque chose, monsieur le rédacteur, rien n'est plus facile, et vous êtes en position. Que la Banque de France offre l'escompte à 1 pour 100 à tous les citoyens qui adhèrent aux nouveaux statuts; quant à ceux qui préfèreront l'ancien régime, qu'elle continue à leur faire payer, pour le plaisir de manier de l'argent, 5 pour 100 d'intérêt.

Je vous le dis en toute sincérité, monsieur le rédacteur, vous tenez en vos mains le salut de la patrie. Il dépend de vous, par la grande publicité de votre journal et par votre incontestable influence, de faire cesser à l'instant la crise qui nous dévore, et, en moins de trois mois, d'assurer à la France le sceptre du monde. Proclamez à la face de l'opinion la nécessité d'organiser l'échange sans numéraire, sans intérêt, de constituer la république du commerce, et, sans que vous vous en doutiez peut-être, vous serez devenu, en fait de socialisme, aussi avancé que les plus radicaux.

Je suis, etc.

AUTRE RÉPONSE AU NATIONAL.

(Voir *le National* du 6 juin).

10 juin.

Nous avions enregistré avec la plus vive satisfaction l'adhésion du *National* à la Banque d'échange : ses encouragements, ses sympathies nous avaient pénétré de

reconnaisaace. Nous pour qui la révolution de Février
est essentiellement sociale, nous qui voyons toute l'économie politique dans l'échange, et pour qui le problème
du prolétariat n'est autre chose qu'un problème de justice commutative, nous considérions l'adhésion du *National* comme le signe de la prochaine fusion des diverses
nuances républicaines, et nous nous félicitions, dans l'intérêt de la République, de cet important succès. Il paraît
que nos espérances nous emportaient trop loin. Dans son
numéro d'aujourd'hui, *le National* nous retire son adhésion ; avec l'adhésion, les sympathies et les encouragements
ont disparu.

Le National nous disait, dans son n° du 4 juin :

« Sur ce terrain (d'une association d'échange), nous serons heureux de nous rencontrer avec M. Proudhon.....
Que M. Proudhon persévère dans son œuvre de propa-
gande, qu'il organise une première application de ses
idées ; sur ce terrain, nous le répetons, il peut désormais
compter sur notre concours, comme il pouvait déjà compter sur notre sympathie. »

Le National écrit aujourd'hui : « Quand nous serions les
plus zélés prosélytes de la nouvelle église dont M. Proudhon s'est institué le grand-prêtre, nous ne pourrions apporter à ses doctrines que l'appui de notre adhésion, et
nullement les moyens positifs de la réaliser. Mais nous
n'en sommes même pas encore là ! »

Qu'est-ce donc qui fait reculer *le National*? d'où lui
viennent ses scrupules? pourquoi ce style ironique ? Laissons parler *le National :*

« Nous disions dans notre dernier article :

« Aujourd'hui M. Proudhon nous affirme qu'il est d'accord avec nous sur ces deux points : 1° que le *produit* est
un gage insuffisant pour des billets de Banque ; 2° que ces
billets doivent trouver le supplément de garantie qui leur

est nécessaire dans les capitaux mobiliers et immobiliers appartenant aux souscripteurs associés. — En écrivant ces lignes, nous répétons sous une autre forme ce principe qu'il est nécessaire de constituer a la Banque un capital nouveau qui remplace le capital en numéraire des établissements de crédit actuels. On conviendra que la chose était assez essentielle pour que M. Proudhon y répondit autrement que par une fin de non-recevoir. »

Nous pensions, en effet, qu'étant d'accord avec le *National* sur le mode d'opérer de la Banque d'échange, ce n'était pas la peine de disputer avec lui sur les définitions. *Le National* est plus exigeant, et nous confessons en toute humilité le tort que nous avons eu de ne pas lui donner complète satisfaction.

L'objection du *National* est spécieuse; elle ne tend pas à moins qu'à ruiner entièrement le principe de la Banque d'échange. Si, dit-il, vous reconnaissez que le produit est un gage insuffisant, un gage qui a besoin de trouver un supplément de garanties dans les biens meubles et immeubles des souscripteurs associés, vous avouez par là même qu'au gage métallique de la Banque d'échange doit substituer un gage d'une autre nature, une valeur mobilière ou immobilière : ce qui est l'anéantissement de votre principe, et réduit votre Banque d'échange à une pure fiction.

Telle est l'objection du *National*. Nous sommes charmé qu'il se montre difficile : la chose en vaut la peine ; et quant à nous, nous ne serons jamais plus forts que sur le terrain des principes et du raisonnement.

D'abord, *le National*, confondant, malgré nos explications positives, le gage du billet avec sa *garantie*, travestit entièrement notre pensée. Nous n'avons point dit ce que nous fait dire *le National*. Nous avons dit que tout billet devait avoir un gage, c'est-a-dire représenter une valeur réelle ; — nous avons ajouté que la réalité de cette valeur devait être garantie par une masse de capitaux et d'intérêts assez considérable pour que, si le gage venait à disparaître, le titre ne demeurât pas sans efficacité : ce qui n'est pas la même chose, comme on verra, que de reconnaître *l'insuffisance du gage*. Ensuite, comparant la Banque d'échange avec la Banque de France, et oubliant que les deux institutions procèdent de principes diamétralement opposés, il établit entre elles un parallèle inexact, de telle sorte qu'il finit par ne plus voir clair du tout dans une chose qui paraît pourtant lui être assez familière.

Dans la Banque d'échange, le *gage* est la valeur représentée par le billet. Quant à la garantie, elle est de deux espèces : 1º garantie d'existence du gage, résidant dans la responsabilité et dans tous les biens meubles et immeubles de l'échangiste ; 2º garantie d'acceptation du billet, provenant de l'association des souscripteurs.

En suivant cette filière d'idées, il faudrait dire, si l'on voulait assimiler la Banque de France à la Banque d'échange, que dans la Banque de France le gage est aussi le produit ; que la garantie, en tant qu'elle concerne la réalité du gage, repose dans la fortune mobilière et immobilière de l'échangiste ; en tant qu'elle se rapporte à l'acceptation du billet, elle réside dans le numéraire de la Banque, marchandise acceptable en tous payements. Voilà comment, pour la clarté des idées, aurait dû être établi le parallèle.

Dans les principes de banque ordinaire, où le point de départ est l'opposé de celui de la Banque d'échange, où le gage du billet est le numéraire, l'escompte n'est, à proprement parler, qu'un échange de marchandises. Mais du moment où l'on dit, comme *le National*, que la Banque d'échange n'est autre que la Banque de France, moins le capital métallique de celle-ci, plus la promesse d'acceptation mutuelle des souscripteurs, il faut, pour achever la comparaison, changer le rapport des termes et montrer que ce qui est gage chez l'une devient garantie chez l'autre.

Cela posé, on se demande naturellement ce qu'il arrivera

lorsque des valeurs resteront en souffrance et que les débiteurs ne payeront pas au terme. N'est-il pas vrai, demande *le National*, que si la Banque d'échange a des non-valeurs, la somme des billets en circulation dépassera la valeur du gage qu'ils représentent, et qu'en conséquence il y aura dépréciation sur les billets? Or, cette dépréciation, qui la supportera?

Et c'est à quoi nous répondons : Non, il ne peut pas y avoir dépréciation, il ne peut pas y avoir excès de papier en circulation par suite de non-remboursements; rien de plus aisé à prouver.

Dans toute banque, l'escompte des valeurs s'opère sous déduction d'intérêt et commission; en sorte que, par le mouvement même du change et le jeu de l'escompte, il y a résorption continuelle par la banque soit des écus, soit des billets.

Ainsi, la Banque de France fait, par an, pour 1,800 millions d'escomptes.

Supposant tous ces escomptes à échéance moyenne de 90 jours et 1 pour 100 de commission, d'après les statuts de la Banque d'échange, le produit brut serait.. 2,250,000

La dépense de l'administration
étant de....................... 1,200,000 ⎫
La perte pour protêts et faillites   ⎬ 1,260,000
de............................. 60,000 ⎭
_____

Le bénéfice net revenant aux associés souscripteurs serait de........................ 990,000

Toute la question, pour la Banque d'échange, se réduit donc à établir une prime de commission suffisante pour parer aux éventualités des non-valeurs; comme pour un banquier ordinaire, tout le secret de son métier est de percevoir un escompte qui lui permette de couvrir, avec les intérêts dus au capitaliste et les frais de bureaux, les pertes éventuelles de ses opérations.

Or, si l'on accorde que la Banque d'échange, ayant le même règlement, s'entourant des mêmes précautions, usant de la même prudence et sévérité que la Banque de France, ne courra pas plus de risques, il faut reconnaître par là même que ses émissions seront toujours AU-DESSOUS de ses recouvrements. La dépréciation supposée est donc mathématiquement impossible; elle implique contradiction.

Nous engageons *le National* à réfléchir encore sur le mécanisme de la Banque d'échange avant de la déclarer non recevable, comme il le fait, assez dédaigneusement, dans son article de ce matin. Qu'il le sache bien, du reste : nous ne formons point une église; il n'y a parmi nous ni capucins ni prêtres; nous serions plutôt en droit de renvoyer ces épithètes à ses amis; nous sommes aussi exempts de mysticisme social que de mysticisme religieux. Nous n'avons jamais pensé non plus que *le National* fût le gouvernement; nous supposions seulement que s'il voulait appuyer, avec l'énergie qu'il a montrée souvent pour des sujets moins graves, notre projet de Banque d'échange, sa voix serait plus écoutée que la nôtre, et l'idée aurait plus de chances d'une prochaine réalisation.

Mais c'est en vain que nous nous adressons aux hommes, les hommes nous font défaut partout. Serait-il donc vrai que la seule puissance de ce monde fût l'autorité, la force? La République n'est-elle venue que pour nous rendre plus esclaves du pouvoir, et nous ôter jusqu'à l'ombre de l'initiative?... Que ceux qui aiment le pouvoir le prennent! pour nous, nous nous réfugions dans nos idées!

« Paris, le 18 mai 1848.

« *Au citoyen P.-J. Proudhon* (1).

« Citoyen,

« J'ai lu attentivement votre opuscule, contenant le projet d'une Banque d'échange. Permettez-moi de vous adresser les observations que cette lecture m'a suggérées.

« L'idée de se passer du numéraire n'est pas aussi nouvelle que vous semblez le penser. Les hommes du métier se disent depuis plusieurs années que la nécessité du numéraire n'est que l'absence d'organisation. Pour ma part, je conçois une société où tout se réglerait par des virements de compte.

« Quoi qu'il en soit, vous avez le mérite d'avoir le premier arboré, pour ainsi dire, en public, le drapeau de cette idée, et proposé un plan pour la réaliser.

« Mais vous tenez trop, il me semble, à présenter votre Banque d'échange comme quelque chose de tout particulier et sans rapports avec ce qui existe. Vous méconnaissez le mécanisme des banques publiques, quand vous dites (p. 174) que les billets de la Banque de France n'ont pas de gage. Ils ont le même gage que vos billets de crédit, le portefeuille de la Banque. Comme ils ne sont jamais émis que pour escompter les valeurs présentées à la Banque, ils sont toujours en quantité égale à celle de ces valeurs ou de l'encaisse qui en provient.

« Le capital de la Banque n'est utile (quand les billets ont cours forcé) que comme le capital d'une compagnie d'assurances, pour couvrir les chances de pertes. En de-

_____

(1) Cette lettre résume assez bien une partie des objections qui ont été faites à M. Proudhon, par un grand nombre de citations praticiennes, socialistes ou autres. A ce titre, elle mérite toute l'attention du lecteur. (N. DE L'ÉD.)

hors de ces pertes, le payement des billets en circulation est assuré par la rentrée des effets en portefeuille.

« Donc le billet de banque, affranchi de la condition de remboursement en espèces, est parfaitement analogue à votre billet de crédit:

« Nous nous concertons depuis quelques semaines, mes amis et moi, pour amener le gouvernement à créer une banque d'État qui, n'étant point assujettie à rembourser ses billets, se passerait d'un capital en numéraire. Vous proposez une banque reposant sur une adhésion libre à ses statuts. Je préférerais cette base à un décret, si je croyais qu'il fût possible de l'obtenir sans trop de difficultés et de lenteurs; mais je ne le crois pas. Au reste, comme le but est le même, rien n'empêche d'y marcher par deux voies différentes.

« Quant aux conséquences d'un tel établissement, je les trouve exagérées dans votre livre.

« L'affranchissement du travail laisse, à mon avis, subsister tout entière la nécessité de l'*organiser*.

« J'entends par organiser le travail, mettre dans la production et le mouvement des produits, l'*équilibre* ou *proportion* nécessaire pour que l'échange puisse s'effectuer.

« En effet, supposez que sur un point du globe on fabrique ou importe des chapeaux en excès, et point de souliers, les détenteurs de chapeaux, malgré les facilités offertes à l'échange, iront nu pieds et feront faillite.

« Il faut donc que souliers, chapeaux, et tous articles quelconques soient fabriqués ou importés partout en quantités suffisantes et sans excès, afin que les détenteurs respectifs de ces articles trouvent a échanger toute leur marchandise contre les autres articles qui leur sont nécessaires.

« C'est l'absence de cet équilibre, de cette proportion qui fait les crises industrielles ou commerciales; c'est la ce qui ouvre et ferme brusquement les débouchés, et occasionne les pertes et les faillites.

« Et remarquez que plus il y a de lumières et d'activité

chez les négociants et industriels, plus ils sont nombreux et empressés à se précipiter vers un débouché qui s'ouvre et a le combler. C'est ainsi que l'Angleterre, cette reine du grand commerce, a été la nation la plus rudement châtiée par suite de l'importation des grains provoquée par la disette d'Europe.

« Ne croyez donc pas que la seule facilité d'échanger directement produits contre produits doive amener des débouchés sans fin, et prévenir toutes pertes, toutes faillites.

« Vous reconnaîtrez, au contraire, en y regardant de plus près, que votre Banque d'échange pourrait être conduite à perdre tout ce que possédaient primitivement ceux qui s'y seraient engagés, si ceux-ci opéraient constamment mal, c'est-à-dire produisaient ou importaient de manière à subir constamment des dépréciations.

« Je me résume. La nécessité d'affranchir le travailleur du joug du capitaliste est urgente, impérieuse : vous cherchez à créer l'institution qui opérerait cet affranchissement, je voudrais que l'État la décrétât demain. De là résulterait une immense impulsion donnée au travail. Mais les périls et les maux enfantés par l'ignorance et la faiblesse individuelles au sein d'un régime de concurrence ne seraient pas encore conjurés; le travail s'exercerait toujours à l'aveugle, et, par suite, avec une diminution plus ou moins notable de bénéfice, tandis que l'individu et la société ont besoin d'en tirer *tout* le bénéfice possible. Or, ce dernier résultat ne sera obtenu que lorsque l'activité des producteurs et des commerçants sera organisée, c'est-à-dire soumise à la loi d'équilibre ou de proportion dans toutes ses branches.

« Vous pouvez, citoyen, donner toute publicité à cette lettre et à votre réponse.

« Recevez mes fraternelles salutations,

« G. MADOL,
« Négociant-exportenr, 18, rue de Malte. »

Nous remercions le citoyen Madol de la lettre qu'il a bien voulu nous écrire, et que nous considérons comme une adhésion à notre projet, bien plus que comme une critique. Nous sommes d'accord avec lui sur tous les points essentiels.

1° L'auteur. nous dit d'abord que *l'idée* de la Banque d'échange *n'est pas nouvelle.*

Nous en convenons sans peine. Si l'idée était nouvelle, nous n'en eussions pas voulu. Nous préserve le ciel d'avoir des idées nouvelles! Le commencement et la fin de toute philosophie, selon nous, c'est qu'il n'y a pas plus d'idées nouvelles que de vieilles idées. Toutes les idées sont éternelles, contemporaines dans la société et dans la raison. Ce qui fait que nous établissons entre elles un rapport d'antériorité ou de postériorité, vient uniquement du plus ou moins d'importance qu'elles acquièrent dans le drame de l'humanité, qui n'est lui-même que l'épopée de l'esprit. A mesure que le premier rôle passe d'une idée à l'autre dans le gouvernement des choses humaines, la société a fait un pas en avant ou en arrière, et tout le système change d'aspect. C'est ainsi que la philosophie, la science des idées, est tour à tour subjective, objective ou absolue, suivant qu'elle prend pour point de vue le *moi*, ou la pensée; le *non-moi* ou la nature; le rapport du *moi* au *non-moi*, ou la conciliation des deux termes, l'absolu.

Pour revenir à la Banque d'échange, l'idée en est aussi vieille que la monnaie, aussi vieille que l'échange même. Toutes les spéculations financières et anti-financières, comme celles de Law et de Ricardo, n'ont eu qu'un but, celui de suppléer, ou pour mieux dire de supplanter le numéraire. Tous les projets dont le gouvernement est depuis deux mois assailli ne sont, au fond, que des préliminaires de la Banque d'échange : le seul mérite des auteurs de ces projets est qu'au lieu d'épuiser leur propre principe, ils s'arrêtent en chemin. De ce qui se passe en ce moment, et de ce qui s'est passé autrefois, nous tirons donc un argument de plus en faveur de notre idée; car on reconnaît qu'une idée est mûre pour l'empire, quand tout le monde la cherche, l'aperçoit, la revendique, comme il arrive en ce moment à la Banque d'échange.

Le citoyen Madol est lui-même une preuve de la justesse de cette observation. — *La nécessité du numéraire,* dit-il fort bien, *n'est que l'absence d'organisation.*

Certes, il est impossible de mieux formuler, et nous prenons acte de la définition. Mais si la nécessité du numéraire n'est que l'absence d'organisation, qu'est-ce que l'organisation elle-même? l'absence du numéraire, sans doute, la suppression du gage individualiste; c'est-à-dire en changeant la négative en affirmative, la mutualité du crédit. Il n'y a rien de si fécond, vraiment, qu'une vieille idée!...

Pour ma part, ajoute notre correspondant, *je conçois une société où tout se réglerait par des virements de compte.*

Et nous aussi, nous concevons cela. Mais réflexion faite, il nous semble que ce serait trop d'écritures, et qu'il est infiniment plus simple, dans l'immense majorité des cas, d'employer le billet d'échange, qui offre, comme la monnaie, l'avantage d'être un compte tout viré.

2° *Vous méconnaissez,* nous dit-on, *le mécanisme des banques publiques, quand vous dites que les billets de la Banque de France n'ont pas de gage. Ils ont le même gage que vos billets de crédit : le portefeuille de la Banque.*

Pour prouver à notre honorable critique que nous ne méconnaissons nullement ce mécanisme, nous lui citerons un passage du *Système des contradictions économiques,* t. II, chap. 10, où le mécanisme de la Banque se trouve décrit :

« A ne consulter que la théorie, puisque tout papier de commerce, à présentation ou à terme, doit être remboursé, sauf les accidents que le métier du banquier est de prévoir, il est clair que rien n'empêche celui-ci de tirer sur lui-même autant de lettres d'échange, d'émettre autant de billets de banque qu'on lui présente de valeurs à l'escompte, pourvu toutefois qu'il ait soin de faire coïncider ses recettes avec la présentation probable de ses billets, ou de stipuler, pour le remboursement général, en cas d'encombre, un sursis. Mathématiquement, cette théorie est irréprochable, puisque la lettre de change du banquier n'est, si j'ose employer ce terme d'imprimeur, qu'une *retiration* du papier qu'il escompte. En sorte que nous arrivons à cette conséquence extrême, que le commerce de la banque peut se faire avec zéro d'argent. Il suffit pour cela, comme le remarquait finement M. de Sismondi, que le négociant, au lieu de demander crédit au banquier, donne crédit au banquier même. Il y a plus : le principe en vertu duquel la Banque, au lieu d'argent, remet aux négociants qui tiennent à l'escompte, une lettre de change tirée sur son portefeuille, conduit tout droit à la négation même de la monnaie, à son expulsion du commerce. »

Ainsi nous connaissons le mécanisme des banques, et cependant nous avons cru faire tout autre chose par notre projet de Banque d'échange. En quoi consiste donc la différence? L'auteur de la lettre à laquelle nous répondons va nous le dire :

Le billet de banque AFFRANCHI DE LA CONDITION DU REMBOURSEMENT EN ESPÈCES *est parfaitement analogue à votre billet de crédit.*

Il ne s'agit en effet que de cela : *Affranchir le billet de banque de la condition du remboursement en espèces.* Mais pour arriver à cet affranchissement, il faut changer le principe même de la banque, et ç'est ce dont le critique ne fait point compte. Revenons au principe de la monnaie.

D'après tous les économistes, la monnaie est non-seulement signe de la valeur et agent de circulation; elle est encore marchandise et valeur réelle. En sorte qu'un industriel qui vend un chapeau 12 francs, et qui achète un pantalon pour la même somme, au lieu d'un échange, en fait deux. Par le premier de ces échanges, il livre 12 fr., valeur en chapeau, contre 12 fr., valeur en argent; et par le second, il donne 12 fr., valeur en argent, contre 12 fr., valeur en pantalon.

Cette opération complexe est tellement passée dans nos habitudes que, si au lieu de 12 fr. en numéraire, le chapelier ne recevait qu'un billet, un bon de 12 fr. sur la Banque, il ne se croirait sûr d'être payé qu'autant qu'il saurait, de science certaine, que la somme de 12 fr. en argent, représentée par le billet, existe à la Banque.

Et ce fabricant aurait raison; puisque si, par cas fortuit, la Banque était engloutie, pillée ou confisquée, les porteurs de billets auraient perdu leurs recours tout à la fois, et contre leurs cédants, et contre la Banque, et contre l'État, et contre la société.

D'où vient donc que le billet de banque n'est réellement gagé que par son encaisse ?

C'est que ce billet ne joue pas simplement le rôle d'agent de circulation entre les produits, il joue celui de marchandise échangeable et échangée, d'une marchandise dont l'intervention est réputée nécessaire au point que, là où l'on soupçonne cet intermédiaire de n'exister plus, l'échange des produits, au moyen des billets, cesse à l'instant.

Assurément le portefeuille de la Banque peut et doit être le seul véritable gage de ses billets; mais il n'est pas reconnu pour tel : et c'est cette reconnaissance qu'il s'agit de produire avec toute la solennité possible. Or, tant que par la libre reconnaissance des producteurs, le principe organique de la Banque n'aura pas été changé, il sera vrai de dire que la garantie des porteurs de billets ne repose que sur le métal; et que là où cette garantie faillit, il y a changement de système, c'est-à-dire commencement de banqueroute, puisque le système n'est pas reçu.

3° L'auteur de la lettre ne croit pas à la possibilité d'obtenir un nombre suffisant d'adhésions, il préférerait un décret du gouvernement.

Peut-être la difficulté n'est-elle pas aussi grande qu'il l'imagine. Il y a déjà la tendance générale des esprits jointe à la nécessité impérieuse du commerce; il y aura bientôt, nous l'espérons, la coalition des travailleurs. En tout cas, nous ne pensons pas qu'il y ait la matière a décret de la part de l'autorité, si ce n'est pour solliciter l'adhésion des citoyens et leur donner l'exemple.

4° On prétend que les conséquences que nous tirons de la Banque d'échange sont *exagérées*.

C'est un bilan à établir. Mais, à ne parler que de ce qui se passe, combien depuis deux mois le pays a t-il perdu de milliards, combien en perdra-t-il encore, qu'il eût épargnés par la création de la Banque d'échange?

5° L'échange, nous dit-on, si largement qu'il s'opère, ne résôut pas le problème de l'organisation : c'est la proportionnalité des produits.

Nous sommes d'autant plus d'accord sur ce point avec notre correspondant, que c'est précisément le fond de tout notre système. La valeur proportionnelle, avons-nous dit, est le principe, la forme et le but de tout le progrès économique *(Système des contradictions*, chap. 2). — Mais ceci est étranger à la question.

6° On ne voit pas comment, de l'échange direct, il résulte que le débouché est infini, et comment toute dépréciation des produits est impossible.

Sans doute la Banque d'échange ne crée pas par elle-même le débouché. Mais le citoyen Madol oublie que dans notre projet primitif, la Banque d'échange est le complément, ou pour mieux dire l'instrument, le moyen, l'expression, de deux mesures capitales, dont l'une a pour but la réduction progressive de tous les salaires et frais de production, l'autre la réduction également progressive de tous les prix de vente, ce qui mène droit à la proportionnalité. En sorte que, par l'arrêt de la valeur, par l'equilibre de la production, et finalement par la Banque d'échange, il y a réellement progrès à l'infini de la consommation, demande à l'infini du travail, en un mot, débouché à l'infini.

DERNIÈRE RÉPONSE AU NATIONAL.

18 juin.

Le National revient sur la Banque d'échange, et c'est pour en prononcer la condamnation définitive. Nous espérions que la lecture de nos statuts achèverait de l'éclairer: tout au contraire, c'est dans la lecture de ces statuts qu'il a puisé les motifs de son jugement. Quels motifs, grand Dieu!... Nous saisirons cette occasion pour dire au *National* que, depuis deux mois, il nous a profondément convaincu de deux choses: la première est sa loyauté parfaite et son excellente intention en ce qui concerne la question sociale, but spécial de la révolution de Février, et c'est pour cela que nous étions tout à fait rééonciliés avec *le National;* l'autre est l'incompétence radicale de cette feuille en matière d'économie politique, et c'est pourquoi les jugements du *National* ne nous inspirent ni impatience ni dédain.

Comment ne déplorerions-nous pas plutôt la profonde nullité d'un journal appelé, par sa position, par son influence, par ses engagements, par ses propres vœux, à traiter de haut les questions économiques, et qui, mis en demeure de se prononcer sur un projet d'organisation de l'échange, finit par repousser ce projet, par la raison qu'on trouve inscrit, *en tête des articles, ce principe d'une évidente fausseté*, TRAVAILLER, C'EST PRODUIRE DE RIEN?

Voilà donc le secret de la retraite du *National !* Voilà ce qui nous enlève son adhésion; voilà pourquoi il n'a aucune confiance dans notre papier d'échange; voilà ce qui, à chaque déduction de ce principe, tenait son esprit en doute, tant et si bien que l'accumulation des doutes a fini par se traduire chez lui en une négation catégorique.

Le National est convaincu, lui, que *travailler, c'est produire de quelque chose*. Nous soutenons, au contraire, que *travailler, c'est produire de rien*. Que peut-il y avoir de commun entre notre économie politique et l'économie politique du *National?*

Il était difficile, en effet, que deux théories, parties de principes aussi contraires, se rencontrassent en une combinaison adéquate, en une même application. *Le National*, affirmant l'antériorité et la prépondérance du capital, affirme du même coup le droit du capitaliste, la nécessité de l'intérêt, et tout ce qui en est la conséquence. Nous, au rebours, affirmant l'antériorité et la prépondérance du travail, nous ne reconnaissons qu'une seule espèce de droit, le droit au travail ; une seule classe de producteurs, la classe travailleuse ; un seul intérêt, l'intérêt de la production. Chez nous, plus de distinction de castes, plus d'aristocratie financière, plus de capitalistes, toutes choses impossibles avec le principe de notre adversaire.

A un point de vue si différent du nôtre, *le National* ne pouvait manquer de trouver nos idées singulièrement paradoxales, pour ne rien dire de pis... Aussi a-t-il cru devoir nous donner une leçon en nous ramenant aux vrais principes.

Mais où donc *le National* a-t-il pris que *travailler, c'est produire de quelque chose?* Dans quelle école, dans quelle philosophie a-t-il puisé cette doctrine que nous osons dire nouvelle, inouïe, en économie politique? Est-ce chez les Chinois, les Hindous, les Américains, dans l'Atlantide, ou au phalanstère? Car, à coup sûr, cela ne vient ni d'Adam Smith, ni de J.-B. Say, ni de Ricardo, ni des physiocrates, ni d'aucun économiste! Cela ne vient de personne au monde, car cela implique contradiction. Qui dit *produire* sous-entend nécessairement *de rien.*

L'économie politique, cette science toute moderne, qui s'enseigne ou ne s'enseigne plus au Conservatoire des arts et métiers et au Collège de France, est positive à cet égard. Et, bien qu'à la lecture des auteurs il semble le plus souvent qu'elle n'ait pour objet que de glorifier le capital, de soutenir les droits seigneuriaux du capitaliste, il n'est pas moins vrai qu'elle suppose toujours le rapport de la causalité du travail au capital, comme elle suppose la communauté des biens de la nature avant leur appropriation par l'industrie.

Ouvrez, par exemple, J.-B. Say. Il vous dit, vous répète, vous rappelle sans cesse que l'homme ne crée *matériellement* rien ; qu'il ne produit point la *substance* des objets ; que tout ce qui lui appartient, c'est de donner aux corps que lui fournit la nature une certaine utilité ou commodité relative à lui-même, en un mot, une *forme*.

Aussi, dit J.-B. Say, l'Auvergnat à qui vous payez dix centimes pour un sceau d'eau puisée à la Seine, l'Auvergnat ne crée pas l'eau. Il la déplace, il vous la met sous la main, vous la rend accessible ; d'inutile qu'elle était pour vous à 100 mètres de votre porte, à 50 pieds au-dessous de votre appartement, il vous la rend utile en l'apportant dans votre cuisine. Donc l'Auvergnat ne crée *matériellement* pas l'eau : il en produit l'usage, l'utilité, il en fait le transport. Ce transport, bien que ce ne soit pas une substance, n'en est pas moins une réalité ; c'est une réalité d'une espèce particulière qui s'adjoint à la substance ; c'est, comme dit l'école, une *forme*.

Le cordonnier ne crée pas la substance du cuir ; il crée le soulier, c'est-à-dire une certaine forme, utilité, ou usage du cuir. Le chapelier ne crée pas la substance de la soie ni du poil : il crée le chapeau, la forme. Il en est ainsi du commerçant, de l'artiste, du fabricant de produits chimiques, du mineur, du laboureur. Le laboureur ne crée ni le blé ni le foin ; il les recueille, après avoir donné à la terre certaines préparations qui la rendent plus apte à produire du blé et du foin.

Mais précisément parce que le travailleur ne produit que des formes, c'est-à-dire une utilité, commodité ou usage, qui auparavant n'existait pas, on peut, on doit dire que le travailleur· crée tout ce qu'il crée, à savoir l'utilité, de rien. Si petite que soit sa peine, — et nous savons qu'aujourd'hui l'on n'obtient plus rien sans travail, — c'est le travailleur qui crée le produit, c'est le travail seul qui donne naissance au capital. Say dit en propres termes que l'utilité ou la valeur est la forme que le travailleur AJOUTE à la matière. Or, si le travailleur *ajoute* la forme, c'est qu'elle n'existe pas. D'où vient-elle donc? où le travailleur la prend-il? En lui-même, c'est-à-dire dans le néant.

Tout le travail humain consiste dans cette création *formelle.*

L'économie politique, la science de la distribution du travail et de ses produits, commence avec cette création.

La valeur est le degré comparatif d'utilité des formes diverses que le travail donne à la matière, abstraction faite de la matière même, qui par sa nature n'entre pour rien dans l'appréciation des valeurs, en un mot, ne vaut, pour l'économiste, rien.

L'échange est la permutation de ces valeurs. Matériellement l'échange implique la permutation des objets, des corps; mais économiquement il se règle, se liquide uniquement sur l'utilité créée, sur la valeur.

Quand on dit vulgairement que rien ne se fait de rien, on entend que pour produire l'homme a besoin d'un champ de production, d'une matière sur laquelle il puisse effectuer son œuvre, déposer sa pensée, réaliser l'utilité qu'il a conçue : ce n'est là qu'une métaphore. Mais encore une fois ce n'est pas de la matière qu'il s'agit en économie politique; c'est de l'utilité créée, du travail incorporé dans la substance, en un mot, de la valeur, produite de l'âme humaine, produite de rien. C'est sur ce produit du travail, la valeur ou l'utilité, que porte le droit; c'est en vue de cette utilité qu'a lieu l'échange; c'est par elle que les produits sont commensurables entre eux, quelle que soit la matière dont ils sont formés. Et alors même que vous vous servez, pour produire, d'une matière déjà façonnée par le travail, — ce qu'on appelle en économie politique un *capital*, vous n'en créez pas moins de rien ce que vous y ajoutez de valeur nouvelle, comme le premier sauvage qui, rompant une branche d'arbre, a créé de rien le premier bâton.

Il suit évidemment de cette théorie de la production *de nihilo*, que la terre et tous les objets de la nature sont communs à tous ; que les seules choses qui puissent être appropriées sont les valeurs ; conséquemment, que les revenus attribués au capital sont l'effet d'une illusion, d'un faux compte, d'une usurpation illégitime, passée en convention tacite et traditionnelle, et en force de loi. Abolir cette prélibation du capitaliste sur le travailleur, tel est l'objet de la plus grande révolution qui doive peut-être s'accomplir dans l'humanité, et dont la commotion du 24 février a donné le signal.

Mais l'impôt frappé sur la production, par suite de l'appropriation des instruments de travail, n'est pas le seul que s'attribue le capitaliste. Il en perçoit encore un autre sur la circulation, par suite de l'appropriation de l'agent d'échange réputé indispensable, du numéraire.

Autant il est absurde de soutenir que le travailleur doit au capitaliste un revenant-bon sur le produit, sous prétexte que rien ne se produit de rien, que travailler, c'est produire de quelque chose, et que celui qui fournit l'élément doit participer au produit ; autant il est ridicule de maintenir au profit des mêmes capitalistes un droit d'escompte sur la circulation, sous prétexte que l'échange des produits ne peut se faire directement et sans l'entremise du numéraire.

Nous allons montrer, par un exemple familier, jusqu'où va le ridicule.

A, B, C, D, E, F, G, H, I, K, sont dix producteurs ayant besoin d'échanger leurs produits, et travaillant uniquement dans ce but.

A, le premier de tous, fabricant de chaises, doit à B, son propriétaire, un terme de loyer. A voudrait bien s'acquitter en chaises; mais B, le propriétaire, n'a pas besoin de chaises: il accepterait des tapis. B s'adresse donc à C, tapissier, pour savoir si celui-ci prendrait les chaises; C répond que ce qu'il voudrait, c'est une pendule. La même démarche recommence donc auprès de D, fabricant d'horlogerie, qui, au lieu de chaises, préférerait acquitter la note de son bottier. Bref, le mouvement se continue tour à tour avec F, marchand de calicots, G, fabricant de draps, H, boucher, I, boulanger, et K, marchand de vins, qui justement accepte les chaises.

Comment, avec le régime du numéraire, va s'opérer cette circulation?

A enverra ses chaises à K, et, faisant traite sur lui, avec l'argent qu'il aura reçu sous déduction d'escompte, il paiera B, son propriétaire. Celui-ci paiera de même, en argent et sous déduction d'escompte, le tapissier C; C paiera D, et ainsi de suite, jusqu'à épuisement de la série. A chaque transaction, le numéraire figure deux fois : une fois pour la vente, une seconde fois pour l'achat. Il passe de main en main ; il ne s'arrête nulle part, il ne se consomme pas. Pendant tout ce temps, le numéraire, dont personne n'a besoin pour sa consommation, porte intérêt à celui qui, le premier, en fait l'avance, c'est-à-dire au capitaliste. Je demande de nouveau si cet impôt, si sottement payé, n'est pas honteux, ridicule? Qu'est-ce donc que fait là le numéraire?

Supposons maintenant que les dix négociants en question conviennent de se passer leurs traites par le ministère d'un courtier, L, chargé par eux tous de pourvoir à la circulation en commun de leurs produits, après vente et livraison : qu'arrivera-t-il? C'est que L ayant reçu la traite de A, la note de B, la facture de C, etc., et remettant à chacun d'eux, en échange de son papier particulier, un papier commun représentatif d'une somme égale à celle portée sur chaque facture, mandat ou lettre d'échange, d'un côté, chaque producteur acquittera ses obligations avec le papier qu'il aura reçu du courtier; d'autre part celui-ci, muni de ses lettres de change et factures, en encaissera le montant et rentrera ainsi dans ses billets.

Toute la question se réduit donc à organiser ce courtage, cette banque, non pas entre dix négociants, mais entre dix mille, cent mille et cent millions, de manière à offrir à tous économie et sécurité. Et ce qui étonne, c'est que depuis longtemps il ne se soit pas formé une société des négociants les plus recommandables de Paris et des départements pour la circulation de leurs effets de commerce sans déduction d'escompte. Conçoit-on qu'un instrument aussi énergique de circulation, d'extension et de centralisation ; un mécanisme aussi simple, qui, sur toutes les affaires, réalise un bénéfice de 6 à 8 pour 100 ; qui ne laisse pas la moindre prise aux événements politiques, qui exclut la possibilité des crises financières et des chômages ; conçoit-on, dis-je, qu'un pareil établissement n'existe pas? La France périt, la France se meurt, parce qu'il plaît au capital métallique de laisser la circulation à elle-même, service le plus grand qu'il pût rendre à la production et au commerce ; et au lieu de travailler, d'échanger, de se réjouir, de célébrer l'affranchissement du travailleur et de l'échangiste, nous implorons lâchement le retour du capital !

Le commerce, dans les conditions de la monnaie, ressemble à l'argot de certains voleurs qui, pour déguiser leurs paroles, intercalent une syllabe convenue entre les syllabes et les mots du discours. — La-*fi* mo-*fi* nnaie-*fi* a-*fi* é-*fi* té-*fi* in-*fi* ven-*fi* tée-*fi* pour-*fi* en-*fi* tra-*fi* ver-*fi* l'é-*fi* chan-*fi* ge-*fi*. Tout cela pour dire : *La monnaie a été inventée pour entraver l'échange !* Voilà le commerce actuel, voilà le jargon que veut nous faire parler *le National !*

Toute discussion avec *le National*, en matière d'économie politique, est close pour nous.

Nous n'avons plus rien à répondre à des gens qui nient cet axiome de la science économique : *Travailler, c'est produire de rien*. Lisant tout, écoutant tout, sans nulle méfiance, nous avons pensé d'abord que *le National*, dès lors qu'il s'occupait de la banque d'échange, parlait en connaissance de cause. Nous demandons pardon à nos lecteurs de nous être ainsi laissé mystifier.

BANQUE DU PEUPLE

DÉCLARATION

Je fais serment devant Dieu et devant les hommes, sur l'Évangile et sur la Constitution, que je n'ai jamais eu ni professé d'autre principes de réforme sociale que ceux relatés dans le présent acte, et que je ne demande rien de plus, rien de moins, que la libre et pacifique application de ces principes et de leurs conséquences logiques, légales et légitimes.

Je déclare que, dans ma pensée la plus intime, ces principes, avec les conséquences qui en découlent, sont tout le socialisme, et que hors de là il n'est qu'utopie et chimère.

Je jure que dans ces principes, et dans toute la doctrine à laquelle ils servent de base, il ne se rencontre rien, absolument rien de contraire à la famille, à la liberté, a l'ordre public.

La Banque du Peuple n'est que la formule financière, la traduction en langage économique, du principe de la démocratie moderne, la souveraineté du Peuple, et de la devise républicaine, *Liberté, Égalité, Fraternité*.

Je proteste qu'en faisant la critique de la propriété, ou pour mieux dire de l'ensemble d'institutions dont la propriété est le pivot, je n'ai jamais entendu, ni attaquer les droits individuels reconnus par des lois antérieures, ni contester la légitimité des possessions acquises, ni provoquer une répartition arbitraire des biens, ni mettre obstacle à la libre et régulière acquisition, par vente et échange, des propriétés; ni même interdire ou supprimer, par décret souverain, la rente foncière et l'intérêt des capitaux.

Je pense que toutes ces manifestations de l'activité humaine doivent demeurer libres et facultatives à tous; je n'admets pour elles d'autres modifications, restrictions et suppressions, que celles qui résultent naturellement et nécessairement de l'universalisation du principe de réciprocité, et de la loi de synthèse que je propose.

Et ce que je dis de la propriété, je le dis également de toute institution politique et religieuse. Mon seul but, en passant au creuset de la critique les diverses parties du symbole social, a été d'arriver, par une longue et laborieuse analyse, à la découverte de principes supérieurs, dont la formule algébrique est énoncée dans cet acte.

Ceci est mon testament de vie et de mort. A celui-là seul qui pourrait mentir en mourant, je permets d'en soupçonner la sincérité.

Si je me suis trompé, la raison publique aura bientôt fait justice de mes théories : il ne me restera qu'à disparaître de l'arène révolutionnaire, après avoir demandé pardon à la société et à mes frères du trouble que j'aurai jeté dans leurs âmes, et dont je suis, après tout, la première victime.

Que si, après ce démenti de la raison générale et de l'expérience, je devais chercher un jour, par d'autres moyens, par des suggestions nouvelles, a agiter encore les esprits et entretenir de fausses espérances, j'appellerais sur moi, dès maintenant, le mépris des honnêtes gens et la malédiction du genre humain.

P.-J. Proudhon.

ACTE DE SOCIÉTÉ

Devant DESSAIGNES et son collègue, notaires à Paris, soussignés, a comparu le citoyen PIERRE-JOSEPH PROUDHON, représentant du Peuple, demeurant à Paris, rue Mazarine, 70, lequel a requis les notaires soussignés d'établir les statuts de la présente Société dans les termes suivants :

CHAPITRE PREMIER

FORMATION DE LA SOCIÉTÉ.

Article 1er. — Il est fondé par ces présentes une société de commerce sous le nom de Société de la *Banque du Peuple*, entre le citoyen PROUDHON, comparant, et les personnes qui adhéreront aux présents statuts, en devenant propriétaires d'actions.

Art. 2. — Cette société a pour but d'organiser démocratiquement le crédit :

1° En procurant à tous, aux plus bas prix et aux meilleures conditions possibles, l'usage de la terre, des maisons, machines, instruments de travail, capitaux, produits et services de toute nature;

2° En facilitant à tous l'écoulement de leurs produits et le placement de leur travail, aux conditions les plus avantageuses.

Art. 3. — La pensée des fondateurs de la *Banque du Peuple* est d'arriver a la constituer, sous la forme de société anonyme, et d'accepter tous les principes de cette société. telle que la loi commerciale actuelle les définit, à savoir d'être administrée par des mandataires à temps, révo cables, associés ou non associés, salariés ou gratuits, exempts d'obligations personnelles et solidaires, et n'ayant pour responsabilité que celle de l'exécution de leur mandat. Mais quant à présent, la Société existera comme société en nom collectif et en commandite; elle sera en nom collectif à l'égard du citoyen PROUDHON, et en commandite à l'égard des autres intéressés qui, en aucun cas, ne pourront être tenus au delà du capital de leurs actions.

Art. 4. — Le citoyen PROUDHON sera seul gérant responsable.

Il aura seul la signature sociale, et l'administration générale de la Société lui appartiendra, sous le titre de directeur-gérant. Mais il aura le droit de s'adjoindre, sous le nom de co-gérants, soit deux, soit quatre mandataires, dont il sera responsable, et auxquels il pourra déléguer la signature sociale.

Art. 5. — La Société aura pour dénomination *Banque du peuple*. La raison sociale sera P.-J. PROUDHON et Compagnie.

Art. 6. — Indépendamment des membres de la Société commerciale proprement dite, tout citoyen est appelé à faire partie de la Banque du Peuple, à titre de coopérateur. Il suffit pour cela d'adhérer à ses statuts et d'accepter son papier.

La forme de l'adhésion est déterminée par un *règlement spécial* de la Banque.

La qualité d'actionnaire emporte toutes les obligations de l'adhérent, sauf réserve expresse faite à cet égard par l'actionnaire.

Art. 7. — La Société de la Banque du Peuple étant susceptible d'une extension indéfinie, sa durée virtuelle est perpétuelle. Toutefois, et pour se conformer aux prescriptions de la loi, elle fixe sa durée à quatre-vingt-dix-neuf ans, qui commenceront au jour de sa constitution définitive, tel qu'il est fixé par l'article ci-après.

Art. 8. — Le siége de la Société et son domicile attributif de juridiction sont à Paris, et quant à présent, dans le lieu ou sont établis ses bureaux, rue du Faubourg-Saint-Denis, 25.

CHAPITRE II

DU CAPITAL SOCIAL.

Art. 9. — La Société a pour principes :

Que toute matière première est fournie gratuitement à l'homme par la nature;

Qu'ainsi, dans l'ordre économique, tout produit vient du *travail*, et réciproquement que tout *capital* est *improductif;*

Que toute opération de *crédit* se résolvant en un *échange*, la prestation des capitaux et l'escompte des valeurs ne peuvent et ne doivent donner lieu à aucun intérêt·

En conséquence, la Banque du Peuple, ayant pour *base* la gratuité essentielle du crédit et de l'échange; pour *objet* la circulation des valeurs, non leur production; pour *moyen* le consentement réciproque des producteurs et consommateurs, peut et doit opérer sans capital.

Ce but sera atteint lorsque la masse entière des producteurs et consommateurs aura fait son adhésion aux statuts de la Société.

Jusque-là la Société de la Banque du Peuple, devant se conformer aux usages établis et aux prescriptions de la loi, et surtout afin de solliciter plus efficacement l'adhésion des citoyens, se constituera un capital.

Art. 10. — Le capital de la Banque du Peuple sera de cinq millions de francs, divisés en un million d'actions de cinq francs chacune.

Elles seront extraites d'un registre à souche dont le talon reste déposé au siége social. Elles sont revêtues de la signature, soit du directeur-gérant, soit, par procuration de celui-ci, de celle d'un des co-gérants, et frappées du timbre sec de la Société.

Le montant des actions pourra être versé en plusieurs payements suivant les décisions du directeur-gérant, qui devra toutefois prendre avis et recevoir l'assentiment préalable du comité de surveillance à cet égard. Cependant un dixième au moins devra être versé au moment de la souscription.

La Société sera définitivement constituée, et ses opérations commenceront lorsque dix mille actions seront souscrites.

Cette constitution résultera d'une déclaration du gérant, consignée dans un acte à la suite des présentes.

Art. 11. — Les actions seront toutes nominatives, et le transfert n'en sera valable qu'après avoir été *mentionné* sur un registre spécial tenu dans les bureaux de la Société.

Art. 12. — L'émission des actions n'aura lieu qu'au pair. Elles ne portent point d'intérêt.

Art. 13. — Des remboursements partiels pourront être faits aux actionnaires sur le montant de leurs actions. Elles pourront être même complétement amorties si la Société peut fonctionner avec un avoir social dégagé du capital de fondation.

Dans ce cas, les porteurs d'actions conservent leurs droits d'associés bénéficiaires, et toutes les prérogatives que leur assure la commandite.

Art. 14. — Le capital pourra ainsi être augmenté sur l'exposé du directeur-gérant et le vote de l'assemblée générale. Cette augmentation aura lieu par une nouvelle émission d'actions, auxquelles les détenteurs d'actions auront droit de préférence.

CHAPITRE III

OPÉRATIONS DE LA BANQUE DU PEUPLE.

Art. 15. — Les principales opérations de la Banque du Peuple sont :

1° L'augmentation de son encaisse par l'émission de ses billets;

2° L'escompte du papier de commerce à deux signatures;

3° L'escompte des commandes et factures acceptées;

4° Les avances sur consignations;

5° Les crédits à découvert sur caution;

6° Les avances sur annuités et hypothèques;

7° Les payements et recouvrements;

8° La commande.

A ces attributions, la Banque du Peuple joindra encore :

9° Les caisses d'épargne, de secours et de retraite;

10° Les assurances,

11° Les consignations et dépôts;

12° Le service du budget.

CHAPITRE IV

DU PAPIER DE CRÉDIT DE LA BANQUE DU PEUPLE.

Art. 16. — Le papier de la Banque du Peuple portera le titre de *bon de circulatiou*.

Art. 17. — Il sera de la coupure de cinq, dix, vingt, cinquante et cent francs, sauf les modifications que la gérance jugera convenable d'apporter à ces chiffres, soit pour les diminuer, suit pour les augmenter, après avoir pris l'avis du conseil de surveillance.

Art. 18. — A la différence des billets ordinaires de banque à *ordre* et payables en *espèces*, le papier de la Banque du Peuple est un ordre de livraison revêtu du caractère social rendu perpétuel. et payable à vue par tout sociétaire et adhérent en *produits* ou *services* de son industrie ou profession,

Art. 19. — Le papier de la Banque du Peuple aura pour gage :

1° Les obligations de commerce et les titres de propriété présentés, comme il sera dit ci-après, au crédit et à l'escompte;

2° Le numéraire provenant du versement des actions formant provisoirement le capital de la Banque;

3° Le numéraire provenant des versements en espèces contre bons de circulation ; •

4° Le numéraire et toutes les valeurs provenant d'emprunt, dépôts, consignations, primes d'assurance et autres traités avec le public;

5° La promesse d'acceptation mutuelle de tous les associés et adhérents.

Art. 20. — Les bons de circulation sont acceptables en tous payements chez tous les adhérents de la Société.

La Société n'est pas tenue à leur remboursement en espèces, il n'est que facultatif pour elle, mais elle en garantit obligatoirement l'acceptation auprès des adhérents. Une liste générale de leurs noms, professions et demeures sera affichée en permanence dans les bureaux de la Société.

Art. 21. — Tout adhérent s'engage à se fournir de préférence, et pour tous les objets de sa consommation que la Société pourra lui offrir, auprès des adhérents à la Banque, et à réserver exclusivement à ses co-sociétaires et co-adhérents la faveur de ses commandes.

Réciproquement tout producteur ou négociant adhérent à la Banque du Peuple s'engage a livrer aux autres adhérents, à prix réduit, les objets de son commerce et de son industrie.

Art. 22. — Le payement de ces ventes et achats entre les divers adhérents de la Banque du Peuple, soit l'échange réciproque de leurs produits et services, s'effectuera au moyen du papier de la Banque, c'est-à-dire du *bon de circulation*.

CHAPITRE V

ÉMISSION DES BILLETS.

Art. 23. — Les bons de circulation seront délivrés à la Banque :

1° Contre espèces ;

2° Contre effets de commerce à deux signatures ;

3° Contre consignations de marchandises ;

4° Contre obligation collective des corporations et associations ouvrières;

5° Contre cautions ;

6° Contre annuités et hypothèques ;

7° Contre garanties personnelles.

Ces opérations ne sont toutes, pour la Banque du Peuple, que des variétés de l'échange, autrement dit de l'escompte.

CHAPITRE VI

ESCOMPTE DU NUMÉRAIRE.

Art. 24. — Tous consommateurs, associés ou non associés, qui voudront jouir du bon marché garanti par les producteurs adhérents à la Banque du Peuple, verseront à la caisse de la Banque le numéraire destiné à leurs achats, et recevront en couverture une somme égale en bons de circulation.

Art. 25. — Les ouvriers et travailleurs salariés, qui voudront coopérer à l'œuvre d'émancipation poursuivie par la Société de la Banque du Peuple, pourront verser chaque semaine tout ou partie de leur salaire à leur convenance. Ils recevront à mesure des bons de circulation.

Art. 26. — De leur côté, les commerçants, industriels et producteurs de tout genre, qui voudront s'assurer la clientèle des porteurs de bons de circulation, et profiter de tous les avantages que donne ce nouveau mode de circulation des produits, deviendront les adhérents de la Société, et s'engagent par ce fait seul à accepter en tous payements le papier de la Banque du Peuple.

Art. 27. — Pour faciliter l'usage des bons de circulation, il sera, soit par les associés fondateurs eux-mêmes, soit par les institutions collatérales avec lesquelles ils s'entendront ou que la Banque pourra même créditer comme on le dira plus loin, pourvu à l'ouverture d'établissements de boulangerie, épicerie et autres branches de commerce et d'industrie de première nécessité, destinés à servir les demandes des intéressés, et porteurs de bons de circulation.

Art. 28. — Lesdits établissements seront et devront rester indépendants de la Banque, de même qu'ils seront indépendants entre eux. Ils seront tenus et exploités aux risques et sous la responsabilité exclusive des entrepreneurs, et sans privilège pour aucun d'eux.

La Banque du Peuple, tout en favorisant les associations ouvrières, maintient la liberté du commerce et la concurrence émulative, comme principe de tout progrès et garantie de bonne qualité et bon marché des produits.

Art. 29. — Il pourra aussi, dans le but exprimé plus haut, art. 27, être passé des traités provisoires avec tous entrepreneurs et fournisseurs suivant le besoin.

Art. 30. — Les sommes versées à la Banque contre les bons de circulation ne sont pas productives d'intérêt.

CHAPITRE VII

ESCOMPTE DES EFFETS DE COMMERCE.

Art. 31. — La plus grande prudence devant présider aux premières opérations de la Banque du Peuple, les bons de circulation se délivreront exclusivement, dans les débuts :

1° Contre espèces, en la manière et aux conditions déterminées dans le chapitre précédent.

2° Contre bonnes valeurs de commerce, dans la mesure des moyens que fournira le capital réalisé de la Banque.

Art. 32. — Au fur et à mesure de l'encaissement du capital des actions émises, de l'augmentation de l'encaisse par l'escompte du numéraire, ainsi que par les emprunts, dépôts, consignations, et du nombre des adhérents, tant à Paris que dans les départements, l'escompte du papier de commerce, titres, mandats, factures, commandes, billets à ordre et autres valeurs, sera fait dans une proportion de plus en plus large, sauf les précautions ordinaires prises par les banquiers, et fixées par le *règlement* de la Banque.

Art. 33. — La Banque du Peuple escompte les papiers de commerce à deux signatures.

Art. 34. — D'après le principe et le but de son institution, qui est la gratuité absolue du crédit, la Banque du Peuple, remplaçant dans une proportion toujours croissante la garantie du numéraire par la garantie qui résulte de l'acceptation réciproque et préalable de son papier par tous ses adhérents, peut et doit opérer l'escompte, et donner crédit moyennant un *intérêt* toujours moindre.

Art. 35. — Provisoirement cet intérêt, commission comprise, est fixé à 2 p. 100 l'an. Il sera réduit peu à peu, au fur et à mesure des progrès de la Société.

Dans aucun cas, la commission d'escompte ne pourra descendre au-dessous de 1/4 p. 100.

Art. 36. — Pour être reçus à l'escompte, les effets ou obligations à deux signatures devront spécifier la nature, la quantité et la qualité des marchandises qui y auront donné lieu.

Toute fraude ou dissimulation commise à cet égard sera poursuivie par les voies de droit.

La Banque reçoit à l'escompte, précisément pour cette raison, les commandes et factures acceptées

CHAPITRE VIII

AVANCES SUR MARCHANDISES

Art. 37. — L'escompte sur consignation est un moyen de faire cesser l'encombrement des magasins et de venir au secours du commerce et de l'industrie, regorgeant de produits sans débouchés.

Art. 38. — La Banque du Peuple ne prête point sur gages.

Elle n'est ni un comptoir de garantie ni un mont-de-piété.

Les bons de circulation ne peuvent, en aucun cas, être assimilés aux *warrants*.

Art. 39. — Elle achète à terme, à demi, deux tiers, trois quarts ou quatre cinquièmes du prix de revient, selon les circonstances, la nature des marchandises, les produits des clients, et les fait déposer soit dans un entrepôt public, soit dans un magasin qu'elle indiquera.

Art. 40. — Jusqu'au terme fixé par le contrat de vente, le cédant aura la faculté de racheter les marchandises, en remboursant seulement à la Banque la somme avancée par elle.

Passé ce terme, la Banque fait vendre aux enchères publiques les marchandises déposées.

L'excédant du prix obtenu par la vente sur le prix fixé par le dépôt appartient de droit au cédant de la marchandise.

Art. 41. — L'État pour ses titres d'emprunt, les manufacturiers pour leurs produits, les marchands pour leurs marchandises, les propriétaires, les cultivateurs et les fermiers pour leurs récoltes, les porteurs de titres de rentes, tous les citoyens, en un mot, peuvent profiter de l'institution pour obtenir des avances.

CHAPITRE IX

AVANCES SUR CAUTION

Art. 42. — La Banque du Peuple escompte les produits futurs, c'est-à-dire qu'elle ouvre des crédits à découvert à ses adhérents, soit sur caution, soit sur titres de propriété ou garanties personnelles de fabrication.

Art. 43. — Dans le premier cas, la garantie exigée consiste dans la présentation de deux ou plusieurs cautions, suivant que la Banque le juge prudent et utile.

Art. 44. — Les cautions sont solidaires : chacune d'elles répond pour le tout.

Art. 45. — En cas de non-payement de la part de l'adhérent, la Banque traitera avec les cautions, à l'amiable, pour le remboursement.

CHAPITRE X

AVANCES SUR HYPOTHÈQUES

Art. 46. — Quoique la Banque du Peuple ne prête point sur hypothèques, pas plus qu'elle ne prête sur gages, elle peut faire des prêts par voie d'ouverture de crédit aux propriétaires, négociants ou non, sur obligations hypothécaires à longs termes et annuités.

Art. 47. — Si, au terme fixé, le propriétaire n'a pas remboursé l'avance à lui faite, ou si, pendant deux années consécutives, il n'a pu servir l'annuité convenue, la Banque poursuit l'expropriation.

Art. 48. — Dans le cas où la Banque se rendrait adjudicataire de la propriété, il est de principe pour elle que l'exproprié ait la préférence à tous autres, pour lui et les siens, du droit d'habitation et d'exploitation, à titre de fermier ou gérant, aux conditions établies par la Banque.

CHAPITRE XI.

DES CRÉDITS EN COMPTES-COURANTS ET DES PAIEMENTS ET RECOUVREMENTS

Art. 49. — La Banque fait les payements et recouvrements sur Paris, les départements et l'étranger.

CHAPITRE XII

DE LA COMMANDE

Art. 50. — Aux opérations de crédit *réel*, la Banque joint des opérations de crédit *personnel*.

Elle provoque, suscite, encourage, patronne et soutient de son influence, de l'autorité de ses lumières, de ses avances, toute entreprise agricole, industrielle, scientifique et autre, tout essai d'association ouvrière, qui lui paraîtront présenter des garanties suffisantes d'habileté, de moralité et de succès.

Art. 51. — Les avances ainsi faites par la Banque ne sont point à titre de commandite, et ne peuvent en aucun cas être assimilées à un versement d'actions; elles demeurent, comme les avances sur consignations de marchandises et comme les ouvertures de crédit sur immeubles, de simples opérations d'escompte, et forment la *commande* propre de la Banque.

Art. 52. — Il est créé dès à présent pour cet objet, dans les bureaux de la Banque du Peuple, une division spéciale sous le titre de *syndicat général de la production et de la consommation*.

Elle sera dirigée par le citoyen André-Louis-Jules Lechevalier, ex-secrétaire de la compagnie des Indes occidentales.

Les attributions de ce syndicat sont, quant à présent, les suivantes :

1° De recevoir la déclaration des industriels et commerçants qui, voulant se mettre en rapport avec les adhérents de la Banque du Peuple, et jouir de la clientèle de la Société, devront faire connaître leurs noms, profession, domicile, la spécialité de leurs produits et services, les qualités et prix-courants de leurs marchandises, le montant des remises et bonifications ;

2° De recevoir les demandes des consommateurs et de s'assurer, par une exploration exacte, du débouché, des chances de succès des nouvelles entreprises ;

3° De publier un bulletin du commerce, de l'agriculture et de l'industrie, contenant, avec la situation de la Banque et la mercuriale, tous renseignements et avis utiles, tels que demandes et offres de travail, demandes et offres de marchandises, diminutions de prix, indication des industriels et commerçants nouvellement admis dans la Société ; ce bulletin sera inséré dans le journal *le Peuple*, qui est institué par ces présentes l organe officiel de la Banque du Peuple, dans ses rapports avec ses actionnaires, ses adhérents et le public ;

4° De solliciter l'adhésion des producteurs dont les services et produits manquent à la Société, et à défaut d'adhésion, de susciter parmi les sociétaires des établissements analogues et en concurrence ;

5° De commencer une statistique générale, comparative et détaillée, du commerce, de l'industrie et de l'agriculture ; en un mot, de procurer, par tous les moyens possibles, l'extension et l'affermissement de la Société.

Art. 53. — Du reste, la Banque du Peuple, organe spécial de la circulation et du crédit, point de convergence de toutes les forces productives comme de toutes les demandes du marché, centre de ralliement entre le producteur et le consommateur, ne se livre elle-même à aucune entreprise.

Elle ne s'immisce directement ni indirectement dans aucun négoce, dans aucune spéculation, de quelque nature que ce soit, autre que celle de l'escompte.

Elle n'accepte et ne subit de responsabilité que celle de ses propres opérations.

Sa commande, de même que ses avances, ses consignations de marchandises, ouvertures de travail et annuités n'est pour elle qu'une forme de l'échange, une opération d'escompte.

Art. 54. — Dès qu'il sera reconnu utile que la mission attribuée en ce momment au syndicat général de la consommation et de la production soit exercée par un ou plusieurs établissements, ayant une action commerciale qui leur soit propre, la Banque du Peuple se réserve de détacher de son sein cette division du syndicat général et de créditer des établissements spéciaux et indépendants qui la représenteront.

CHAPITRE XIII

PLACEMENTS, DÉPÔTS, ASSURANCES

Art. 55. — La Banque du Peuple reçoit en dépôt ou placements les épargnes des ouvriers, les économies des rentiers et propriétaires, et généralement tous les fonds, valeurs ou capitaux réalisés, appartenant soit à des particuliers, soit à des associations ou corporations de toute espèce.

Art. 56. — Les sommes et valeurs déposées sont restituées aux déposants sans intérêt, sur la présentation de leur titre dans les huit jours de la demande.

Les sommes et capitaux remis à la Banque du Peuple, à titre de *placement* ou *prêt*, sont remboursés aux propriétaires, aux conditions fixées par les contrats particuliers passés entre eux et la Banque.

Art. 57. — Jusqu'au jour de la restitution ou du remboursement, les sommes tant déposées que prêtées restent à la disposition de la Banque, qui a le droit de les faire servir comme gage à ses émissions et à ses escomptes.

Art. 58 — La Banque du Peuple n'est et ne peut jamais

devenir une entreprise d'assurances, de quelque espèce que ce soit.

Elle reçoit en placement ou dépôt, et aux conditions de remboursement fixées par l'article 57, les fonds des sociétés de secours mutuels et des compagnies d'assurances.

Elle se charge du recouvrement des primes et de la comptabilité.

Elle acquitte, sur le visa des directeurs gérants ou secrétaires desdites sociétés et compagnies, les pensions et indemnités dues, mais seulement jusqu'à concurrence des sommes encaissées.

Elle est, en un mot, l'agent comptable et le caissier des sociétés qui lui versent leurs fonds; mais elle n'assume en rien la responsabilité de leurs sinistres et déficits.

Art. 59. — Pour prix de ses services, la Banque du Peuple a la faculté d'utiliser à ses opérations de crédit et d'escompte les sommes qui lui sont versées par les sociétés et compagnies d'assurances et de secours mutuels.

CHAPITRE XIV

DES BÉNÉFICES

Art. 60. — Il sera fait, tous les six mois, un résumé ou inventaire général des opérations et de la situation de la Banque du Peuple.

Cet inventaire sera publié dans le bulletin et dans le journal de la Société.

Art. 61. — Le produit des opérations de la Banque, déduction faite des frais d'administration et de l'intérêt des capitaux qui en sont susceptibles, sera ajouté au capital de la Banque, ou destiné à en tenir lieu en cas d'amortissement des actions, jusqu'au jour où la Société, réunie

en assemblée générale, jugera utile de réduire le taux de
ses escomptes aux seuls frais d'administration, et d'opérer
dans toute la vérité de son principe.

CHAPITRE XV

ORGANISATION ET ADMINISTRATION DE LA BANQUE

Art. 62. — La Banque du Peuple a son principal établissement à Paris.

Son but est d'établir successivement dans chaque arrondissement un comptoir, et dans chaque commune un correspondant.

Art. 63. — Dès que les circonstance le permettront, la
présente société sera convertie en société anonyme, attendu que cette forme permet, suivant le vœu des fondateurs, de réaliser le triple principe : 1º de l'élection, 2º de
la division et de l'indépendance des emplois, 3º de la responsabilité individuelle de chaque employé.

Mais, quant à présent, la Société ne pourra être administrée que dans les conditions propres à la commandite ;
elle sera représentée, comme on l'a dit ci-dessus, par le
directeur-gérant, avec faculté de s'adjoindre deux ou
quatre mandataires sous le titre de co-gérants.

Art. 64. — Le directeur-gérant exerce soit par lui-
même, soit par ses co-gérants, en vertu des pouvoirs qu'il
leur donne, tous les droits et actions de la Société, même
ceux d'aliénation, de vente et d'hypothèque ; mais dans ces
dernier cas, il ne pourra agir valablement qu'autant que le
comité de surveillance, consulté à ce sujet, aura déclaré
qu'il n'entend pas s'y opposer.

Art. 65. — Les honoraires du directeur-gérant et de

ses co-gérants seront fixés par la première réunion des sociétaires.

Art. 66. — Le gérant sera révocable dans les formes prévues article 81 ci-après.

Sa révocation entraînera de plein droit la révocation de la délégation de ses pouvoirs aux co-gérants.

Art. 67. — Pour assister la gérance dans les opérations de crédit et d'escompte, il est institué un comité d'escompte nommé par les délégués du commerce et de l'industrie, adhérents de la Banque.

Art. 68. — Ce comité a pour fonctions :

1º D'examiner la nature des effets présentés à l'escompte ;

2º De déterminer la valeur des propriétés ou marchandises sur lesquelles la Banque est appelée à faire des avances ;

3º D'examiner les titres de chaque demandeur au crédit qu'il sollicite.

Aucune opération de crédit ou d'escompte ne peut avoir lieu sans le visa préalable du comité d'escompte.

Art. 69. — Le rôle du comité d'escompte est purement consultatif ; la responsabilité des opérations faites sur son visa appartient tout entière au directeur-gérant.

CHAPITRE XVI

DU CONSEIL DE SURVEILLANCE

Art. 70. — Il sera créé, pour surveiller la gestion et pour représenter les commanditaires dans leurs rapports avec elle, un conseil composé de trente délégués.

Ils seront choisis par l'assemblée générale parmi les actionnaires ou adhérents dans les diverses branches de la production et des services publics.

Art. 71. — Le conseil de surveillance se renouvellera par tiers d'année en année.

Les membres sortant les deux premières années seront désignés par le sort.

Tout membre sortant peut être réélu.

En cas de vacance dans le cours d'une année, le conseil pourvoit provisoirement au remplacement.

Art. 72. — Le conseil de surveillance se réunit toutes les fois et dans tel local qu'il le juge convenable, et pour le moins une fois par mois.

Il a pour mission : 1° de veiller à l'exécution des statuts; 2° de se faire remettre, toutes les fois qu'il le juge convenable, et tous les trois mois au moins, des états de situation par le gérant; 3° de vérifier les comptes présentés par lui, et d'en faire un rapport a l'assemblée générale ; 4° de représenter les actionnaires, tant en demandant qu'en défendant, dans toutes les contestations avec le gérant; 5° de convoquer extraordinairement l'assemblée générale lors - qu'il le juge utile; 6° de déclarer qu'il s'oppose ou qu'il ne s'oppose pas aux propositions de vente, aliénation et hypothèque, qui pourraient être faites par le gérant, de pourvoir conservatoirement au remplacement du gérant, en cas de décès, retraite ou révocation, jusqu'à ce que l'assemblée ait nommé un autre gérant.

Chacun des membres a, en outre, le droit de se faire représenter, quand bon lui semble, les livres et documents de la Société.

Le conseil de surveillance peut déléguer trois de ses membres qui, pendant une année, seraient particulièrement chargés d'inspecter, le plus souvent possible, les registres, la caisse, et tous les actes de la gestion.

Il pourra être accordé aux commissaires délégués, pour déplacement, une indemnité dont le montant sera déterminé par l'assemblée générale.

Art. 73. — Dans le cas où de nouvelles dispositions législatives permettraient de conférer à un conseil de surveillance des pouvoirs plus étendus que ceux qui résultent des présents statuts, sans porter atteinte à la qualité de commanditaires, les commissaires alors en fonctions pourront, en vertu d'une délibération de l'assemblée générale, exercer tout ou partie de ces nouveaux pouvoirs, comme s'ils se trouvaient stipulés dans lesdits statuts.

CHAPITRE XVII

DE L'ASSEMBLÉE GÉNÉRALE

Art. 74. — L'assemblée générale se composera au plus de mille délégués, nommés par l'universalité des sociétaires et adhérents.

Art. 75. — L'élection des délégués sera faite par catégories industrielles, et proportionnellement au nombre des associés et adhérents de chaque catégorie.

Le bulletin de la Banque fera connaître avant les élections le nombre des délégués à nommer par chaque profession et localité.

Art. 76. — La convocation de l'assemblée générale aura lieu de plein droit dans le premier mois de chaque année.

Les réunions ont lieu sur les convocations faites soit par le gérant, soit par le conseil de surveillance. Elles se tiennent à Paris, au siége de la Société, ou dans un local désigné par les journaux chargés de faire connaître la convocation.

L'assemblée générale, composée comme il est dit ci-dessus, représente l'universalité des actionnaires et des adhérents.

Nul ne peut s'y faire représenter que par un autre actionnaire ou adhérent.

Art. 77. — L'assemblée générale est présidée par le

président du conseil de surveillance, ou, à son défaut, par le plus âgé de ses deux collègues. Le bureau se compose du président et de quatre autres membres choisis par l'assemblée et remplissant les fonctions de secrétaire et de scrutateurs.

Art. 78. — Les décisions sont prises à la majorité des voix des membres présents, quel qu'en soit le nombre.

Art. 79. — Indépendamment de l'assemblée générale annuelle, il pourra y avoir des assemblées générales extraordinaires, convoquées soit par la gérance, soit par le conseil de surveillance.

Art. 80. — Les délibérations sont constatées par des procès-verbaux consignés dans un registre tenu à cet effet et signé par les membres du bureau.

Art. 81. — L'assemblée générale a pour objet :

1° D'entendre les comptes et rapports de la gérance, de les sanctionner, s'il y a lieu, après avoir entendu l'avis du conseil de surveillance ;

2° De modifier, s'il y a lieu, les présents statuts, sur la proposition du gérant ou des commissaires, tous pouvoirs constituants lui étant donnés à cet effet ;

3° De délibérer sur tous les points qui lui seront soumis, sans néanmoins s'immiscer dans la gestion ;

4° De décider l'augmentation du capital, et d'ordonner, dans ce cas, l'émission de nouvelles actions ;

5° De prononcer la révocation du gérant sur la proposition du conseil de surveillance ;

6° De nommer un autre gérant, s'il y a lieu ;

7° De nommer les membres du conseil de surveillance, et de pourvoir, chaque année, à leur remplacement ;

8° De régler le taux de l'escompte pour l'année nouvelle ;

9° D'indiquer les besoins généraux de la Société et les moyens d'y satisfaire.

CHAPITRE XVIII

DISSOLUTION, RECONSTITUTION ET LIQUIDATION

Art. 82. — Par le seul fait de la cessation des fonctions du gérant, soit qu'il résulte de la révocation, décès ou démission, lui ou ses représentants n'auront plus que la qualité et les droits de simples commanditaires.

Art. 83. — Immédiatement après la cessation des fonctions du gérant, pour les causes ci-dessus énoncées, la Société sera reconstituée avec les mêmes statuts et conditions et sous le nom du nouveau gérant, qui formera la raison sociale, et il sera de suite procédé à un inventaire particulier de l'actif et du passif de la Société, ainsi qu'à sa liquidation, pour éviter la confusion des obligations du gérant remplacé avec celles du nouveau gérant.

Art. 84. — Il ne pourra, en aucun cas, être apposé de scellés sur les valeurs, livres et papiers de la Société.

Art. 85. — Si la Société venait à se dissoudre sans qu'il dût être, comme dans le cas ci-dessus, procédé à une nouvelle constitution, elle serait liquidée sous la surveillance du conseil, par la personne nommée à cet effet par l'assemblée générale, qui déterminerait en même temps les pouvoirs du liquidateur.

Les valeurs sociales, suivant la décision de l'assemblée générale, seront distribuées entre tous les ayants droit, ou consacrées à des institutions d'utilité publique, ou serviront à fonder une nouvelle société.

Art. 86. — Toutes les contestations qui pourraient s'élever entre les actionnaires et l'associé gérant, et généralement toutes celles que ferait naître l'exécution des présentes, seront jugées souverainement, sans appel ni recours d'aucune sorte, par trois arbitres, amiables compositeurs rui se constitueront en tribunal arbitral et jugeront en dernier ressort.

Ces arbitres seront nommés par le tribunal de commerce de la Seine, à la requête de la partie la plus diligente, à moins que les parties ne s'entendent pour les nommer elles-mêmes.

Ces arbitres seront affranchis de tous délais et formalités judiciaires.

Dans le cas de contestations, tout actionnaire doit faire élection de domicile à Paris, et toutes notifications et assignations sont valablement faites au domicile élu par lui, sans avoir égard à la demeure réelle ni aux délais de distance.

A défaut d'élection de domicile, cette élection aura lieu de plein droit pour les notifications judiciaires et extra-judiciaires, au parquet du procureur de la République près le tribunal de première instance de la Seine.

Art. 87. — Il est institué auprès de la Banque du Peuple, sous le titre de conseil du contentieux et des arbitrages, un comité de jurisconsultes et d'arbitres, ces derniers choisis spécialement parmi les travailleurs.

Ce comité aura pour mission de donner tous avis en matière de droit et de législation, de veiller à la conformité des opérations de la Banque avec les lois existantes, et de régler, par voie de conciliation amiable, les différends qui pourraient survenir entre la Société et les adhérents.

Ce comité sera choisi par le gérant.

Art. 88 et dernier. — Dès que les circonstances permettront de convertir la présente société en société anonyme, les formalités nécessaires peur y parvenir auront lieu à la diligence du gérant et de trois membres du conseil de surveillance désignés dans une délibération spéciale de ce conseil.

Tous pouvoirs sont dès aujourd'hui donnés à ces quatre commissaires, à l'effet de poursuivre auprès du gouvernement les autorisations voulues par la loi, de consentir aux présents statuts, et d'établir par acte authentique les statuts définifs, tels qu'ils seraient acceptées par l'autorité.

Fait et passé à Paris, en l'étude, l'an mil huit cent quarante-neuf, le trente et un janvier, et a le comparant signé avec les notaires, après lecture faite.

———

RAPPORT

de la Commission des Délégués du Luxembourg et des Corporations ouvrières.

Afin de mettre de l'ordre dans cette exposition, nous commencerons par traiter du mécanisme de ces diverses institutions, en supposant leur organisation complète et définitive; puis nous vous exposerons les différentes modifications destinées à les mettre, dès le début, en harmonie avec l'organisation spéciale actuelle, afin qu'elles puissent fonctionner d'une manière pratique.

Chacune des deux parties de cette exposition se divisera en conséquence en trois chapitres distincts :

La Banque du Peuple,

Le syndicat de la production,

Le syndicat de la consommation.

Commençons par jeter un coup d'œil sur l'ensemble de ces établissements.

Nul de vous n'ignore qu'une banque, quelle qu'elle soit, n'est autre chose qu'un mécanisme de circulation. En conséquence, ces trois institutions peuvent se résumer dans ces trois mots :

Circulation,

Production,

Consommation ;

C'est-à-dire l'ensemble des fonctions sociales envisagées sous leurs trois faces économiques.

En effet, la production et la consommation peuvent être considérées comme les deux pôles de l'organisation sociale que la circulation est destinée à équilibrer, et à ce point de vue, la circulation devient le rouage pivotal.

Nous commencerons cette exposition par la Banque du Peuple, qui est l'organisation de la circulation.

PREMIÈRE PARTIE

—

CHAPITRE Ier

BANQUE DU PEUPLE

Vous n'ignorez pas, citoyens, que d'abord, sous le nom de *Banque d'échange*, ensuite sous le nom de *Banque du Peuple*, le citoyen Proudhon a cherché à constituer une institution de circulation qui peut être pour le Peuple ce que la Banque de France est pour les banquiers.

Soustraire la masse des travailleurs à l'exploitation du capital, tel a été le but que s'est proposé notre ami. Il a dû, en conséquence, chercher à abaisser l'intérêt du capital de telle sorte qu'il arrive à ne représenter que les frais in-indispensables à l'administration de la Banque du Peuple, c'est-à-dire la rémunération du travail de ses employés, plus les frais de risques inhérents à toute opération de ce genre, risques dont, pour le dire en passant, la prime diminuera en raison de l'extension du nombre des adhérents à la Banque. Ces conditions, une fois remplies, le crédit devient gratuit.

Les principes sur lesquels est basée la Banque du Peuple, vous les connaissez tous assez pour qu'il soit inutile d'en faire ici autre chose qu'une simple énumération.

Le premier de ces principes, c'est que toute matière première est fournie gratuitement à l'homme par la nature.

Il s'ensuit comme conséquence que tout produit vient du travail, et réciproquement que tout capital est improductif.

Le deuxième principe, c'est que toute opération de crédit se résout en un échange.

La conséquence naturelle, c'est que la prestation des capitaux et l'escompte des valeurs ne peuvent et ne doivent donner lieu à aucun intérêt.

Il suit de ce qui précède que la Banque du Peuple, ayant pour base la gratuité du crédit et de l'échange, pour objet la circulation des valeurs, pour moyen le consentement des producteurs et consommateurs, peut et doit opérer sans capital.

Ce but sera atteint lorsque la masse entière des producteurs et consommateurs aura fait son adhésion aux statuts de la Banque.

Après avoir esquissé, comme nous venons de le faire, le principe et le but de la Banque du Peuple, disons deux mots de son mécanisme, que vous connaissez déjà par les articles du journal *le Peuple*.

Les diverses opérations de la Banque consisteront en :

1° L'augmentation de son encaisse par l'émission de ses billets ;

2° L'escompte du papier de commerce à deux signatures ;

3° L'escompte des commandes et factures acceptées ;

4° Les avances sur consignation ;

5° Les crédits à découvert sur caution ;

6° Les avances sur annuités et hypothèques ;

7° Les payements et recouvrements gratuits ;

8° La commande ;

9° L'organisation des caisses d'épargne, de secours et de retraite ;

10° Celle des assurances;

11° Les consignations et dépôts,

12° Enfin le service du budget.

L'ensemble des opérations énoncées ci-dessus, qui au fond ne sont que les divers modes que peut revêtir l'échange, se feront au moyen d'un papier de crédit qui recevra le nom de bons de circulation.

Ces bons seront à la coupure de 5, 10, 20, 50 et 100 fr., sauf les modifications que la pratique fera considérer comme nécessaires.

A la différence des billets ordinaires de banque à ordre et payables en espèces, le papier de la Banque du Peuple est un ordre de livraison revêtu du caractère social rendu perpétuel, et payable à vue par tous les adhérents en produits ou services de leur industrie ou profession.

Ces divers bons de circulation représentant des opérations faites, soit d'une part une commande exécutée, c'est-à-dire un produit, de l'autre une livraison acceptée, c'est-à dire un produit utilisé ou consommé, sont donc dans les conditions de solvabilité de la lettre de change et joignent de plus la sécurité provenant de l'assurance les unes par les autres de ces diverses opérations qui deviennent solidaires dans la Banque. De telle sorte que si, contre toute attente, il y avait des pertes résultant de fausses opérations de sa part, ces pertes, se trouvant réparties entre tous les adhérents, ne pourraient être en réalité qu'une prime rentrant dans les risques dont nous avons parlé à propos de la gratuité du crédit.

Les bons de circulation sont acceptables en tous payements chez tous les adhérents.

Les conditions d'adhésion à la Banque du Peuple, si elles apportent à l'adhérent la gratuité du crédit comme *droit*, lui imposent comme *devoir* l'engagement de se fournir de préférence et pour tous les objets de sa consommation que la Société pourra lui offrir auprès de ses co-adhérents à la Banque, ainsi qu'à livrer à ses co-adhérents à prix réduits les objets de consommation de son industrie, le tout contre bons de circulation, le numéraire ne devant figurer dans ces transactions que comme appoint.

Il s'engagera en outre à livrer à tout consommateur non associé ses produits meilleur marché contre bons de circulation que contre espèces.

La conséquence de l'extension du nombre des adhérents sera donc de forcer les non-adhérents à apporter à la Banque le numéraire nécessaire à leurs achats, afin de se procurer des bons d'échange.

Quant aux travailleurs, dont nous représentons ici l'ensemble, notre mission sera de leur faire comprendre que, la Banque du Peuple étant le grand levier de leur émancipation, leur intérêt collectif, en tant que travailleurs non affranchis, est de donner une telle extension aux opérations de la Banque, qu'elle puisse les créditer d'une manière indéfinie, afin de les faire passer le plus promptement possible du rang de salariés à celui d'associés.

Et s'il est vrai que toute richesse ne représente que du travail et que le montant des salaires constitue en définitive la plus forte partie de la richesse sociale, il s'ensuit logiquement que si tous nos frères venaient apporter à la Banque du Peuple la presque totalité de leurs salaires hebdomadaires ou mensuels pour prendre en échange des bons de circulation, sauf a faire quelques pas de plus pour aller chercher les divers objets de consommation dont ils ont besoin, en les prenant dans les magasins des adhérents, ils mettront la Banque du Peuple, d'une part, à même de leur ouvrir un crédit de plus en plus considérable, d'autre part, de leur offrir tous les objets de consommation de plus en plus à leur portée.

Reprenons maintenant une à une les diverses opérations de la Banque du Peuple.

Escompte des effets de commerce.

La plus grande prudence devant présider aux premières opérations de la Banque, les bons de circulation se délivrent exclusivement dans le début :

1° Contre espèces en la manière et aux conditions déterminées par les statuts ;

2° Contre bonnes valeurs de commerce, dans la mesure des moyens que fournira le capital réalisé de la Banque.

Peu à peu et au fur à mesure du recouvrement des actions émises, de l'augmentation de l'encaisse par l'escompte du numéraire, ainsi que par les prêts, dépôts et consignations, et du nombre des adhérents, tant à Paris que dans les départements, l'escompte du papier de commerce, traites, mandats, factures, commandes, billets à ordre, etc., sera fait dans une proportion de plus en plus large, sauf les précautions ordinaires prises par les banquiers et fixées par le règlement de la Banque.

La Banque du Peuple escompte le papier de commerce à deux signatures.

D'après le principe de son institution, qui est la gratuité absolue du crédit, la Banque du Peuple, remplaçant, dans une proportion toujours croissante, la garantie du numéraire par celle qui résulte de l'acceptation réciproque et préalable de son papier par tous ses adhérents, peut et doit opérer l'escompte et donner crédit moyennant un intérêt toujours moindre.

Provisoirement cet intérêt, commission comprise, est fixé à 2 p. 100 l'an ; il sera réduit peu à peu, au fur et mesure des progrès de la Société.

Dans aucun cas, la commission d'escompte ne pourra descendre au-dessous de 1/4 p. 100.

Pour être reçus à l'escompte, les effets ou obligations à deux signatures devront spécifier la nature, la quantité et la qualité des marchandises qui y auront donné lieu.

Toute fraude ou dissimulation commise à cet égard sera poursuivie par les voies de droit.

La Banque reçoit à l'escompte, précisément pour cette raison, les commandes et factures acceptées.

Avances sur marchandises.

L'escompte sur consignation est un moyen de faire cesser l'encombrement des magasins et de venir au secours du commerce et de l'industrie, regorgeant de produits sans débouchés.

La Banque du Peuple ne prête pas sur gage, elle n'est ni un comptoir de garantie, ni un mont-de-piété.

Les bons de circulation ne peuvent en aucun cas être assimilés aux *warrants*.

Elle achète à terme, à demi, deux tiers, trois quarts ou quatre cinquièmes du prix de revient, selon les circonstances, la nature des marchandises, les produits des clients, et les fait déposer soit dans un entrepôt public, soit dans un magasin tiers qu'elle indiquera.

Jusqu'au terme fixé par le contrat de vente, le cessionnaire aura la faculté de racheter les marchandises, en remboursant seulement à la Banque la somme avancée par elle.

Passé ce terme, la Banque fait vendre aux enchères publiques les marchandises déposées.

L'excédant du prix obtenu par la vente sur le prix fixé par le dépôt appartient de droit au cessionnaire de la marchandise.

L'État, pour ses titres d'emprunt, les manufacturiers, pour leurs produits, les marchands, pour leurs marchandises, les propriétaires, les cultivateurs, et les fermiers, pour leurs récoltes, les porteurs de titres de rente, tous les citoyens en un mot, peuvent profiter, pour obtenir des avances, de cette combinaison.

Avances sur cautions.

La Banque du Peuple escompte les produits futurs, c'est-à-dire qu'elle ouvre des crédits à découvert à ses adhérents, soit sur cautions, soit sur titres de propriété ou garanties personnelles de fabrication.

Dans le premier cas, la garantie exigée consiste dans la présentation de deux ou plusieurs cautions, suivant que la Banque le juge prudent et utile.

Les cautions sont solidaires; chacune d'elles répond pour le tout.

En cas de non-payement de la part du sociétaire, la Banque traitera avec les cautions à l'amiable pour le remboursement.

Avances sur hypothèques.

Quoique la Banque du Peuple ne prête point sur hypothèque, pas plus qu'elle ne prête sur gage, elle peut faire des prêts, par voie d'ouverture de crédit, aux propriétaires, négociants ou non, sur obligations à longs termes et annuités.

Si, au terme fixé, le propriétaire n'a pas remboursé l'avance à lui faite, ou si, pendant deux années consécutives, il n'a pu servir l'annuité convenue, la Banque poursuit l'expropriation.

Dans le cas où la Banque se rendrait adjudicataire de la propriété, il est de principe pour elle que l'exproprié ait la préférence à tous autres, pour lui et les siens, du droit d'habitation et d'exploitation, à titre de gérant ou fermier, aux conditions établies par la Banque.

Des crédits en compte-courant et des payements
et recouvrements.

La Banque fait les payements et recouvrements sur Paris, les départements et l'étranger.

De la commande.

Aux opérations de crédit réel la Banque joint des opérations de crédit personnel.

Elle provoque, suscite, encourage, patronne et soutient de son influence, de l'autorité de ses lumières, de ses avances, toute entreprise agricole, industrielle, commerciale, scientifique, etc., tout essai d'association ouvrière, qui lui paraîtront présenter des garanties suffisantes d'habileté, de moralité et de succès.

Les avances ainsi faites par la Banque ne sont point à titre de commandite et ne peuvent en aucun cas être assimilées à un versement d'actions; elles demeurent, comme les avances sur consignations de marchandises et titres de propriétés, de simples opérations d'escompte, et forment la commande propre de la Banque.

Du reste, la Banque du Peuple, organe spécial de la circulation et du crédit, point de convergence de toutes les forces productives comme de toutes les demandes du marché, centre de ralliement entre le producteur et le consommateur, ne se livre elle-même à aucune entreprise.

Elle ne s'immisce, directement ou indirectement, dans aucun négoce, dans aucune spéculation de quelque nature que ce soit, autre que celle de l'escompte.

Elle n'accepte et ne subit de responsabilité que celle de ses propres opérations.

La commande, de même que ses avances sur consignations de marchandises, titres de propriété ou annuités, n'est pour elle qu'une opération d'escompte.

Payements, dépôts, assurances.

La Banque du Peuple reçoit en dépôts ou placements les épargnes des ouvriers, les économies des rentiers et propriétaires, et généralement tous les fonds, valeurs ou capitaux réalisés, appartenant soit à des particuliers, soit à des associations ou des corporations de toute espèce.

Les sommes et les valeurs déposées sont restituées aux déposants sur la présentation de leurs titres dans les huit jours de la demande.

Les sommes et capitaux remis à la Banque du Peuple, à titre de placement ou prêt, sont remboursés aux propriétaires aux termes fixés par les contrats particuliers passés entre eux et la Banque.

Jusqu'au jour de la restitution ou du remboursement, les sommes tant déposées que prêtées restent à la disposition de la Banque.

La Banque du Peuple n'est et ne peut jamais devenir une entreprise d'assurance de quelque espèce que ce soit.

Elle reçoit en placements ou dépôts, et aux conditions de remboursement fixées plus haut, les fonds des sociétés de secours mutuels et des compagnies d'assurances.

Elle se charge du recouvrement des primes et de la comptabilité.

Elle acquitte, sur le visa des directeurs-gérants ou secrétaires desdites sociétés et compagnies, les pensions et indemnités dues, mais seulement jusqu'à concurrence des sommes encaissées.

Elle est, en un mot, l'agent comptable et le caissier des sociétés qui lui versent leurs fonds; mais elle n'assume en rien la responsabilité de leurs sinistres et déficits.

Pour prix de ses services, la Banque du Peuple a la faculté d'utiliser à ses opérations de crédit et d'escompte les sommes qui lui sont versées par les sociétés et compagnies d'assurances et secours mutuels.

De l'organisation intérieure de la Banque.

Le principal établissement de la Banque sera à Paris.

Elle aura dans chaque arrondissement un comptoir, et dans chaque commune un correspondant.

Son organisation intérieure, tant à Paris que dans les départements, est fondée sur le triple principe :

1° De l'élection ;

2° De la division et de l'indépendance des emplois ;

3° De la responsabilité individuelle de chaque employé.

CHAPITRE II

DES SYNDICATS DE LA PRODUCTION OU DE LA CONSOMMATION ENVISAGÉS DANS LEUR ENSEMBLE.

Au nombre des membres de la commission chargée d'élaborer le projet de la Banque du Peuple, se trouvait le citoyen Jules Lechevalier, notre ami commun, que vous connaissez tous, et auquel ses nombreux travaux comme socialiste assignaient une place justement méritée. C'est à lui que nous sommes redevables de l'idée de l'établissement des deux syndicats dont nous allons vous entretenir ; c'est sous sa direction spéciale que s'est faite l'élaboration de leur organisation, telle qu'elle vous sera présentée dans la suite de ce travail.

De même que Proudhon avait organisé, dans son projet de banque, la circulation, Jules Lechevalier s'est demandé si, pour compléter cette œuvre, il n'était pas indispensable de lui constituer deux grands leviers, par l'organisation de la production, d'une part, et de la consommation, de l'autre ; de telle sorte que la production et la distribution des produits puissent s'opérer le plus économiquement possible, et que la transformation sociale soit facilitée par l'élimination progressive des fonctions parasites, soit dans la production, soit dans la consommation, de même que la Banque du Peuple procède relativement à la circulation.

Sous ce nom de syndicats, il a donc tout d'abord conçu deux grandes sociétés, chargées de centraliser les fonctions de production et de consommation, de telle sorte que toutes les diverses opérations de détail, qui venaient a la Banque du Peuple comme au grand agent de la circulation, eussent à passer préalablement par une de ces deux sociétés, qui, indépendantes de la Banque, lui offriraient, en outre, des garanties inhérentes à l'affaire en elle-même, celle provenant de la collectivité de ces mêmes affaires, représentée comme corps par chacune de ces deux grandes sociétés, qui se portent garants de toutes les opérations qu'elles envoient à la Banque; de même aussi les rapports de ces deux sociétés entre elles devaient passer par la Banque du peuple, qui se trouvait pour elles, comme pour toutes les affaires qu'elles centralisaient, le grand et seul élément de circulation.

Et d'abord, nous avons à vous présenter l'idée fondamentale sur laquelle roulera une grande partie du travail dans l'élaboration duquel nous avons à entrer.

Jusqu'à présent, les divers économistes n'avaient compris, sous le nom de capital, que deux choses :

1° La matière première appropriée;

2° Le travail amassé, représenté par cette même matière mise en œuvre.

Mais l'homme, le grand créateur de toutes les richesses, si son travail était considéré comme un revenu par ceux qui l'exploitaient; le talent accumulé dans son individu, qui était la source de ce revenu, n'était pas considéré comme un capital. Et cependant, dans les pays à esclaves, la ou une race d'hommes est tellement appropriée qu'elle est désignée sous le nom de *propriété réelle*, là l'homme est considéré comme un capital sur lequel toutes les opérations de circulation, connues sous le nom d'opérations de banque, ont lieu comme sur les propriétés, meubles et immeubles, qui constituent ce que nous appelons le capital en Europe.

Examinons donc si l'homme placé dans des conditions de liberté perd, par cela même qu'il s'appartient, sa vertu d'être capital, c'est-à-dire de pouvoir faire sur lui-même et à son profit les opérations que dans l'état d'esclavage le maitre faisait sur lui et à son détriment.

La seule objection qui puisse être faite est celle-ci : L'homme à l'état d'esclavage est une source constante de travail, car ce travail est forcé; mais à l'état de liberté, pouvant à volonté cesser de produire, il ne présente pas le même degré de solvabilité que dans le premier état.

Quelque spécieuse que soit cette objection, les faits répondent victorieusement; car sur le sol le moins encombré de ceux ou la civilisation s'est assise, aux États-Unis, l'esclavage disparait de jour en jour devant la concurrence du travail libre.

Si maintenant nous comparons l'homme envisagé sous ce nouveau point de vue avec les matières mortes qui ont été jusqu'ici considérées comme seuls capitaux, nous trouvons qu'il a la double propriété de pouvoir se mettre en valeur par lui-même et se consolider d'une manière encore plus efficace par l'assurance mutuelle sur la vie.

En conséquence, une commandite moyenne d'environ 500 fr. par tête, soit 18 milliards pour la totalité des Français, sera donc parfaitement garantie par le capital vivant auquel elle aura été faite, puisque l'ensemble des travailleurs, on ne prenant pour base que la création effective des richesses dans le régime actuel d'insolidarité, représente un capital qui varie de 169 à 259 milliards, selon que l'on considère le revenu de la France comme étant de 8 milliards 500 millions ou de 12 milliards.

Passons maintenant à l'examen spécial de chacune de ces institutions.

Syndicat général de la production.

Ce syndicat sera composé, comme membres actifs, des délégués naturels des diverses branches de la production.

Ses attributions consistent :

1° A constituer la corporation libre et démocratique comme régime absolu et définitif de tous les travailleurs, quelle que soit leur condition présente dans la société ; qu'ils soient déjà organisés en association, qu'ils appartiennent encore au patronat, ou qu'ils travaillent isolément.

Il devra aussi provoquer l'organisation des associations.

2° A liquider la position des travailleurs, c'est-à-dire rendre leurs personnes et leurs instruments de travail disponibles.

Les avances à faire aux travailleurs reposent sur trois bases :

1° Liquidation préalable de chaque producteur.

2° Commandite réciproque des travailleurs pour les instruments de travail.

3° Commandes réciproques pour l'alimentation de l'atelier et du travail.

4° A centraliser les rapports des fabricants en tous produits.

5° A contrôler les produits.

6° A concourir à la répartition du travail, et par conséquent du chômage entre les différents ateliers, dans le but d'amener l'équilibre entre la production et la consommation.

7° A concourir à la liquidation de la vieille industrie par rapport a la nouvelle.

8° A pourvoir aux frais généraux du mouvement industriel et à la compensation des déplacements opérés dans l'industrie à cause de l'emploi des procédés nouveaux.

9° A désintéresser les inventeurs.

10° A solliciter les inventions et améliorations.

11° A constituer le fonds commun pour les indemnités à accorder aux diverses industries par un mode de compensation réciproque.

12° A constituer l'assurance mutuelle de toutes les corporations contre tous les sinistres susceptibles d'évaluation.

13° A négocier et garantir les emprunts de chaque corporation spéciale vis-à-vis la Banque du Peuple, étant bien entendu que les seules couvertures seront en capital la vie du travailleur évaluée équitablement, et en circulation courante les obligations de main-d'œuvre.

14° A organiser l'apprentissage de telle sorte :

1° Que l'enfant puisse toujours trouver à se placer suivant sa vocation.

2° Que l'engorgement des travailleurs ne puisse pas se produire dans une corporation.

3° Que l'apprenti, moyennant engagement de remboursement contracté pour lui par ses parents, puisse recevoir le crédit d'alimentation nécessaire pendant le temps où son travail ne couvrira pas sa dépense.

4° Que toutes les corporations qui ont besoin d'apprentis puissent en avoir à volonté.

15° A régler les rapports de chaque corporation avec le syndicat général quant à leur participation aux dépenses faites pour les apprentis et afférentes à la corporation, ainsi que les moyens de rembourser ses dépenses.

16° A régler les conditions d'indemnité et de services mutuels en cas de maladie, d'accident ou d'invalidité.

Il y pourvoira au moyen de son fonds de réserve et par une contribution de l'ensemble des travailleurs à la caisse générale.

Il traitera avec chaque corporation des conditions dans lesquelles elle devra intervenir en ce qui concerne ses membres.

17º A organiser une caisse centrale pour les pensions de retraite. Les fonds de cette caisse seront formés par la cotisation des corporations.

La caisse centrale, de concert ou en participation avec les corporations, contribuera aux pensions de retraite à servir aux travailleurs.

18º Chercher le mode d'engrenage des travaux, afin d'éviter les chômages inhérents à certaines industries, et contre-balancer l'influence funeste exercée sur l'homme par l'extension de la division parcellaire dans les travaux.

CHAPITRE III

SYNDICAT GÉNÉRAL DE LA CONSOMMATION; DE SES ATTRIBUTIONS.

Le syndicat de la consommation se chargera d'entreposer les matières premières et les produits manufacturés, ainsi que d'en opérer l'écoulement.

Il créditera de matières premières les travailleurs, et fera toutes avances sur consignations de produits manufacturés.

En conséquence il fournira les matières premières à toutes les industries, depuis les graines et semences jusqu'aux métaux précieux, et en assurera un approvisionnement régulier. Il pourvoira à toutes les préparations, productions et services, nécessaires aux besoins de la vie.

Service de la distribution des produits.

Le syndicat de la consommation sera une maison de commission et d'approvisionnement général.

En cette qualité, il fera construire des bâtiments combinés au point de vue de l'hygiène, de l'économie et de la distribution des forces, pour tous les besoins et services de la société.

Il fera établir des boulangeries, boucheries, fruiteries, épiceries, et en un mot des établissements dans toutes les branches de l'industrie appliquée à la consommation directe des personnes.

Il entreposera toutes les matières premières et les recevra en consignation.

L'entrepôt est général pour toutes les matières premières dont la consommation est restreinte, et spécial pour celles dont la consommation est considérable.

Il ouvrira des crédits et passera des marchés avec le syndicat de la production et les diverses corporations, pour les fournitures afférentes aux divers ateliers de production.

Il fera des avances au syndicat de la production sur les produits manufacturés qui lui seront déposés ou consignés pour la vente.

Il organisera directement, dans tous les centres, des entrepôts de matières premières et des bazars de marchandises, ou établira des rapports avec les établissements de ce genre existant déjà dans la localité.

Concurremment avec le syndicat de la production, il exercera son contrôle sur la qualité et le prix des produits.

Il livrera les produits et les matières premières a meilleur marché contre bons de circulation que contre espèces.

Afin de relier d'une manière plus unitaire les syndicats à la Banque du Peuple, il sera formé, dans le sein même de la Banque, une division sous le nom de *bureau central de l'offre et de la demande*, lequel recevra toutes les offres et toutes les demandes, qu'il transmettra aux syndicats dont elles devront ressortir, afin d'éviter pour le public, qui ne peut pas être initié aux détails intérieurs d'organisation, les fausses démarches, comme celle de se présenter à un des syndicats pour des opérations qui ressortiraient de l'autre ; ce qui serait d'autant plus probable que, comme on l'a vu plus haut, les industries qui s'occupent de la fabrication des produits appropriés à l'usage personnel des individus ressortent du syndicat de la consommation, bien qu'étant des œuvres de production.

SECONDE PARTIE

Des diverses modifications apportées au mécanisme des institutions que nous venons de décrire, pour en faciliter le fonctionnement dans le milieu actuel, et des mesures pratiques de réalisation.

—

CHAPITRE PREMIER

BANQUE DU PEUPLE.

La Banque du Peuple, qui est créée pour fonctionner comme société anonyme, devra débuter par être une société en nom collectif et en commandite, faute par elle de pouvoir se faire autoriser par le conseil d'État. Espérons cependant qu'un jour viendra où les citoyens composant le conseil, étant devenus par leur propre intérêt des adhérents à la Banque du Peuple, ne lui refuseront pas leur concours pour sa constitution.

La commandite de la Société sera représentée par des actions.

Néanmoins ces actions ne rapporteront point d'intérêt et ne recevront aucune allocation connue sous le nom de dividende.

La Société, ne pouvant être perpétuelle, sera de 99 ans.

Le capital de ladite est fixé par l'acte de société à la

somme de 5 millions, représentée par 1 million d'actions de 5 fr. chacune, extraites d'un registre à souche déposé au siége de la Société.

Le versement des actions pourra avoir lieu par dixième.

Lesdites actions seront nominatives; le transfert ne pourra s'en opérer qu'aux bureaux de la Société, et impliquera de la part de l'acquéreur adhésion aux statuts de la Société.

Néanmoins, bien qu'actionnaire, il lui sera loisible, s'il en fait la demande expresse, de ne pas contracter les obligations de l'adhérent, en tant qu'elles regardent l'acceptation en tous payements des bons de circulation.

Elle sera constituée du jour où il y aura 10,000 actions de placees.

En conséquence, dans un délai très-prochain, un appel général sera fait par toute la presse socialiste à la France entière, afin de constituer, par la prise des premières actions, le noyau d'adhérents indispensable au commencement des opérations, ainsi que l'organisation immédiate et simultanée d'institutions semblables sur tous les points de la France.

Pendant que cet appel sera fait par la presse, tous ceux qui ont compris le mécanisme de la Banque du Peuple d'une manière suffisante pour donner toutes les explications désirables seront invités à faire, dans tous les clubs, un appel à tous les partisans de la république démocratique et sociale; ceux qui l'ont plus spécialement élaborée se chargeront de répondre à toutes les objections qui pourront être faites, afin d'éclairer les travailleurs, et de leur bien démontrer que dans cette œuvre se trouve le germe de leur émancipation future, qu'en conséquence il dépend d'eux de la hâter.

Les exigences de la Société en nom collectif et en commandite dans le milieu actuel forceront, dans le début, à ne pas avoir recours à la voix de l'élection pour la nomination des gérants, lesdits ne pouvant accepter la responsabilité légale qu'en ayant d'avance l'assurance de for-

ier un corps assez uni par des liens antérieurs pour avoir
aturellement pleine et entière confiance les uns dans les
utres.

Ils pourront néanmoins être suspendus de leurs fonc-
ions par le conseil de surveillance et révoqués par l'as-
emblée générale.

Leurs honoraires seront fixés par la prochaine réunion
es sociétaires.

Syndicat de la production.

Le syndicat de la production, de même que la Banque
u Peuple, se constituera dès le début en société en nom
ollectif et en commandite, et les mêmes conséquences en
écouleront pour lui que pour la Banque du Peuple.

La durée de la Société est fixée à 99 ans.

Le capital en est fixé à la somme de 1 million de francs,
eprésentée par 200,000 actions de 5 fr. chacune.

Elle sera constituée par le fait du versement de 25,000
r. sur le montant des actions prises.

Le versement du capital se fera partie en espèces, par-
ie en obligations de main-d'œuvre négociables à la
anque du Peuple ou en livraison de produits.

Ce versement pourra se faire par dixièmes.

Elles seront transmissibles comme celles de la Banque
u Peuple.

Le fonds de roulement et le fonds de réserve de la So-
iété seront formés au moyen d'un prélèvement sur la
omme totale de la main-d'œuvre exécutée et reçue par
es corporations rattachées au syndicat.

Le conseil de surveillance sera formé par les délégués
es corporations syndiquées, de telle sorte que, lorsque
outes les corporations seront arrivées à ce point, le con-
eil de surveillance sera la représentation vivante de
outes les branches de la production.

Le premier travail du syndicat de la production sera la

constitution de la corporation libre et démocratique; pour
en faire partie, il faudra être adhérent au syndicat et à la
Banque du Peuple.

L'entrée dans la corporation donnera droit au crédit
personnel.

Tous les membres de la corporation seront responsables
vis-à-vis le syndicat de la production, du crédit fourni à
chacun, de même que le syndicat de la production sera
responsable, vis-à-vis la Banque du Peuple, du crédit qu'il
aura ouvert aux corporations et que la Banque aura négo-
cié sous sa responsabilité.

Le crédit fourni au travailleur sera couvert par des
obligations de main-d'œuvre, c'est-à-dire qu'il s'engagera
à rembourser les avances qui lui seront faites en main-
d'œuvre et par annuités, de manière à pouvoir se liquider
au moyen d'une retenue sur la partie de son travail journalier qu'il pourra économiser ou donner extraordinairement.

Syndicat de la consommation.

Les conditions inhérentes à l'acte de Société sont le
mêmes, sauf le chiffre du capital, qui est fixé a 3 millions
et la Société sera constituée par le fait du versemen
de 500,000 fr. sur le montant des actions prises.

Le fonds de réserve et le fonds de roulement seront formés au moyen d'une prime de   pour 100 sur les ma
tières premières et les objets manufacturés qui lui seron
consignés.

Son premier soin sera d'établir les boulangeries, bou
cheries, fruiteries, épiceries, etc., en un mot des établis
sements dans toutes les branches de l'industrie de premièr
nécessité, afin d assurer aux travailleurs, contre des bon
de circulation de la Banque du Peuple, tous les objets d
consommation usuelle.

Le syndicat de la consommation n'est pas un marchand

mais un entrepositaire ; cependant il sera obligé, à son début, de se faire marchand en faisant des achats et ventes en gros de marchandises qui seront débitées en détail par des établissements sur lesquels il se réserve un contrôle scrupuleux et incessant.

Maintenant, travailleurs, frères, nous croyons de notre devoir de vous engager à méditer sérieusement sur l'ensemble de l'institution dont nous vous avons sommairement expliqué les rouages, car nous la considérons comme l'œuvre capitale du socialisme moderne.

En 1789, le despotisme avait son château-fort, c'était la Bastille. Le Peuple l'a rasée dans un de ses jours de sublime colère, et sur son emplacement on lisait le soir cette inscription, si belle dans sa simplicité : *Ici l'on danse*.

En 1849, la féodalité financière a son château-fort, c'est la Banque de France. Cette forteresse, que tous nous considérions comme imprenable, un savant ingénieur est venu nous annoncer qu'elle ne l'était pas. Courage donc, et le temple de l'usure, ne voyant plus affluer dans ses coffres le produit de nos sueurs, déserté par ses prêtres, croulera, entraînant avec lui le vieux monde.

Nom,
Prenoms,
Profession,
Lieu de naissance,
Age,

ÉTAT CIVIL :

Célibataire,
Marie,
Nombre d'enfants,

TRAVAIL :

En atelier,
En chambre,
En association,
Nombre des ouvriers employés

SALAIRE OU REVENU
MOYEN :

PIÈCES PRODUITES :

RENSEIGNEMENTS :

OBSERVATIONS :

ACTE D'ADHÉSION

Entre les soussignés,
P.-J. PROUDHON et C°, d'une part,
Et le citoyen   , d'autre part; il a été dit :
Le citoyen   , après avoir pris connaissance entière de l'acte constitutif de la
BANQUE DU PEUPLE, passé devant le citoyen Dessaignes, notaire à Paris, le 31 janvier 1849,
déclare y adhérer *a titre de coopérateur*, conformément à l'article 6 du dit acte, et s'engage
par conséquent à remplir les obligations résultant pour lui des articles 18, 20, 21, 22 et 26,
dont la teneur est intégralement reproduite en marge de la présente.
En conséquence de cette adhésion, et pour en assurer l'exécution, il a été convenu de plus,
entre les parties, ce qui suit :

ART. 1er. — Le citoyen   s'oblige à remettre à l'administration de la Banque du Peuple
la nomenclature des produits et services de son industrie, et le tarif de ses prix avec la reduction qu'il
peut offrir, conformément à l'article 21. Il s'oblige, en outre, de tenir dans ses magasins un prix courant de
ses marchandises à la disposition des consommateurs, comme aussi d'afficher dans un endroit visible la
plaque d'adhérent à la Banque du Peuple, qui sera fournie par l'administration, aux frais de l'adhérent.
Lorsque le citoyen   operera des changements notables dans la nature de sa production,
il en préviendra l'administration. Quant aux prix, il les garantit jusqu'a révocation, c'est-a-dire que jusqu'à
la remise d'un nouveau tarif à la Banque il est engage à livrer les produits et services de son industrie
au taux du dernier tarif fourni par lui.
ART 2. — Le citoyen   sera toujours libre de resilier le présent traité en prévenant
la Banque quinze jours d'avance; mais tant que la resiliation n'aura pas eu lieu, il est engagé formellement, aux termes des articles 22 et 26 des statuts, à accepter les *bons de circulation*, soit contre les
produits ou services de son industrie, soit en extinction de toute creance.
En cas d'infraction à cette obligation, le citoyen   sera passible de tous dommages et intérêts
envers la Société, conformément à l'article 1142 du Code civil. et, de plus, si bon semble à la Banque, le
traité deviendra nul de plein droit à son egard. Cette annulation sera faite au moyen d'une radiation
publiee par le journal que la Banque adoptera pour ses avis, et sans qu'il y ait lieu a d'autres formalites.
ART. 3 — De son cote, la Banque du Peuple s'engage formellement à porter le nom du citoyen
, avec indication de son industrie, sur les registres tenus *ad hoc* à l'administration, et qui serviront
d'indicateur aux adhérents pour l'execution de l'article 21.

Fait double, à Paris, le

Extrait *de l'acte constitutif de la* Banque du Peuple, *passé devant le citoyen Dessaignes, notaire à Paris, le* **31** *janvier* 1849.

———

Art. 6. — Indépendamment des membres de la Société commerciale proprement dite, tout citoyen est appelé à faire partie de la Banque du Peuple, à titre de coopérateur. Il suffit pour cela d'adhérer à ses statuts et d'accepter son papier.

La forme de l'adhésion est déterminée par un *règlement spécial* de la Banque.

La qualité d'actionnaire emporte toutes les obligations de l'adhérent, sauf réserve expresse faite à cet égard par l'actionnaire.

Art. 18. — A la différence des billets ordinaires de banque à *ordre* et payables en *espèces*, le papier de la Banque du Peuple est un ordre de livraison revêtu du caractère social rendu perpétuel, et payable à vue par tout sociétaire et adhérent en *produits* ou *services* de son industrie ou profession.

Art. 20. — Les bons de circulation sont acceptables en tous payements chez tous les membres de la Société, actionnaires ou adhérents.

La Société n'est pas tenue à leur remboursement en espèces, il n'est que facultatif pour elle, mais elle en garantit obligatoirement l'acceptation auprès de ses adhérents. Une liste générale de leurs noms, professions et demeures, sera affichée en permanence dans les bureaux de la Société.

Art. 21. — Tout intéressé s'engage à se fournir de préférence, et pour les objets de sa consommation que la

Société pourra lui offrir, auprès des adhérents à la Banque, et à réserver exclusivement à ses co-sociétaires et co-adhérents la faveur de ses commandes.

Réciproquement tout producteur ou négociant adhérent à la BANQUE DU PEUPLE s'engage à livrer aux autres adhérents, à prix réduit, les objets de son commerce et de son industrie.

Art. 22. — Le payement de ces ventes et achats entre les divers associés ou adhérents de la BANQUE DU PEUPLE, soit l'échange réciproque de leurs produits et services, s'effectuera au moyen du papier de la Banque, c'est-à-dire du *bon de circulation*.

Art. 26. — De leur côté, les commerçants, industriels et producteurs de tout genre, qui voudront s'assurer la clientèle des porteurs de bons de circulation, et profiter de tous les avantages que donne ce nouveau mode de circulation des produits, deviendront les adhérents de la Société, et s'engagent par ce fait seul à accepter en tous payements le papier de la BANQUE DU PEUPLE.

BANQUE DU PEUPLE

N°

Bon de circulation de 5 Francs

ART. 18 DES STATUTS :

A la différence des billets ordinaires de banque à *ordre* et payables en *espèces*, le papier de la BANQUE DU PEUPLE est un ordre de livraison revêtu du caractère social rendu perpétuel, et payable a vue par tout sociétaire et adhérent en *produits* ou *services* de son industrie ou profession.

A vue, payez au porteur, contre le présent ordre, en marchandises, produits ou services de votre industrie, la somme de CINQ FRANCS, valeur reçue à la Banque du Peuple.

Signé : P.-J. PROUDHON et Cᵉ.

LE CONTRÔLEUR :

ART. 20 DES STATUTS :

Les bons de circulation sont acceptables en tous paiements chez tous les adhérents de la Société.

La Société n'est pas tenue a leur remboursement en espèces, il n'est que facultatif pour elle, mais elle en garantit obligatoirement l'acceptation auprès de ses adhérents. Une liste générale de leurs noms, professions et demeures, sera affichée en permanence dans les bureaux de la Société.

A tous les adhérents de la Banque du Peuple.

INSTRUCTIONS

POUR LES SOUSCRIPTEURS ET ADHÉRENTS.

———

La souscription à la *Banque du Peuple* comprend les *actions* et les *adhérents*.

Les actions sont de CINQ FRANCS. Les personnes qui verseront cinq francs recevront immédiatement leur titre d'action.

Les actionnaires pourront effectuer leur souscription en plusieurs versements. Ces versements partiels seront de *cinquante centimes* au moins, payables de mois en mois. Les souscripteurs ont la faculté d'avancer ces termes, mais ils ne peuvent pas les dépasser, sous peine de déchéance. Il sera délivré un reçu de chaque versement.

On peut être ACTIONNAIRE sans être *adhérent*, en faisant à cet égard, au moment de la souscription, la réserve indiquée article 6 de l'acte de société. On peut être ADHÉRENT sans être *actionnaire*. Les obligations réciproques de l'*adhérent* et de la *Banque du Peuple* sont stipulées dans l'acte d'adhésion publié ci-dessus. Il sera délivré un double de cet acte à chacun des adhérents.

Réception des souscriptions et adhésions.

PARIS. — Les souscriptions d'actions et les adhésions sont reçues à Paris, dans les bureaux de la BANQUE DU PEUPLE, rue du Faubourg-Saint-Denis, 25, tous les jours, le dimanche compris, depuis six heures du matin, jusqu'à 11 heures du soir.

DÉPARTEMENTS, ARRONDISSEMENTS ET COMMUNES. — Les départements, arrondissements et communes, sont appelés immédiatement à souscrire des adhésions à la *Banque du Peuple*. Les adhésions venues des départements, arrondissements et communes, serviront d'abord à fournir des éléments positifs sur lesquels la Banque pourra combiner la nature et l'étendue de ses opérations.

Les souscriptions et versements ne pouvant s'opérer individuellement sans donner lieu à des faux frais considérables et à une grande complication de correspondance, nos amis devront s'adresser aux comités déjà constitués et organiser des comités a cet effet dans les centres de population où il ne s'en trouve pas encore.

Chaque comité correspondra directement avec la BANQUE DU PEUPLE, il lui fera parvenir le montant des souscriptions d'actions, et en recevra, pour le compte des actionnaires, les titres qui devront leur être délivrés.

Quant aux adhésions, elles ne pourront être faites valablement, jusqu'à nouvel ordre, qu'au domicile de la *Banque du Peuple*.

Dans ce but, les adhérents auront la faculté de donner une procuration collective a un membre du comité de leur localité ou à toute personne de leur choix. Cette procuration devra être envoyée à Paris, soit à un mandataire désigné par les adhérents, soit à l'administration de la *Banque du Peuple*. Un modèle de cette procuration sera envoyé aux comités d'organisation.

Quant à présent, les comités de département, d'arrondissement et de commune, qui doivent s'organiser dans le plus bref délai, auront à s'occuper de faire souscrire des actions et des adhésions pour la Banque centrale seulement, car il est indispensable que la *Banque du Peuple* soit constituée tout d'abord à Paris, et qu'elle y fonctionne avant d'établir ses rapports avec les départements et arrondissements. Ce point est d'autant plus important que le rétablissement de la circulation à Paris entraînerait la reprise du travail par toute la France.

La *Banque du Peuple* fixera ultérieurement les dispositions à prendre pour faire profiter les départements, les arrondissements et les communes, du bénéfice de son institution.

Les communications entre la *Banque du Peuple* et ses actionnaires et adhérents auront lieu par la voie du journal *le Peuple*, organe officiel de la Banque.

AVIS ESSENTIEL. Les lettres ou autres communications adressées à la Banque devront être AFFRANCHIES.

FIN

TABLE

SOLUTION DU PROBLÈME SOCIAL

CHAPITRE PREMIER

LA RÉVOLUTION EN 1848

CHAPITRE II

LA DÉMOCRATIE

ORGANISATION DU CRÉDIT ET DE LA CIRCULATION
ET SOLUTION DU PROBLÈME SOCIAL

BANQUE D'ÉCHANGE

BANQUE DU PEUPLE

TABLE 315

PREMIÈRE PARTIE

CHAPITRE Iᵉʳ

CHAPITRE II

CHAPITRE III

SECONDE PARTIE

CHAPITRE Iᵉʳ

CHAPITRE II

PARIS. — IMPRIMERIE C. MARPON ET E. FLAMMARION, RUE RACINE, 26.